SCORPIO

Ruediger Dahlke

SEELEN INFARKT

Zwischen Burn-out und Bore-out

Wie unserer Psyche wieder Flügel wachsen

SCORPIO

MIX
Papier aus verantwortungsvollen Quellen
FSC® C014496

2. Auflage 2012

Umschlaggestaltung und Motiv: Dominic Wilhelm,
Hauptmann & Kompanie Werbeagentur, Zürich
Satz: BuchHaus Robert Gigler, München
Druck und Bindung: GGP Media GmbH, Pößneck
ISBN 978-3-942166-97-3

www.scorpio-verlag.de

DANK

Für Anregungen danke ich Margit Dahlke und Eckhard Graf. Christa Maleri und Dorothea Neumayr gilt mein Dank für Korrekturen, Christine Stecher für ihr bewährtes Lektorat. Rita danke ich für die schöne Zeit der Buchentstehung.

INHALT

TEIL II: PRAKTISCHE SCHRITTE IN EIN ERFÜLLTES LEBEN 189

EINLADUNG ZU EINEM NEUEN LEBENSSTIL

Heute gibt es zum Thema Burn-out etwa 60 Millionen Einträge bei Google und rund 100 allein deutschsprachige Buchpublikationen. Diese große Zahl ist Ausdruck der ungebrochenen Aktualität und Brisanz des Phänomens – und der Hilflosigkeit von Betroffenen und deren Familien, Freunden und Kollegen. Es gibt offensichtlich einen enorm großen Bedarf an Information über das Symptom Burn-out und an tatkräftiger Unterstützung im akuten Fall. Echte Abhilfe bringt allerdings nur eine tiefere Betrachtungsweise, die das Grundsätzliche und Übereinstimmende in dieser Fehlentwicklung auf vielen Ebenen erkennt. Dann gelingt es, aus der Vielfalt des Problems Burn-out (von engl. *ausbrennen*) und seiner Kehrseite, dem Bore-out (von engl. *bore* = Langweiliges, Lästiges, *to be bored* = sich langweilen), ebenso einfache wie wesentliche Schritte zur Lösung herauszukristallisieren.

Dieses Buch kann Ihr Leben verändern, und das muss es auch, wenn es aus dem Seeleninfarkt heraushelfen oder ihn verhindern soll. Es wird im Idealfall Ihr Lebensgefühl wandeln. Dies wird aber nur gelingen, wenn Sie Ihr bisheriges Weltbild infrage stellen und einer Revision unterziehen.

Als vom Burn-out betroffener Mensch stecken Sie im Augenblick in der Situation, dass Sie eigentlich alles so machen oder gemacht haben, wie es andere auch tun und wie es überall geschieht, nur vielleicht etwas engagierter und besser. Und doch oder gerade deswegen landen Sie in der Burn-out-Falle. Diese breite kollektive Strömung, die tief in verschiedenste Gesellschaftsbereiche reicht und das Krankheitsbild des Seeleninfarkts hervorbringt, gilt es zu durchschauen, denn nur einer bekannten Gefahr lässt sich wirksam widerstehen.

Betrachten wir also im Folgenden, was es für eine Welt ist, die in diesem Ausmaß das Krankheitsbild Burn-out heraufbeschwört. Anders gesagt, es geht in diesem Buch an erster Stelle um das Weltbild, das zum Seeleninfarkt führt, denn nichts anderes stellt ein Burn-out-Syndrom dar. Zwar lassen sich an den Bereichen Arbeit und Partnerschaft die problematischen Mechanismen am deutlichsten aufzeigen und die letztlich verblüffend einfachen Lösungen demonstrieren, aber die Beschäftigung mit diesen Themen sind nur Etappen auf dem langen Weg zu einem neuen Weltbild und Lebensstil. Praktische Hinweise liefert der zweite Teil des Buches.

Eine umfassende Neuorientierung ist im wahrsten Sinne des Wortes not-wendig. Vor diesem Hintergrund ist es nicht nur wichtig, tiefer hinter die Kulissen der Gesellschaft zu blicken, sondern auch weiter bis in spirituelle Dimensionen des Menschseins, die so stark in Vergessenheit gerieten, dass sie sich heute über Krankheitsbilder wie Burn- oder Bore-out und letztlich Seeleninfarkte Beachtung verschaffen.

TEIL I

DAS MODERNE KRANKHEITSBILD SEELENINFARKT

GRUNDSÄTZLICHES ZUM THEMA INFARKT

Mit dem Infarktgeschehen sind wir durch das Krankheitsbild Herzinfarkt längst gut vertraut. Wenn der Organismus in seinem zentralen Bereich überfordert ist, das Herz nicht mehr genug Nahrung, sprich Sauerstoff, erhält und in Teilen stirbt, sprechen wir von Infarkt. Der Herzinfarkt ist im Rahmen der allgemeinen Herzproblematik die häufigste Todesursache in der modernen Gesellschaft. Die Versorgung des Herzens mit Blut und folglich Lebenskraft wird abgeschnitten, und damit bricht das Gesamtsystem des Betroffenen zusammen. Der dabei entstehende sogenannte Vernichtungsschmerz ist der schlimmste, den ein Mensch erleben kann. Er zwingt in den Augenblick des Geschehens und dazu, dem Herzen die maximal mögliche Aufmerksamkeit zu schenken. Wird die eigene Mitte stranguliert, wendet sich jeder – gezwungenermaßen – seinem Herzen zu. Kein anderes Ankommen im Moment des Hier und Jetzt ist so abrupt und schmerzhaft. Alles dreht sich in dieser Situation um das Herz und die Frage, ob es weiterarbeiten wird oder ob das physische Leben an diesem Punkt endet. Jede Form von Infarkt – des Herzens oder der Seele – zwingt in den Augenblick, wenn auch auf schrecklich unerlöste Art und Weise.

Im Sinne meines Buches *Krankheit als Symbol*[1] führen Symptome zur Lösung und verhindern ein Weitermachen wie bisher, das in die Irre geführt hat. Die beiden Fragen »Woran hindert es mich?« und »Wozu zwingt es mich?« zeigen diesen Weg. Die weiterführenden Fragen »Warum gerade mir, gerade das, gerade jetzt?« können zur Standortbestimmung und Neubesinnung führen.

Bezogen auf den Seeleninfarkt, deutet sich die größte Chance

1 Siehe das Verzeichnis der Publikationen von Ruediger Dahlke im Anhang.

schon mit dem Hier und Jetzt des Augenblicks an. Dorthin führt der Zusammenbruch im Burn-out, und darin liegt – aus spiritueller Sicht – auch die Chance des Wiederaufstiegs wie Phönix aus der Asche. Hier besteht zugleich die Möglichkeit echter Vorbeugung, und ein Leben in Achtsamkeit für den Augenblick ist auch das Ziel jedes spirituellen Entwicklungswegs. Vorbeugung geschieht, wenn es etwa gelingt, aus der Verzettelung in den Moment einzutauchen, aus dem Job einen Beruf zu machen, der zum Arbeiten und Sein im Augenblick des Hier und Jetzt animiert. Dann würde aus Arbeit Berufung und spirituelle Bewusstseinspraxis zugleich. Das ist sozusagen die erlöste Gleichzeitigkeit, die andere Seite jenes Multitaskings, das vor allem in die Burn-out-Falle führt.

DEPRESSION UND ZUSAMMENBRUCH

Mit der in unserer Gesellschaft herrschenden allgemeinen Körperfixierung war unser Blick lange auf körperliches Leid beschränkt. Jedoch ist unsere Seele mindestens ebenso vernachlässigt wie unser Körper, und die Folgen sind inzwischen unübersehbar. Sobald die Seele zu wenig Nahrung erhält und das Leben seinen Sinn verliert, droht der Seeleninfarkt. Wesentliche Teile der Seele nehmen nicht mehr am Leben teil, verweigern sich und sterben ab. Das Ergebnis ist Lethargie, wie sie sowohl bei Bore- und Burn-out als auch bei deren Eskalation, der Depression, typisch ist.

Die Schulmedizin und ihre Psychiatrie machen hier gar keine Unterscheidung, sondern erklären Burn-out und Depression für identisch. Doch rücken bei der Depression mit ihren Selbstmordgedanken das Thema Sterben und auch ungelebte Traurigkeit in den Mittelpunkt; insofern ergibt sich hier eine deutliche Differenzierungsmöglichkeit. So schlage ich vor, Depression als höchste Eskalationsstufe von Burn-out und Bore-out zu definieren; in Burn-und Bore-out also eine Vorstufe von Depression zu erkennen.[2]

Der Seeleninfarkt als Eskalation von Burn- und Bore-out und Depression ist ein Zeichen, dass alle Systeme zusammenbrechen.

2 Mehr dazu in: Dahlke, *Depression. Wege aus der dunklen Nacht der Seele* (Literaturverzeichnis).

Betroffene verlieren nun jedes Interesse an ihrem Leben und am sozialen Umfeld; sie können und kommen nicht mehr mit. Zuvor haben sie sich meist lange zusammengerissen und sich alle erdenkliche Mühe gegeben.

Wenn Burn-out mit seinen vielfältigen Anzeichen in den Seeleninfarkt übergeht, fallen die Betroffenen im wahrsten Sinne des Wortes aus – etwa aus Berufs- und Beziehungsgefügen. Sie können den Schein nicht mehr aufrechterhalten. Ein roboterhaftes Weiterfunktionieren wie häufig in der Vorphase des Burn-out ist einfach nicht mehr möglich. Wie bei anderen Infarkten geht beim Seeleninfarkt gar nichts mehr. Es kommt zum Kollaps, wenn die Seele nicht mehr mitspielt. Die Betroffenen sind wie Herzinfarktpatienten auf ähnlich schreckliche Art im Augenblick gefangen und fühlen sich extrem unwohl und ausgeliefert. Im Seeleninfarkt erscheint das bisherige Leben als sinnlos und nicht fortsetzbar und vor allem nicht fortführungswürdig. Und doch kann gerade diese Situation zum Umschlagpunkt werden und in eine ganz andere Qualität führen.

Die entsetzliche Leere, die vom Seeleninfarkt Betroffene verspüren – häufig nach der Überladung und Reizüberflutung der modernen (Business-)Welt im Sinne sogenannten Multitaskings –, karikiert geradezu jene Leere, die der Buddhismus anstrebt und als hohes Ziel spiritueller Entwicklung propagiert. Im Burn-out ist man aber weit auf den Gegenpol zu jeglichem Ziel geraten; das Leben scheint ohne lohnende Inhalte und ohne lohnendes Ziel nichts mehr wert zu sein. Die erhebende, auch als Nirwana bekannte Leere des Buddhismus bezieht sich demgegenüber auf die Freiheit von jeglichen Gedanken und wird im Augenblick der Befreiung und des Hier und Jetzt erlebt. Das ist auch das eigentliche Ziel des Krankheitsbilds Seeleninfarkt und seine Lösung. Selbst wenn gänzlich unvorbereitete Menschen völlig unbeabsichtigt in den Augenblick des Hier und Jetzt gezwungen werden, erfahren sie dessen Kraft manchmal unerwartet positiv.

Eine Zeit, die sich völlig im Wenn und Aber verliert und den Augenblick des Hier und Jetzt weitgehend aus den Augen verloren hat, bekommt ihn über den Seeleninfarkt in seiner unerlösten Variante aufgezwungen. Es mag bereits deutlich geworden sein, wie vertraut uns einerseits das Thema ist und andererseits wie nahe bei allen Infarkten Gefahr und Lösung beieinanderliegen. Sie können Schluss und Umkehrpunkt wie auch Chance im Leben sein.

DAS AUSMASS DES SCHRECKENS: ZAHLEN UND FAKTEN

Die folgenden Kapitel mit ihren Zahlen und Definitionen können Sie als Betroffene auch getrost überspringen, ohne den roten Faden zu verlieren. Doch mag es hilfreich sein, zu erkennen, wie häufig das eigene Leid ist und wie allgemein verbreitet die Falle, in die Sie geraten sind.

Für die moderne Leistungsgesellschaft ist bezeichnend, wie rasch diese relativ neue Seuche des Seeleninfarkts um sich greift. Unsere zunehmend dem Materialismus verfallene Gesellschaft hat die Seele über Jahrzehnte vernachlässigt und wird nun dem Schattenprinzip[3] gemäß dazu gezwungen, sich zunehmend über Krankheitsbilder mit ihr zu beschäftigen.

Das internationale Handbuch seelischer Störungen (DSM) umfasste nach dem Zweiten Weltkrieg 26 Störungen; diese Liste wurde inzwischen auf knapp 400 aufgestockt. Addiert man die in diesem Handbuch angegebenen Häufigkeiten, ist über die Hälfte unserer Bevölkerung psychisch krank. Es ist also schon »normal«, seelisch krank zu sein.

Besonders heillos an dieser Situation ist, dass in Psychiatrie und Psychologie alles Definitionssache ist und das ganze Gebiet sich entsprechend als schwammig darstellt. Das wiederum wird von Pharmafirmen ausgenutzt, die zu ihren Drogen eifrig Krankheitsbilder erfinden. Ein Beispiel war das sogenannte Sissi-Syndrom, eine »psychische Störung«, an der die österreichische Kaiserin Elisabeth gelitten haben soll, bei der Missstimmung und Niedergeschlagenheit mit Heiterkeit überspielt werden. Wer will, könnte darin auch ein sich anbahnendes Burn-out-Syndrom erkennen. Ein anderes Beispiel ist, dass gerade erst der Entdecker der kindlichen Hyperaktivität auf dem Sterbebett gestanden hat, dieses Krankheitsbild passend zum entsprechenden Medikament erfunden zu haben. Der Zappelphilipp aus dem *Struwwelpeter* lässt grüßen.

Zu der Beliebigkeit der Benennung kontrastiert meist das schwere Leiden Betroffener. Nach Angaben der größten deutschen Ersatzkas-

---

3 Mehr zur notwendigen Auseinandersetzung mit dem ungeliebten Pol in: Dahlke, *Das Schatten-Prinzip* (Literaturverzeichnis).

se, Barmer GEK, sind psychische Ursachen der häufigste Grund für eine Krankenhauseinweisung, deutlich vor Herzinfarkt oder Rückenschmerzen. Die Zahlen der Deutschen Rentenversicherung ergeben außerdem laut Nachrichtenmagazin *Der Spiegel*[4], dass psychische Störungen der häufigste Grund für Erwerbsminderungsrenten sind. In den letzten zehn Jahren sei deren Anteil von 24 auf knapp 40 Prozent gestiegen. Davon entfallen wiederum 40 Prozent auf depressive Störungen, also auch auf deren Vorstufe Burn-out. Die Barmer GEK verzeichnet einen Zuwachs der Depressionsbehandlungen in den letzten zehn Jahren um 117 Prozent. Das *Deutsche Ärzteblatt* zitiert eine Studie der Techniker Krankenkasse: »Jeder dritte Deutsche ist im Dauerstress.« Laut Virchow-Bund sind auch 80 Prozent der niedergelassenen deutschen Vertragsärzte selbst von Burn-out-Aspekten betroffen; fünf bis zehn Prozent sogar vom Vollbild.

Die Studie »Erholungsfähigkeit und Burn-out« der Bertelsmann Stiftung findet noch Erschreckenderes: Demnach gibt jeder zweite Befragte hohe oder erhöhte Belastungswerte im Arbeitszusammenhang an, jeder Dritte im persönlichen Bereich. Die Studie bringt ans Licht, dass es sich bei den Klagen um hohe Belastung, Ausgelaugtsein und mangelnde Regenerationsmöglichkeiten nicht um ein reines Arbeitsweltphänomen handelt, sondern um ein gesamtgesellschaftliches. Hohe Burn-out-Zahlen und schlechte Erholungsqualität finden sich unabhängig von beruflicher Stellung, Geschlecht und Alter. Lediglich körperlich aktive Personen schneiden durchschnittlich besser ab.

Aufrüttelnd ist auch, dass der Altersdurchschnitt der Betroffenen ständig sinkt. Selbst Dreißigjährige zählen mittlerweile zu den Opfern, und das Krankheitsbild kann offenbar alle möglichen Berufsgruppen treffen, wobei Männer auf dem Karrieretrip, die sich als Leistungsträger fühlen, vorrangig darunter leiden oder jedenfalls am meisten Beachtung auf sich ziehen. Nach meinen Erfahrungen ist die Betroffenheit in den obendrein miserabel entlohnten Sozialberufen ganz ähnlich groß und das Leiden mindestens so schwerwiegend. Und auch an die wachsende Zahl alleinerziehender überforderter und ausgelaugter Mütter ist zu denken; bei Bore-out werden leicht Frühpensionierte und Arbeitslose vergessen.

---

4 Das Nachrichtenmagazin *Der Spiegel* brachte die Burn-out-Thematik Anfang 2012 als Titelgeschichte; die zitierten Zahlen sind Heft 6/12 entnommen.

Burn-out, das vor wenigen Jahren kaum ein eigenständiges Thema war, wird als Krankheitsbild in Bevölkerung und Medien inzwischen akzeptiert. Dennoch bleibt seine Bewertung sehr ambivalent. Nach aktuellen Schätzungen leiden etwa 25 Prozent der berufstätigen Deutschen an Burn-out, wobei sich mit 30 Prozent der Bevölkerung relativ wenige davor fürchten. Die DAK (Deutsche Angestellten-Krankenkasse) stellte in einer Untersuchung fest, dass sich 73 Prozent ihrer Versicherten vor Krebs fürchten, 53 Prozent vor Unfällen, 52 Prozent vor Schlaganfällen und die Hälfte vor Alzheimer. Verglichen damit, ist das Krankheitsbild Burn-out also noch viel zu wenig ins Bewusstsein vorgedrungen; es wird jedenfalls als vergleichsweise weniger bedrohlich eingeschätzt.

DEFINITIONEN UND DIAGNOSEN

WER IST VON BURN-OUT BETROFFEN UND WARUM?

Allenthalben hört man von Burn-out. Die Medien bringen es als Schlagzeile oder Titelthema; zahlreiche Studien widmen sich dem Problem des Ausgebranntseins. Fast alle benennen Überlastung durch Arbeitsstress als Ursache. Sie polarisieren aber hinsichtlich der Verantwortung. Entweder wird sie dem Einzelnen zugeschoben, weil der Betroffene perfektionistisch sei oder Raubbau an seinen Energiereserven treibe, oder den Firmen, weil sie zu viel Druck machten.

Vor dieser vereinfachten Sicht warnt der Psychiater Professor Ulrich Hegerl, Experte für Burn-out und Depression: »Stress im Job ist oft nicht die Ursache – und eine Auszeit kann alles noch viel schlimmer machen.« Dem entspricht die Erfahrung, dass Burn-out-verdächtige Patienten in aller Regel zuerst eine Woche »krankgeschrieben« werden, dann zwei, dann vier und so weiter. Wenn aber die Regenerationsfähigkeit gestört ist, was gar nicht selten der Fall ist, bessert sich dadurch nichts, sondern es wird eher dem sozialen Abstieg Vorschub geleistet. Unter Kollegen und im sozialen Umfeld gelten die Betroffenen als nicht mehr belastbar, was natürlich stimmt.

Aber auch »Diagnosen«, wie unzuverlässig, unwirsch, selbstbezogen, übertrieben empfindlich bis wehleidig und sich selbst bemitleidend, werden gestellt, bis hin zur Klassifizierung als Drückeberger. Firmen versuchen, Betroffene – jedenfalls bei schwacher Konjunktur – schnell und vorrangig loszuwerden, und die Chance auf Therapie und Umkehr des Prozesses wird oft vergeben.

Von Medizinern wird der Begriff Depression klar vorgezogen, obwohl er von der Bevölkerung als deutlich diskriminierender abgelehnt wird. Doch hängt der Bezeichnung Burn-out ebenfalls etwas Negatives an, weil das Modewort auch einigen Trittbrettfahrern scheinbar bequeme Ausstiegsmöglichkeiten eröffnet. Das Wort Seeleninfarkt wird der Problematik des Burn-outs in seiner Vielschichtigkeit von daher besser gerecht.

Leistungsunfähigkeit ist in einer Leistungsgesellschaft immer eine Provokation, denn die massenhafte Diagnose Burn-out signalisiert ihr: Hier läuft etwas grundsätzlich gegen ihre (Wirtschafts-)Interessen. Solange nur wenige betroffen waren, ließ sich das leichter auf deren persönlichen Lebensstil schieben. Als Massenphänomen zeigt der Seeleninfarkt aber, dass in der Gesellschaft insgesamt etwas aus dem Ruder läuft. Wobei in Schuldzuweisungen nie Lösungen liegen, gleichgültig ob Firmen die Verantwortung vorrangig bei der Einzelperson oder Wissenschaftler und Betroffene sie eher bei der modernen Arbeits- und Lebenssituation sehen. In der Projektion von Schuld liegt weder eine Chance noch eine Lösung. Es ist die vielschichtige Wirklichkeit und unsere Resonanz zu ihr, die es zu erfassen gilt, um herauszufinden, welche Lernaufgaben die zunehmenden Seeleninfarkte stellen und wo und wie wir daran wachsen können. Wichtig ist auch, mit Albert Einstein zu erkennen, dass Problemraum nie Lösungsraum ist. Das heißt, die Lösung liegt in der Regel tiefer als die Ebene, wo sich die Probleme zeigen. Wird eine Wiese von Maulwurfshaufen verunziert, ist jedem klar, dass die Lösung nicht auf dem Niveau des zerstörten Rasens liegt, sondern im Erdreich, wo »Grabowski« sein geschäftiges und in den Konsequenzen störendes Unwesen treibt.

RÜCKBLICK UND STATUS QUO IN DER SCHULMEDIZINISCHEN DIAGNOSE

Der Begriff Burn-out wurde im Jahr 1974 erstmals von dem amerikanischen Psychoanalytiker Herbert Freudenberger verwendet. Allerdings hatte schon ein Jahrhundert zuvor der amerikanische Neurologe George M. Beard das Bild der Neurasthenie in die Medizin eingeführt, das rasch aufgegriffen wurde und dem Burn-out sehr weitgehend entspricht: Überreizung, Erschöpfung, Kraftlosigkeit und anderes mehr. Interessanterweise machte Beard dafür ursächlich die entwurzelnde Tendenz der industriellen Revolution verantwortlich. Die sensationshungrige Presse und vor allem die Hektik durch die neue Telegrafentechnik, aber auch das sich zart abzeichnende Erwachen der Frauen für ihre Rechte erschienen ihm als Ursache verdächtig. Hinsichtlich der Projektion von Verantwortung hat sich also wenig geändert. Sicher ist es auch kein Zufall, dass beide US-Amerikaner waren. In ihrem Land fanden sie jedenfalls viel Stoff zum Thema. Doch auch hierzulande charakterisierte Thomas Mann bereits um 1900 am Beispiel seines Romanhelden Thomas Buddenbrook die Symptomatik eines Burn-outs.

Früher als Burn-out bürgerte sich der Ausdruck Workaholic ein, und auch der Arbeitssüchtige hat viel mit dem modernen Burn-out-Kandidaten gemein. Die Definition der Neurasthenie ist bis heute in der gängigen schulmedizinischen Klassifikation anerkannter Krankheitsbilder an prominenter Stelle zu finden, während Burn-out nur eine Rand- und Ausschlussdiagnose bleibt. Letzteres bedeutet, die Diagnose wird nur gewählt, wenn alle anderen ausgeschlossen sind und dem Mediziner sonst nichts mehr einfällt. Burn-out stellt damit letztlich eine Verlegenheits- und Modediagnose zum sozial anerkannten Abfedern des Scheiterns gestresster Menschen dar, die im Rattenrennen beziehungsweise Hamsterrad nicht mehr mithalten konnten. Laut Schulmedizin handelt es sich jedenfalls nicht um eine eigene klinische Symptomatik, sondern um eine (Vorstufe der) Depression. Am einfachsten macht es sich bei der Definition die klassische Psychiatrie. Für sie steckt hinter dem Modewort Burn-out überhaupt eine Depression.

Nach der gängigen internationalen statistischen Klassifikation der Krankheiten der WHO (ICD-10) ist demnach die Diagnose Depression zu stellen, wenn ein Patient mindestens zwei Wochen unter zwei der folgenden Hauptsymptome leidet: a) depressive Stimmung, b) erhöhte Ermüdbarkeit, c) Verlust von Interesse oder Freude. Außerdem wenn der Patient mindestens zwei der folgenden Nebensymptome aufweist: a) verminderte Konzentration und Aufmerksamkeit, b) vermindertes Selbstwertgefühl und Selbstvertrauen, c) verminderten Appetit, d) Schlafstörungen, e) Schuldgefühle und Gefühle von Wertlosigkeit, f) Suizidgedanken oder -handlungen, Selbstverletzungen, g) Zukunftsängste.

Bei strenger Anwendung dieser Definition wären wohl große Teile der Bevölkerung als depressiv zu bezeichnen – und leider stimmt das wahrscheinlich auch. Andererseits sind viele, nachdem sie etwa der Partner verlassen hat, mehr als zwei Wochen depressiv verstimmt, und es vergeht ihnen auch für eine gewisse Zeit die Freude am Leben, wodurch die beiden Hauptsymptome bereits beisammen sind. Wenn sie dann noch einen kaum überraschenden Einbruch beim Selbstwertgefühl erleiden und ihnen der Appetit vergeht, würden sie bereits die Diagnose Depression verdienen. Daran erkennt man, wie schwammig die Definition dieses Krankheitsbilds selbst in der Psychiatrie ist.

Da die Schulmedizin weder eine verlässliche Definition noch eine sichere Diagnose anzubieten hat, ist es nicht verwunderlich, wenn von ihrer Seite auch sinnvolle Therapien fehlen. Die Gabe von Psychopharmaka ist meist wenig hilfreich. Im überdrehten Zustand vor dem Zusammenbruch reicht das Spektrum der verordneten Medikamente von Betablockern über Diazepin (Valium) bis zu massiven Beruhigungs- und Schlafmitteln. Nach dem Seeleninfarkt kann aber kein Medikament die Energie zurückbringen; hier hat die Pharmakologie nichts zu bieten.

Eigentlich ist es egal, wie wir das Elend nennen, wenn wir nur wissen, was wir meinen. Und warum sollen wir es nicht Burn-out und Bore-out nennen und das Ergebnis Seeleninfarkt, wenn es Betroffenen so viel lieber ist und weniger diskriminierend erscheint? Zu der Diagnose Depression will ja kaum jemand stehen, wohingegen die Diagnose Burn-out von manchen fast als Auszeichnung angenommen wird. Insofern ist der Wunsch vieler Psychiater, die Bezeichnung Burn-out wieder abzuschaffen und das Elend beim alten Namen Depression zu nennen, zwar typisch für die Medizin, aber wenig hilfreich für Patienten.

Als ich vor Jahren das Buch *Depression – Wege aus der dunklen Nacht der Seele* schrieb, zeichnete sich diese Entwicklung schon ab. Wenn ich das Buch später bei Betroffenen sah, war es oft auf altmodische Art mit einer Schutzhülle versehen, was sonst kaum mehr vorkommt. Öfter wurde mir von Buchhändlern gesagt, es sei mein bestes Buch, nur leider mit diesem Titel schwerer verkäuflich als die anderen. Depression verkauft sich wirklich schlecht; Burn-out ist im Vergleich dazu wesentlich ansprechender. Ersteres ist der Überfall des Schattens und die Konfrontation mit unbewussten Themen wie Tod und Trauer; Letzteres hat man sich gleichsam durch übertriebenen (Arbeits-)Stress hart verdienen müssen.

Die Definition stellt letztlich nicht das Problem dar, aber Gefahr ist im Verzug, wenn Menschen mit relativ harmlosen Aspekten von Burn-out zu Kranken stilisiert werden und man andererseits eine manifeste Depression als Burn-out und Modekrankheit bagatellisiert. Ulrich Hegerl, Psychiatrieprofessor in Leipzig, warnt davor, dass Depressive durch die typischen Rat*schläge* für Burn-out-Patienten, wie längere Schlafzeiten und Pausen, Verschlimmerungen erleben könnten. Eine weitere Gefahr entsteht, wenn die neu geschaffene »Burn-out-Industrie« sich auf die harmloseren und weniger behandlungsbedürftigen Fälle stürzt und schwer Depressive keine Therapieplätze mehr bekommen, wofür es bereits Anzeichen gibt.

So wäre es gut, wir würden – schon dem Empfinden der Patienten zuliebe – zur Bezeichnung Burn-out wechseln, aber – der Gesundheit der Betroffenen zuliebe – dabei im Auge behalten, dass es sich um eine Depression(sform) handelt. Am einfachsten ist es, grundsätzlich vom Seeleninfarkt zu sprechen, mit der feineren Untergliederung in Burn-out und Depression als dessen Vorstufen und Bore-out als Variante vom Gegenpol, die statt durch Über- eher durch Unterforderung und Langweile entsteht.

BE-DEUTUNGEN UND PHASENMODELL(E)

Burn-out ist heute also eine »Diagnose«, die gesellschaftlich anerkannt ist, und dies hat Einfluss auf die Gesellschaft, über die sich Politiker und Konzernchefs Gedanken machen (müssen). Aus dem Dilemma einer fehlenden verlässlichen Definition der Schulmedizin, dem daraus resultierenden Mangel an sicherer Diagnosestellung und hilfreicher Therapie einerseits und der zunehmenden gesellschaftlichen Bedeutung andererseits entwickelte sich eine Art Schwemme von Definitionen, die alle nur die Oberfläche des Phänomens berühren und auf Symptombeschreibungen hinauslaufen. Ein halbes Hundert Definitionen und eine ebenso uneinheitliche Einteilung in drei bis dreißig Phasen be- und verhindern eher, als Klarheit zu schaffen.

Doch auch diese Situation verdient eine Deutung: Die Schulmedizin weiß hier nicht wirklich Bescheid; dies ist auch naheliegend, da es sich um ein weitgehend seelisches Problem handelt. Positiv daran ist, dass wir Therapeuten den Betroffenen mehr zuhören und sie auch in keine »Schublade« einordnen werden – da es eben keine eindeutige gibt, sondern jeden Patienten höchst individuell zu behandeln haben. Auf der anderen Seite sind die zugrunde liegenden archetypischen und oft sogar kollektiven Muster und Lernaufgaben doch unübersehbar und wesentlich.

Aus meiner Sicht ist es durchaus im Sinne der Betroffenen, die ersten Stufen Burn-out zu nennen und damit eine nicht mit so viel Schrecken behaftete Diagnose zu wählen, den schweren Zustand aber weiterhin als Depression anzusprechen. Bore-out ist die Depressionsvorstufe vom Gegenpol: Unterforderte geraten buchstäblich in Gefahr, sich zu Tode zu langweilen. Seeleninfarkt bezeichnet schließlich den Zusammenbruch, der das Leben zum Stillstand bringt. Er ist also das Resultat von unbehandeltem Burn- und Bore-out und schwerer Depression.

In der Fülle der Definitionen finden wir einige wichtige Hinweise. Das *Burnout.net* definiert: »Ein Burnout-Syndrom ist ein Zustand ausgesprochener emotionaler Erschöpfung mit reduzierter Leistungsfähigkeit, der als Endzustand einer Entwicklungslinie bezeichnet werden kann, die mit idealistischer Begeisterung beginnt und über frustrierende Erlebnisse zu Desillusionierung und Apathie, psychosomatischen Erkrankungen und Depression oder Aggressivität sowie einer erhöhten Suchtgefährdung führt.« Zentral ist hier die Enttäuschung des ursprünglichen Idealismus durch frustrierende Erfahrungen mit dem Resultat von Apathie und Lethargie.

Meine Deutung im Sinne von *Krankheit als Symbol* besagt, dass eine mehr oder weniger große Täuschung in der Ent-Täuschung ihr Ende findet und sich die Betroffenen in einer Situation wiederfinden, die keinerlei Pathos (A-pathie) mehr erlaubt. Jegliches Pathos bricht zusammen und – da man auf sich selbst zurückgeworfen ist – oft auch die ganze Fassade des Lebens. Daraufhin zeigen sich dann Leere und Sinnlosigkeit. Die Definition stammt noch aus den Erfahrungen mit Helferberufen, mit denen die Burn-out-Forschung begann. Bei Lehrerinnen ist bis heute Burn-out die häufigste Ursache für Frühpensionierung.

Nach meinen Erfahrungen sind hier Bore-out-Aspekte oft mit dabei. Eine inhaltliche Nähe ergibt sich auch zum Chronischen Erschöpfungssyndrom (CFS: Chronic Fatigue Syndrome), bei dem

»lähmende geistige und körperliche Erschöpfung und rasche Erschöpfbarkeit« im Vordergrund stehen. Das CFS wurde – schulmedizinisch – auch schon als Autoaggressionskrankheit bezeichnet. Aus Sicht von *Krankheit als Symbol* handelte es sich um einen Amoklauf des Immunsystems. Es beginnt, Krieg gegen die eigenen Körperstrukturen zu führen. Wir erkennen auf der seelischen Ebene einen Akt der Selbstzerfleischung, der sich auch im Burn-out zeigt, etwa wenn Perfektionisten mit Riesenanspruch kein gutes Haar an sich und ihren Leistungen lassen und sich mit Selbstkritik zermürben. Neben chronischer Erschöpfung kommen beim CFS anhaltende Zustandsverschlechterungen nach Anstrengungen, nicht mehr regenerierend wirkender Schlaf, Konzentrations- und Gedächtnisstörungen hinzu, außerdem körperliche Symptome wie Kopfschmerzen, Halsschmerzen, Gelenk- und Muskelschmerzen sowie ebenso undifferenzierte Empfindlichkeit der Lymphknoten.

Auch zur Hyperaktivität gibt es große Nähe.[5] Diese trifft nicht nur Jungen mit ADHS-Syndrom, sondern auch deren Väter auf der Karriereleiter der Hochleistungsgesellschaft. Aufmerksamkeitsmangel (engl. *attention deficiency*) ist eine wichtige Komponente bei Burn-out, bei dem Konzentrationsmangel und Nicht-abschalten-Können oft gemeinsam auftreten und die Betroffenen selbst nächsten Angehörigen keine Aufmerksamkeit mehr schenken (können). Typischerweise versuchen Betroffene bei beiden Krankheitsbildern häufig zuerst, Überlastung mit weiterer Belastung zu kompensieren. Wenn trotz Mehraufwand und Mehreinsatz an Zeit und Energie die Leistung abzufallen beginnt, bahnt sich das Burn-out an.

Zusammenfassend lässt sich feststellen, dass es sich bei Burn-out um extreme Erschöpfungszustände in körperlicher, seelischer, emotionaler, geistiger und sozialer Hinsicht handelt. Alles strengt an, nichts motiviert mehr, alles ist den Betroffenen zu viel. Es fehlt an inneren Bildern beziehungsweise Motiven und damit an Motivation zum Weitermachen. Das langfristig Bedrohliche ist der häufige Ausfall der Regenerationsfähigkeit.

Die Eskalation kann von anfänglichen Schlafstörungen über Herzrhythmusstörungen wie Anfällen von Herzrasen, aber auch Kopf- und Rückenschmerzen, Verdauungsstörungen bis hin zu Drogenmissbrauch

---

5 Ausführlich beschrieben in: Dahlke, *Aggression als Chance* (Literaturverzeichnis).

und einer erheblichen Suchtgefahr in Bezug auf »fitmachende« Drogen wie Kokain gehen. Auch schulmedizinische Drogen wie Provigil, ein verschreibungspflichtiges Medikament gegen Narkolepsie (Einschlafkrankheit), ist in Managerkreisen zunehmend in Ge- beziehungsweise Missbrauch. Hoher Alkohol- und Kaffeekonsum stellen ebenfalls eine Gefahr dar. Während Kaffee missbraucht wird, um sich wach und leistungsfähig zu fühlen und die heute so überwichtige Performance zu sichern, verstärkt Alkohol vor allem Fluchttendenzen. Ein unbehandeltes Burn-out-Syndrom führt zu Depressionen bis hin zu Suizidgedanken.

Ein erstes Anzeichen für eine Burn-out-Gefahr kann darin bestehen, an Arbeitstagen nicht mehr genügend Regeneration zu finden und sie auf das Wochenende zu verschieben. Im gesunden Zustand erholt man sich jeden Abend und jede Nacht für den nächsten Tag. Die nächste Stufe ist erreicht, wenn auch die Wochenenden nicht mehr genügend Regeneration bringen und der Urlaub zum Rettungsanker wird. Sobald auch in den Ferien keine Regeneration mehr erreicht wird, droht das Vollbild des Burn-outs mit der Gefahr des Seeleninfarkts. Dieser ereignet sich also praktisch nie aus heiterem Himmel, sondern eskaliert über viele Stationen und oft über Jahre mit allmählich zunehmendem Leidensdruck. Wenn Burn-out als plötzlich auftretendes Geschehen wahrgenommen wird, haben sich Betroffene meist über lange Zeit extrem zusammengerissen. Sobald das nicht mehr gelingt, treten viele Symptome auf einmal auf, und es kommt zum Bild des akuten Zusammenbruchs im Seeleninfarkt.

Bei den Betroffenen finden sich häufig Defizite im Selbstbild wie mangelnde Eigenakzeptanz bei gleichzeitig übersteigertem Bedürfnis nach Anerkennung, überzogener Idealismus mit Selbstüberschätzung und Perfektionismus. Erschwerend kann eine verringerte Widerstandskraft bezüglich Druck und Stress hinzukommen.

Die sieben Stufen des Abstiegs in den Seeleninfarkt

Aus dem Chaos von Einteilungen in bestimmte Burn-out-Phasen lassen sich die wesentlichen sieben wiederkehrenden Stadien herauskristallisieren und charakterisieren. Allerdings können sie sich durchdringen und auch parallel vorkommen.

Die Burn-out-Stufen erinnern an die sieben Chakren im spirituellen oder die sieben Stufen der Jakobsleiter im christlichen Sinn. Doch es sind keine Entwicklungsstufen des geistig-seelischen Aufstiegs, sondern im Gegenteil Etappen des Abstiegs. Die Betroffenen durchlaufen hier gleichsam den umgekehrten Entwicklungsweg und gelangen zurück zur untersten Stufe, bei der es schlicht ums Überleben geht. Beginnen wir gleichsam mit der »erleuchteten« obersten Stufe.

1. Im ersten idealistischen Stadium herrschen oft **Enthusiasmus und Euphorie**. Man will es (sich und) der Welt zeigen, sie erobern und unterwerfen. Die Lust auf Erfolg und Karriere, Geld und Status dieses Seeleninfarktanwärters fordert seine Chefs geradezu auf, die übersprudelnde Energie auf ihre beziehungsweise die Mühlen der Firma zu lenken. Solange die Betroffenen für sich Aufstiegschancen und die große Karriere wittern und die Firma von ihrem enormen Engagement profitiert, ist die Welt noch mehr als in Ordnung. Man sehnt sich nach Bewährung, und Herausforderungen sind mehr als willkommen. So reißen sich die Kandidaten gleichsam um die stressigsten Aufträge, um die Konkurrenz in den Schatten zu stellen und selbst besonders zu glänzen und aufzusteigen. Die Identifikation mit Arbeit und Firma ist meist total.

In Sozialberufen ist diese erste Phase oft von großem Idealismus bestimmt, und spätere Seeleninfarktkandidaten engagieren sich über alle Maßen. Im Anfangsstadium kann das Bedürfnis, zu helfen, zu verbessern und zu heilen, von entscheidendem Einfluss sein. Helfende Berufe ziehen Menschen mit Helfersyndrom geradezu an und erschöpfen sie in der Regel schnell. Hier sind zudem viele Entwicklungshelfer und Tierschützer, Umweltaktivisten und Streiter für eine bessere Welt angesprochen, aber auch Krankenschwestern und Lehrerinnen. Heute kommen zunehmend Alleinerziehende hinzu, die anfangs hoffen, alles allein zu schaffen, und dabei ihre Enttäuschung erleben.

Solange in der ersten Gruppe der Manager Karrieresprünge und finanzielle Belohnungen für Aufwind sorgen, für den Aufwand entschädigen und den Erfolg anzeigen und in der zweiten Gruppe die Helfer zumindest Achtungserfolge verzeichnen, kann das erste Stadium sehr genossen werden. Die Betroffenen sind so eins mit ihrer Aufgabe und gleichsam gefangen von ihrem Engagement, dass sie nur die positive Seite ihres vollständigen Sicheinbringens und -einsetzens sehen, und tatsächlich kommt es zum so wichtigen Eintauchen in den Augenblick, in dem alles andere vergessen wird. Aber falls das Thema nicht wirklich stimmt und keinen letzten Sinn ergibt, liegt im Vergessen der Umgebung schon eine gewisse Gefahr.

In der ersten Gruppe wird irgendwann der fordernde und fördernde Chef (der eigenen Karriere) im Weg stehen. Und in der zweiten wird der engagierte Kämpfer für Tierrechte merken, dass er zwar oft einzelne Tiere vor dem Schlimmsten bewahren kann, aber Fleischkonsum und daraus folgend Massentierhaltung dramatisch zunehmen und er bei den großen, wesentlichen Themen auf Granit beißt, sobald Wirtschaftsinteressen ins Spiel kommen. LehrerInnen erleben ähnlich massiven Widerstand, sobald sie anfangen, die grundsätzlichen Missstände infrage zu stellen. Ihre »Knackpunkte« reichen von Mangel an Geld bis zu politischem Unwillen. Wenn sie beginnen, den Weg des geringsten Widerstands zu wählen, und in Routine »machen«, zeichnet sich bereits die Bore-out-Situation am Horizont ab.

2. Jetzt wächst die Gefahr von **Stagnation und Resignation**, und wir erreichen das nächste Stadium. Die Belohnungen auf dem Karrieretrip werden mit der Zeit schal und können für den geleisteten Mehraufwand nicht mehr entschädigen. Selbst Boni verlieren ihren Reiz, wenn die Lebenszeit sich zunehmend mit Stress füllt und zwischen den geschäftigen Fingern zerrinnt. Sobald der Enthusiasmus nachlässt, wird auch die Energie geringer, und in einer Welt, die auf Zuwächse gepolt ist, geht es jetzt schon bergab. Lediglich die Leistungshöhe zu erhalten ist heute längst nicht mehr ausreichend, sondern gilt bereits als Stagnation. In der Entwicklung des Seeleninfarkts ist es die Phase, in der mit Steigerung der (Arbeits-)Dosis nichts mehr zu gewinnen, sondern höchstens der Niedergang zu verlangsamen ist.

In den Sozialberufen kommt es zwar noch zu hart erfochtenen Einzelerfolgen mit den anvertrauten Menschen, aber wenn sich abzeichnet, wie dramatisch die Gesamtentwicklung in die falsche Richtung läuft, sind hier viele schon angeschlagen und flüchten sich in Ablenkungen. Wo diese dann nicht tragen, entwickeln sich Ansätze des Bore-out-Syndroms. Die Freizeit- und Fun-Gesellschaft bietet meist keine Alternativen, sondern langweilt die Seele, die viel tiefere Ansprüche hat.

Die Bore-out-Symptomatik ist schon deshalb schwer zu fassen, weil die Bewusstwerdung von der intellektuellen Durchdringung der eigenen Problematik abhängt. Das Symptom ist nicht so akut und macht sich noch nicht im Bewusstsein breit, auch weil es keinerlei gesellschaftlich definierte Deutungsmuster dafür gibt. Bore-out kann in Phase zwei beginnen, doch wird darauf nur aufmerksam, wer (noch) in der Nähe zur eigenen Mitte lebt und sich selbst gut kennt.

3. Dieser Zustand von Langeweile kann fließend in die dritte Phase der **Enttäuschung** übergehen, wobei sich die Enttäuschung schon in der Stagnations- und Resignationszeit anbahnt. Nun gehen sowohl der Kampf gegen die Überlastung als auch die Aussicht auf den großen Erfolg verloren. Die Hoffnungen werden enttäuscht; die Perspektive hat sich als Illusion erwiesen, und Frustration kehrt ein. Jetzt lässt sich die Fassade auch im sozialen Umfeld kaum mehr aufrechterhalten. Beziehungen scheitern; Freundschaften zerbrechen. Die Betreffenden leisten zwar tendenziell weniger, gewinnen aber trotzdem keine Zeit, weder für nahestehende Menschen noch für sich selbst. In dieser Phase gleichen sich die Situationen in Managerpositionen und Sozialberufen; Burn- und Bore-out-Opfer werden sich ähnlicher. Nach Jahrzehnten werden diejenigen, die noch für ihre Aufgabe brennen, in beiden Arbeitsbereichen selten. Die Mehrheit ist enttäuscht, frustriert und in Routine erstarrt.

Nun kommen sich Burn- und Bore-out sehr nahe, und beides geht oft Hand in Hand. Ausgebrannte Ausgemusterte langweilen sich häufig zu Tode. Potenziell droht jedem Arbeitslosen Bore-out. Doch auch in Routine Erstarrte, die ihrer Pension entgegenleiden, langweilen sich schrecklich. Sie haben lediglich ein Arrangement gefunden, das den Seeleninfarkt für andere nicht so deutlich werden lässt. Hierher gehören all jene, die – drastisch gesprochen – schon mit 30 sterben und sich erst mit 80 zu Grabe tragen lassen. Sie brauchen dringend Hilfe in diesem halben Jahrhundert ungelebten Lebens. In der harten Wirklichkeit können sie nicht einmal auf eine Burn-out-»Diagnose« und entsprechende »Kur«-Industrie rechnen, wie die spektakulärer scheiternden Ausgebrannten.

4. Das vierte Stadium markiert den Punkt, an dem es zum **Zusammenbruch** kommt und damit zum eigentlichen Seeleninfarkt. Ist das Maß voll genug, kann beinahe alles zum Auslöser werden; da reicht eine ausgebliebene Beförderung, eine partnerschaftliche Ent-

täuschung, ein kleiner Unfall oder lediglich eine unerwartete Kritik. Damit brechen auch bisherige soziale Rücksichten weg.

Die Betroffenen verbrauchen ihre Energie für sich selbst und haben doch keine. Nun beginnt die Energiesituation in den Gegenpol umzuschlagen. Galt anfangs das Motto: »Was kostet die Welt«, ist diese jetzt scheinbar nicht mehr zu bewältigen.

5. In der nächsten Phase wird aus dem ursprünglichen Überflieger ein hilfloses Kind, das unter Umständen auf ein reiches Repertoire an früher gelernter Hilflosigkeit zurückgreift und zur Belastung jeder Beziehung wird. Ist keine vorhanden, droht der Absturz ins schier Bodenlose. Nun entwickelt sich **Lethargie**. Man schleppt sich nur noch mühsam dahin, von Mithalten keine Spur mehr; aber völliges Loslassen gelingt auch (noch) nicht. In der Lethargie klingt schon das Letale, Tote, an. Das früher überbordende Leben erscheint wie abgestorben.

Sich nur noch dahinschleppen ist auch bei »fertigen« Helfern ein bekanntes Spätstadium, häufig verbunden mit Schuldprojektionen auf Gott und die Welt. Diese Sündenbocksuche in Verbindung mit Mangel an Eigeninitiative und dem Erlöschen der inneren Flamme bringt außerdem die jungen idealistischen Helfer gegen diese alten abgebrühten Hasen und Routiniers auf. Deren Feld von Langweile strahlt die Lethargie geradezu aus und illustriert die Gefährlichkeit von Bore-out-Zuständen für den Einzelnen und die Gesellschaft.

6. Nun kann dies bis zu völliger **Apathie** fortschreiten. Schon in der fünften Phase, aber spätestens auf dieser sechsten Stufe wird sich eine Fülle von **psychosomatischen Symptomen** zeigen. So deuten Rückenschmerzen an, was man sich alles aufladen ließ oder freiwillig geschultert hat und wie schwer und schmerzhaft es ist, sich gerade zu machen und ehrlich zu sich zu stehen. Kopfschmerzen drücken Hilfeschreie der überlasteten Zentrale aus. Man hat sich zu lange den Kopf zerbrochen und wollte mit ihm durch die Wand; und nun lässt die analgetische Wirkung des Anfangserfolgs dramatisch nach. Der Schwindel, den man mit sich und dem Umfeld getrieben hat, fliegt auf und wird im Schwanken deutlich. Auf schwankendem Boden ist man nicht mehr sicher; die Seele funkt SOS. Chronische Erkältungen zeigen, wie sehr und wie dauerhaft man die Nase voll hat und nichts mehr hören und sehen will. Herzrhythmusstörungen verraten die Distanz zum eigenen Rhythmus. Herzrasen will anregen, in Herzens-

angelegenheiten einen Zahn zuzulegen. Schweißausbrüche künden von erlebter Anstrengung, vor allem aber von aktueller Angst. In diesem »psychosomatischen Stadium« sind Burn-out und Bore-out oft nur noch schwer zu unterscheiden.

7. Im siebten oder Regenerationsstadium entscheidet sich alles Weitere, vor allem geht es nun um die Perspektive. Erholungsmöglichkeiten bietet die etablierte Burn-out-Industrie in entsprechenden Sanatorien. Wesentlich wichtiger als jede äußere Maßnahme sind jedoch die Entscheidung für ein neues, anderes Leben und der Ausstieg aus alten Mustern. Es ist nicht damit getan, dem Süchtigen sein Suchtmittel wegzunehmen; er muss sich vielmehr neu orientieren und sein Leben neu ordnen, andere Schwerpunkte finden, sich neu positionieren. Bore-out-Opfer finden generell mit der geringeren Anerkennung ihrer Problematik noch weniger Hilfe. Sie brauchen aber die gleiche substanzielle Unterstützung wie die im Burn-out Gestrandeten.

Individuelles Erleben und Fallbeispiele

Da die gängigen Definitionen nicht wirklich greifen, das Problem aber unübersehbar ist, können die Seelenbilder einzelner Betroffener am besten weiterhelfen, um ein Gefühl für die Situation zu bekommen. Miriam Meckel beschreibt in ihrem lesenswerten Buch *Brief an mein Leben* ausgesprochen einfühlsam, wie sie in den Seeleninfarkt rutscht, ohne es selbst so recht zu bemerken. Obwohl (oder weil) intellektuell brillant und äußerst erfolgreich wie rasant im Leben unterwegs, gibt sie sich keine Chance vor dem völligen Zusammenbruch, der ihr – wie so vielen – erst die Augen für sich selbst und ihre Lebenssituation öffnet. Stattdessen versucht sie typischerweise mit noch weiterer Leistungssteigerung nach gewohntem Muster, den Karren selbst aus dem Dreck zu ziehen. Doch nun wird sie von dem Gefühl ergriffen, in ihrem Kopf würden Vivaldis *Vier Jahreszeiten* gleichzeitig abgespielt, gelegentlich auch in doppelter Geschwindigkeit. Treffender lässt sich der Multitasking-Wahn nicht beschreiben. Mit Musik- oder Lebensgenuss hat das nichts mehr zu tun, aber umso mehr mit Burn-out. Beeindruckend beschreibt sie auch, wie gerade ein so kluger Geist wie ihrer zur Gefahr statt zur Hilfe wird: »Ich bin ein Mensch, der denkt. Das kann ich gut. Und das war tatsächlich immer schon so. Ich denke einfach alles weg, was mich berührt oder innerlich aus dem Gleichgewicht bringen könnte. Ich erdenke mir einen intellektuellen Schutzwall gegen die Angriffe der emotionalen Truppenverbände von Feinden und Freunden da draußen im Leben, gegen ein trojanisches Pferd, das jemand in mein Innerstes schieben könnte, um dann das im Pferd versteckte Heer an Gefühlen freizulassen, die sich ohne weitere Hindernisse an mein Herz und meine Seele heranmachen und sie besetzen könnten.«[6]

Die schon allgemein schwierige Situation – frei nach dem Philosophen Kierkegaard –, das Leben vorwärtsleben zu müssen, es aber erst rückwärts verstehen zu können, wird beim Burn-out besonders deutlich.

Beschreibungen von weniger prominenten Betroffenen, die das Elend ähnlich treffend illustrieren, zeichnen beispielsweise das Bild des Helden oder Ritters, der zwar mit scharfer Klinge schneidig unterwegs ist, aber keinen Schild dabei hat, der ihm Deckung geben könnte. Ein anderes Bild beschreibt einen *lonesome cowboy*, der allein durch die Nacht reitet, aber kein Ziel hat. Die Betroffenen eilen von Sieg zu Sieg und siegen sich nicht selten zu Tode wie der legendäre König Pyrrhus.

Seeleninfarktkandidaten gleichen Sternen in den Weiten des Weltalls, die in der ersten Phase des Enthusiasmus einen kometenhaften, strahlenden Aufstieg erleben, dann zu roten Riesen werden, zu eindrucksvollen Sonnen, die in ihrer Schlussphase immer gewaltigere Energien hervorbringen, bevor sie explodierend verglühen und zu schwarzen Löchern werden, die alle Energie in sich hineinziehen und verschlingen.

Unserem Alltag näher kam das Beispiel jenes Patienten, der sich selbst mit einem Atomreaktor verglich: Zuerst habe er enorm viel Energie sehr günstig geliefert und den Chef völlig von sich überzeugt. Dann habe er zu wenig »Wartung« beziehungsweise Zuwendung bekommen und versucht, sie durch noch mehr Energieproduktion zu erzwingen. Dabei habe er sich zunehmend übernommen und überhitzt. Das sei schon kein belebendes Feuer der Begeisterung (für die Arbeit) mehr gewesen, sondern eine vernichtende Feuersbrunst, und

---

6 Miriam Meckel, *Brief an mein Leben. Erfahrungen mit einem Burnout*, Rowohlt 2010, S. 182f.

so sei er rasch zur Kernschmelze fortgeschritten, bei der er gar keine Energie mehr liefern konnte, aber für sich und die Umgebung gefährlich wurde. Von allen fallengelassen, verzehrte er sich in Verzweiflung. Zu Therapiebeginn war er leer und voller Vorwürfe; sein Feuer war zu einer versengenden Glut der Wut geworden, die trotzdem etwas Resigniertes hatte. Erst habe man seine »Atomkraft« geschätzt und ihn dann einfach ausgemustert und aufs Abstellgleis geschoben. So mag hier anklingen, dass es sich beim Enthusiasmus um eine potenziell gefährliche Energieform handelt.

Der Chef habe ihn nur ausgenutzt und für die Firma verheizt und sich dann nicht mehr um ihn gekümmert, lautete die Anklage. Die Therapie zeigte, wie sehr das zutraf, aber auch, wie er sich dem Chef angedient hatte in seinem anfänglichen Brennen für die begehrte Aufgabe. Sein Ehrgeiz wollte mit Siebenmeilenstiefeln an den als Konkurrenten erlebten Kollegen vorbei, was sein enormer Einsatz auch ermöglichte. Da er keine feste Beziehung hatte, konnte er mehr Zeit aufwenden; aber es fing ihn am Ende auch niemand auf. Es wurde ein langer Weg, ein neues Lebenskonzept mit anderen Spielregeln zu finden.

Rückwirkend gesehen, wurde für ihn der Tiefpunkt, die Katastrophe, zum Umkehrpunkt. In der Regenerationsphase entwickelte sich sein neues Leben, das ihn auf ein wesentlich besseres Niveau brachte. Krankheit war für ihn zum Weg geworden und hatte ihm neuen Lebenssinn vermittelt.

Nach meinen Beobachtungen droht langfristig die Gefahr eines Seeleninfarkts, falls die alten, das Leben bestimmenden Regeln und das alte, scheinbar bewährte Weltbild nicht tragen.

Am Schwarzen Freitag 1929 haben sich viele von der Finanzwelt Enttäuschte umgebracht, weil ihre Welt zusammenbrach. Heute ist die Enttäuschung in der Finanzkrise noch nachhaltiger, denn es wird allmählich vielen klar, dass der Fehler im System liegt und dass es gar nicht auf Dauer funktionieren kann. Für wen das schon das Ende der Welt ist, der dürfte allen Mut und alle Hoffnung verlieren und in den Seeleninfarkt abdriften. Die Ent*täuschung* gegenüber Banken und ihren Anlageberatern ist gewaltig, aber sie ist auch das verdiente Ende einer Täuschung. Es war von Anfang an und immer naiv, Banker oder Investmentberater für Freunde zu halten. Freunde haben unsere Seele im Auge; Anlageberater nur auf freundliche Weise unser Geld.

Rückwirkend wird dann oft deutlich, wie bei dieser Freundeswahl immer die Gier mitgewirkt hatte.

Natürlich ist solch ein Erwachen schlimm, vor allem wenn man erkennen muss, dass man nur solche, also gar keine wirklichen Freunde hatte, und nun völlig allein dasteht. Und ganz besonders schlimm ist, wenn man sich bewusst macht, dass zum Schluss nur die echten Freundschaften, die liebevollen Momente und die großen magischen Augenblicke gemeinsamen Eintauchens in das Hier und Jetzt zählen.

Anzeichen und Vorbeugung von Infarkten

Ob Herz-, Verkehrs- oder Seeleninfarkt, es handelt sich stets um einen kompletten Zusammenbruch des Systems. Warnungen, Vorstufen und Ankündigungen gab es im Vorfeld meist genug. Sie wurden nur nicht beachtet, meist weil es viele betraf, weil es als normal oder unabänderlich galt, weil die Gesellschaft es geschlossen ignorierte. Genauso wie die beliebte Formulierung »Völlig unerwartet und aus heiterem Himmel riss es ihn aus dem Leben« in den Todesanzeigen von Herzinfarktpatienten praktisch immer unzutreffend ist, gilt das auch für den Seeleninfarkt. Er fällt nicht vom Himmel, schon gar nicht aus heiterem, sondern die Zeichen waren schon lange zu lesen – nur wollten die Betroffenen sie nicht wahrhaben. Und wenn das Kind erst einmal in den Brunnen gefallen ist, wird alles schwieriger. Rechtzeitige Vorbeugung ist tatsächlich dringend not-wendig.

In der Regel bieten Herzinfarktpatienten eine gute, wenn auch schreckliche Analogie. Nach dem ersten Infarkt fangen viele an, sich Auszeiten zu nehmen, selbst wenn sie mangels Wissens die Chance des Augenblicks, das Leben im Hier und Jetzt, oft ignorieren. Aber sie überlegen sich immerhin, ob sie wie bisher weitermachen und auf den nächsten Infarkt zusteuern wollen. Manche sind allerdings so tief in ihr Muster verwickelt und dieses ist gesellschaftlich so anerkannt, dass sie erst nach dem zweiten Infarkt für die Bedürfnisse der eigenen Seele aufwachen.

Leider haben viele das Ignorieren der Frühwarnzeichen so perfektioniert, dass der Infarkt zwar ihr erstes Aufwachen bewirkt, aber für nicht wenige ist damit schon das Ende erreicht. Das Problem beim Herzinfarkt ist, dass alle Maßnahmen entweder zu spät kommen oder wesentlich aufwendiger und weniger wirksam sind als eine vorherige rechtzeitige Absicherung, sprich Vorbeugung. Das ist beim Seeleninfarkt ganz ähnlich, wenn auch manchmal noch dramatischer, weil eine auf materielle Maßnahmen versessene Gesellschaft mit echter Vorbeugung noch viel weniger Erfahrungen hat. So werden Betroffene fast immer zurück in die nicht geänderte und daher weiterhin krank machende Situation entlassen, in der sich das Elend sehr häufig wiederholt. Da die Seele quasi unbekanntes Land für die Medizin ist, fehlen beim Seeleninfarkt auch geringste Hilfen, wie sie beim Herzinfarkt zuhauf gegeben werden. Wenn Betroffene an derselben Stelle wieder anfangen, wo sie zuvor gescheitert sind, kommt es fast zwangsläufig zum neuerlichen Eintritt in denselben Teufelskreis. Hier sind also Verständnis des Hintergrunds und daraus folgende Vorbeugungsmaßnahmen äußerst wichtig.

Die Diagnosen Burn-out, Depression oder Seeleninfarkt werden zu selten richtig und rechtzeitig gestellt, die Diagnose Bore-out kommt fast nie vor. Aber selbst wenn die Diagnose gelingt, stoßen wir gleich auf das nächste grundsätzliche Problem der Schulmedizin: Vorbeugung. Zwar führen ihre Vertreter dieses Wort häufig im Mund, doch damit preisen sie ihre Maßnahmen zur Früherkennung. In Wahrheit können sie weder vorbeugen noch wissen sie heute in der Regel noch, was echte Prophylaxe bedeutet. Sie verwechseln inzwischen mehrheitlich ihre immer mehr ausufernden Früherkennungsmaßnahmen mit Vorbeugung. Für eine wirkliche Vorbeugung ist es erforderlich, ein Krankheitsbild seinem Wesen nach zu verstehen, um sich dann so zu verhalten, dass es gar nicht erst notwendig wird. Hier scheitert die Schulmedizin, wenn sie sich nicht um das Wesen von Krankheitsbildern kümmert, sondern sich damit zufriedengibt, deren symptomatische Äußerungen mittels allopathischer Pharmaka zu unterdrücken. Dieses Armutszeugnis versucht die Medizin durch immer mehr Früherkennung zu verbessern. Da die Diagnosestellung oft misslingt oder zu spät erfolgt und Vorbeugung die eigenen Möglichkeiten übersteigt, bleibt – bei unserem Thema – nur das bittere Eingeständnis, nichts Wesentliches zur Lösung von Burn-out oder gar Seeleninfarkt beitragen zu können.

Demgegenüber kümmert sich die Medizin von *Krankheit als Symbol* vor allem um das Wesen von Krankheitsbildern und kann so vorbeugen. Das heißt in unserem Fall, das Ziel ist, sich so zu verhalten, dass ein Seeleninfarkt gar nicht mehr auftreten muss, weil die Weichen anders gestellt sind. Es geht darum, freiwillig zu lernen, was andernfalls über die Symptomatik erzwungen wird.

Ein Beispiel von einem Herzinfarktpatienten mit deutlichen Bezügen auch zu Burn-out mag das verdeutlichen. Er kam nach seinem zweiten, nur knapp überlebten Infarkt in Behandlung und litt zusätzlich und erstmals an Motivationsmangel und Lustlosigkeit. Was ihn besonders ungehalten an dem neuerlichen Infarkt machte, war die Tatsache, dass er sich nach dem ersten an alle Vorgaben des Kardiologen gehalten hatte. Dieser hatte ihm geraten, sofort mit dem Rauchen aufzuhören, sich mehr zu bewegen und Sport zu treiben. Auf Anweisung hatte ihm die Sekretärin ein Nikotinentwöhnungsprogramm gesucht, das er mit Nachdruck und Erfolg durchzog, und ihm zwei Stunden Squash pro Woche inklusive Trainer gebucht. Er war dieser zweiten Auflage zwar mit aller Verachtung für Sport, deren er fähig war, aber verlässlich nachgekommen. Ein Jahr später traf ihn der zweite Infarkt deshalb wieder völlig unerwartet, aber umso härter.

Aus schulmedizinischer Sicht hatte der Kardiologe nicht einmal Fehler gemacht, denn das Rauchverbot und ein moderates Bewegungstraining im sogenannten Sauerstoffgleichgewicht wären durchaus passend gewesen. Tatsächlich hatte er dem völlig überlasteten, unter enormem Zeitdruck viel zu viel arbeitenden Mann aber mit seinen Maßnahmen gleich zwei neue Probleme geschaffen. Einmal war der Zeitdruck an zwei Tagen noch gewachsen, denn die Sekretärin hatte einfach die beiden Squashtermine zusätzlich in die übervolle Agenda gequetscht. Zweitens hatte ihm das Rauchverbot sein Ventil genommen, Dampf abzulassen, und so den Druck insgesamt und damit auch die Burn-out-Gefahr noch erheblich gesteigert. Aus Sicht der deutenden Medizin war der zweite Infarkt also durchaus zu erwarten gewesen.

Außerdem ist Bewegung nicht gleich Bewegung. Sinn macht in solch einer Situation lediglich moderates, das Herz gleichmäßig forderndes und förderndes Training, das in keinem Moment überlastet, wie es bei Squash ständig passiert. Stattdessen kommen Jogging und Walking, Schwimmen, Tanzen und Bergwandern infrage.

Das Wesen des speziellen Rauchmusters seines Patienten zu durchschauen hätte weitergeholfen. Aber bis heute ist für Schulmediziner und natürlich auch für Kardiologen Rauchen gleich Rauchen. Dabei gibt es so viele Arten von Rauchen, und alle müssen um des Entwöhnungserfolgs willen ihrer Art und ihrem Wesen entsprechend behandelt werden. Jene große Gruppe der oralen Raucher, denen es um den Genuss geht, unterscheidet sich sehr von den Aggressionsrauchern, die Dampf ablassen. Die oralen Raucher brauchen immer etwas im Mund, und nimmt man ihnen die Zigaretten, fangen sie an zu essen. Deshalb entgegnen sie auch auf den Rat, sich das Rauchen abzugewöhnen, sie würden dann nur zunehmen. Statt zu rauchen, könnten sie viel harmloser Daumen lutschen oder küssen. Ersteres ist ihnen aber in der Regel zu ehrlich, für Letzteres fehlt angeblich meist die Gelegenheit. Ein anderer Rauchertyp braucht die Zigarette weniger im Mund als in der Hand und nutzt sie wie einen Taktstock mit Glimmpunkt, mit dem er in der Luft herumfuchtelnd die allgemeine Richtung angibt. Dieser Rauchertyp spielt auch gern strategische Spiele mit den Rauchutensilien auf dem Tisch. Letztlich gibt es zwölf verschiedene Rauchertypen[7], wie zum Beispiel unseren Herzinfarktkandidaten, der Zigaretten zum Dampfablassen nutzte und hier tatsächlich ein Überdruckventil hatte.

Seine echte Therapie bestand darin, sich seinen Herzensangelegenheiten zu widmen, etwa seinem Enkel. Seine eigenen Kinder hatte er vor lauter Arbeitsengagement gar nicht richtig mitbekommen, wie er spät(er) erkannte. Er lernte, sein Arbeitspensum auf einen Sieben- bis Achtstundentag zu reduzieren. Seine Frau entdeckte er neuerlich im gemeinsamen Leben und machte nun öfter mit ihr und dem Enkel Urlaub. So blieb ihm nicht nur ein weiterer Herzinfarkt erspart, auch die Anzeichen eines zusätzlich drohenden Seeleninfarkts wie Lustlosigkeit und chronische Müdigkeit verschwanden wieder. Interessanterweise war sein Enkel immer für gemeinsame Ferientage zu haben, weil sich sein Vater, der Sohn des Patienten, auf einem ähnlichen Karrieretrip befand und die ebenfalls arbeitende Mutter froh über jede Entlastung war. Diese Situation spiegelte meinem Patienten jetzt sehr deutlich, was er sich, seiner Frau und ihren beiden Kindern geboten beziehungsweise vorenthalten hatte. Ein moderates Herz-Kreislauf-Training im Sauerstoffgleichgewicht und gesünderes Essen ergänzten die Therapie. Heute würde ich ihm einen generellen

7 In Dahlke, *Das Raucherbuch* (Literaturverzeichnis) sind sie aufgeführt.

Verzicht auf tierisches Eiweiß und dazu den Verzicht auf sämtliche gehärteten Fette verordnen.[8]

Interessant in unserem Zusammenhang ist die Frage, warum er zwei Herz- und keinen wirklichen Seeleninfarkt bekommen hatte. Vor allem lag es wohl daran, dass er seine Arbeit mochte und im Geldverdienen auch Sinn fand. Mit seiner ihn liebenden Frau konnte er zudem seelisch einiges kompensieren. So brach er wegen der enormen zeitlichen Überlastung, des Drucks und vor allem des Mangels an Beschäftigung mit seinen eigentlichen Herzensthemen sowie wegen einer gefährlich mit Tiereiweiß überladenden »Normaldiät« bei Bewegungsmangel zuerst auf Herzebene zusammen.

Echte Vorbeugung ist also durchaus möglich, dazu muss die Grundsituation jedoch analysiert werden, um dann die Weichen entsprechend zu stellen. Der Patient hätte sich durch eine offene Haltung gegenüber seinen Herzensangelegenheiten, durch konsequentes Weglassen das Herz belastender Nahrung und durch Einführung moderater Bewegung beide Infarkte ersparen können. Die Therapie ist stets aufwendiger und mühsamer als die richtige Einstellung von Anfang an im Sinne echter Vorbeugung.

Diagnosehilfen (für Partner und Partnerinnen)

Wenn der Partner durch nichts mehr anzumachen ist und selbst jene Tricks, die früher sicher gewirkt haben, erfolglos bleiben, ist Gefahr im Verzug – ebenso wenn Lustlosigkeit sich in immer mehr Bereiche des alltäglichen Lebens einschleicht. Falls der geliebte Sport oder besondere Sportereignisse einfach nicht mehr interessieren oder die Tageszeitung täglich ungelesen liegen bleibt und der innere Abstand zum bisherigen Leben immer größer wird, droht Gefahr. Allerdings kann innerer Abstand, im Sinne von sich nicht mehr verwickeln lassen und zum Zeugen werden, auch eine wichtige Station auf dem spirituellen Entwicklungsweg sein. Hier wird wieder einmal die Nähe der Gegenpole deutlich. Doch wenn gar keine Lichtblicke mehr am Horizont zu finden sind, nichts, worauf sich der Partner noch freuen kann, nichts, worauf er sich noch einlassen will, ist ein be-

8 Siehe Dahlke, *Peace-Food – wie Verzicht auf Fleisch und Milch Körper und Seele heilt*, und Dahlke, *Richtig essen* (Literaturverzeichnis).

denkliches Stadium erreicht. Es kann sowohl auf Burn- als auch Bore-out hindeuten.

Wenn die Kinder nur noch als lästig und störend erscheinen und die Partnerschaft als Belastung erlebt wird, sind das oft letzte Zeichen vor dem Absturz; andererseits kommen sie natürlich auch in anderem Zusammenhang vor. Die Partner der von Burn-out bedrohten Menschen beschweren sich in solchen Situationen oft und äußern in vorwurfsvollem Ton, der andere arbeite zu viel und habe zu wenig Zeit für sie. Solchermaßen beschuldigt, reagieren die Betroffenen wenn nicht mit Abwehr, so doch oft mit noch mehr Arbeitsanstrengung in der Hoffnung, so schneller fertig zu werden, um wieder Zeit für das Privatleben zu haben. Aber statt (Frei-)Zeit kommt dann eher neue Arbeit auf sie zu, und der Teufelskreis gewinnt an Dynamik.

Die Partner von Bore-out-Anwärtern spüren zuerst das Nachlassen des Engagements und die stattdessen um sich greifende Resignation und Frustration, die häufig in Schuldprojektionen im Sinne von Sündenbock-Suche eskalieren.

Dass Hilfsangebote abgelehnt werden – besonders von betroffenen Männern –, ist typisch. Aber für betroffene Frauen ist diese Situation ebenfalls äußerst schwierig. Die Verleugnung der eigenen (Überlastungs-)Situation ist bei Männern allerdings meist viel deutlicher. Sie fühlen sich in der Regel seelischen Dingen gegenüber so hilflos, dass sie einfach nichts davon wissen wollen. Von sich aus fangen sie kaum an, über ihr Leid zu sprechen, und werden oft ungehalten, sobald sie – selbst wenn es in liebevoller Absicht geschieht – daran erinnert werden. Sie fühlen sich ungehalten vom Leben, von der Partnerin und bei Burn-out oft von der Firma, bei Bore-out oft von Vater Staat und reagieren entsprechend ungehalten.

Die meisten Männer haben bereits als Jungen von der Mutter gelernt, dass sie Prinzen sind, die fehlerfrei und ohne Enttäuschungen durchs Leben kommen. Da Frauen als kleine Mädchen von der Mutter früher meist das Gegenteil gelernt haben, nämlich dass sie eine Enttäuschung sind und selbst noch viele Enttäuschungen erleben werden, sind sie immerhin viel besser darauf eingestellt und können auch viel leichter darüber sprechen. Außerdem ist es natürlich leichter, eine Frau, die sich auf einen archetypisch männlichen Weg verirrt hat, der wahnwitzige Formen annimmt, von diesem

Malheur zu überzeugen als einen Mann, der den Weg geht, dem all seine Freunde und Geschlechtsgenossen folgen oder gern folgen würden.

Leider sind die Burn-out-Anwärter in der Phase, in der sie selbst noch Energie spüren, aber ihre Umgebung schon alle Zeichen der Bedrohung sieht, weil sie nur noch arbeiten, sich um nichts anderes mehr kümmern und sich für nichts anderes mehr interessieren, kaum darauf ansprechbar. Das liegt daran, dass sie noch die Hoffnung haben, es aus eigener Kraft hinzubekommen und hinzubiegen, obwohl sie sich dabei erheblich verbiegen müssen. In dieser Phase, in der Hilfe so wichtig wäre, weil sie noch rechtzeitig käme, reagieren männliche Betroffene leider meist gereizt auf entsprechende Angebote.

Bore-out-Kandidaten, angesprochen auf ihre enervierende Interesselosigkeit und deutlich geäußerte Frustration, verfallen häufig in noch mehr Schuldzuweisungen in Richtung »System«, »Umstände«, Verantwortliche, Politiker und so weiter.

Beides erfordert gute Nerven und große Liebe von dem Partner, der Partnerin. Am besten würde sie den zum Workaholic gewordenen Liebsten zu Entspannung und Erholung verführen, ohne etwas von ihm zu fordern oder ihm Ansätze zu Widerstand und Abwehr zu bieten. Geschickte Partnerinnen geraten so in eine Art Therapeutenrolle und können den Zusammenbruch zumindest zeitlich hinauszögern. Wird der Burn-out-Kandidat in seinem Wesen verstanden – er will viel und ist auch bereit, viel zu geben –, kann sich hier auch ein echter Ausweg eröffnen, da wieder andere Lebensbereiche neben der Arbeit in den Lebensmittelpunkt rücken. Bore-out-Anwärtern wieder Lebenslust zu vermitteln ist oft noch viel schwerer, zumal diese Situation so verbreitet ist und in der Gesellschaft nicht als gefährlich, sondern sogar als normal gilt.

Die notwendige grundsätzliche Änderung des Lebensstils ist aber aus der Partnersituation nur schwer zu erreichen. Zumal viele Frauen solche Ambitionen ständig haben und so auch von Anfang an aus eigenen Interessen heraus versuchten, ihren Partner zu ändern. Genau dagegen aber haben die meisten Männer eine geradezu allergische Abwehr entwickelt.

Der Ausdruck Workaholic zeigt beim Burn-out schon die Suchtkomponente, die hier zumindest mitschwingt. Keine Sucht ist aber durch Ermahnungen, Vorhaltungen oder Drohungen zu bessern, auch nicht die Arbeitssucht, selbst wenn die innere Flamme schon merkbar schwächelt.

Meist können sich Betroffene in dieser oft verzweifelten Endkampfphase nicht vorstellen, dass ihnen die Energie, die sie früher so deutlich spüren konnten und auf die sie sich immer verlassen durften, einmal komplett ausgeht. Darin gleichen sie den Männern, die diese Erde regieren und sich ebenfalls nicht vorstellen können, dass deren Ressourcen und Reserven irgendwann einmal erschöpft sind. Dass alle Zeichen darauf hindeuten und andere, sensiblere Menschen dies längst erkannt haben, ändert wenig an dem Zustand von Eigenblindheit. Unsere Erde scheint inzwischen ihre eigene Art von Burn-out-Situation zu durchleiden. Das ist nach dem Resonanzgesetz auch nicht anders zu erwarten, wenn immer größere Teile ihrer Bevölkerung darunter leiden.

Gesunde Menschen können sich generell schwer vorstellen, wie es ist, krank und schwach zu sein, vor allem dann, wenn sie diesen Zustand noch nie kennengelernt haben. Das ist wohl der Grund für das insgesamt geringe Mitgefühl. Ähnlich, nur mit verdrehtem Vorzeichen ist es, wenn sie erkrankt sind und sich kaum vorstellen können, jemals wieder gesund zu werden. Bei Burn-out-Patienten ist das besonders ausgeprägt, denn ihre Lebensstimmung und Energie sinken so stark ab, dass sie kaum noch für erhebende und Hoffnung spendende Gedanken reichen.

Die extrem polaren Phasen des Burn-outs – von der Euphorie des Anfangs bis zur Depression des Endes – fordern viel Einfühlung von den Partner(inne)n und können auf ihre jeweilige Art auch diese leicht wütend und verzweifelt machen. Irrational optimistische Menschen sind ähnlich nervenaufreibend wie irrational pessimistische. Erst wenn Betroffene in die Phase kommen, in der sie selbst Sätze äußern wie »Ich mag nicht mehr!« oder »Ich kann nicht mehr!«, sind sie wieder leichter ansprechbar und offen für Hilfsangebote. Wenn diese Chancen haben sollen, müssen sie in Richtung einer grundsätzlichen Umorientierung im Leben gehen, die wieder Freude im Augenblick und Sinn ins Spiel bringt.

Warnsignale

Die Frühwarnzeichen eines sich abzeichnenden Burn-outs sind vielfältig, aber jedes Merkmal für sich allein wenig verlässlich. Nach meinem Gefühl ist die Situation am treffendsten mit Aussprüchen Betroffener zu umschreiben, die wiederum einzeln betrachtet noch nicht viel bedeuten, aber in der Massierung umso mehr Gefahrenpotenzial verraten.

Folgende Aussagen sind typisch und können eine unmittelbare Bedrohung anzeigen. »Ich habe einfach keine Lust mehr«, »Das macht einfach alles keinen Spaß mehr«, »Der alte Biss ist dahin«, »Das Ganze ergibt keinen Sinn mehr«, »Ich weiß gar nicht, warum ich das noch mache«, »Wem soll das nützen?«, »Das ergibt weder Sinn noch hat es ein Ziel«, »Das hat doch alles keinen Zweck (mehr)«, »Was soll das noch?«, »Wo soll das hinführen?«, »Das kann doch niemand mehr schaffen«, »Wer kann denn so was aushalten?«, »Wofür lebe ich eigentlich?«, »Das ist doch alles Wahnsinn!«, »Es ist menschenverachtend«, »Ich brauche nur an die Arbeit zu denken, dann vergeht mir schon alles«, »Bei dem Gedanken an die Firma wird mir schlecht«, »Ich glaube an gar nichts mehr«, »Es ist nicht mehr zum Aushalten«, »Wofür das alles?«, »Ich fühle mich wie ein Roboter«, »Ein Zombie ist nichts dagegen«, »Ich habe schon lange nichts mehr gefühlt«, »Mir ist langsam alles egal«.

Empfindungen von Sinnlosigkeit, Lustlosigkeit und Aussichtslosigkeit, schlimme Überlastung und keine Besserung am Horizont in Sicht, Freud- und Trostlosigkeit, weder Visionen und noch überhaupt eine Zukunftsaussicht, mutloses, deprimiertes und frustriertes Versinken im Augenblick – dies alles baut die Startrampe zum Absturz in den Seeleninfarkt.

Wer gar nichts mehr hat, worauf er sich jetzt einlassen mag und in Zukunft freuen kann, ist in besonderer Gefahr, im negativen Sinn im Augenblick zu versinken und dort gleichsam mechanisch weiterzufunktionieren. Aus dieser Situation entsteht jene Lethargie, die so typisch ist, in der einem Menschen alles gleichgültig wird und aus der sich von allein und gleichsam von selbst kaum noch ein Ausweg ergibt. Die bisher nur in den USA verwendete Diagnose Alexithymie (Unvermögen, Gefühle wahrzunehmen und mitzuteilen) trägt dem Rechnung: Sie gilt für Patienten, die gar keine sind, weil sie sich nicht melden, um Hilfe zu suchen. Beziehungen existieren für sie nicht mehr; sie haben jeden menschlichen Kontakt abgebrochen und funktionieren nur noch weiter, tatsächlich wie menschliche Roboter.

Heute besteht wohl weniger die Gefahr, dass Roboter die Macht übernehmen, wie es Science-Fiction-Autoren schon befürchtet haben, sondern dass wir mit ihnen so stark in Resonanz gehen, uns ihnen so anpassen, dass wir funktionieren wie sie und gleichsam zu emotionslosen Robotern werden. Diese extreme Gleichgültigkeit ist der Gegenpol zu dem, was Buddhisten mit dem Ausdruck Uppekha meinen. Hier wird im Rahmen von Geistesschulung die Gleich(e)-Gültigkeit von allem erkannt, und damit in (der großen) Ordnung empfunden. Der Suchende entwickelt unbeteiligtes Zeugen-Bewusstsein. Christlich ausgedrückt: Er ist in der Welt, aber nicht von dieser Welt. Das Bore-out karikiert diese hohe Entwicklungsstufe, die den erlösten Gegenpol zum Seeleninfarkt kennzeichnet. Diesen zu erreichen nehmen sich allerdings im Westen nur wenige vor. Wem dagegen alles egal ist, der ist auf einem gefährlichen Weg, der umgangsprachlich mit »Wurs(ch)tigkeit« umschrieben wird und schon das Bore-out-Drama anklingen lässt.

BORE-OUT – GEGENPOL UND ERGÄNZUNG VON BURN-OUT

Dem Polaritätsgesetz entsprechend, muss es zu Überforderung und Überlastung und der Entwicklung von Burn-out einen Gegenpol geben. In dem relativ neuen US-amerikanischen Begriff Bore-out finden wir ihn auch sprachlich sehr deutlich.[9] Weder von der allgemeinen Anerkennung noch vom Ausmaß ist dieses Problem mit dem des Burn-outs zu vergleichen und wird auch hier nicht so viel Raum erhalten. Es gewinnt jedoch zunehmend gesellschaftliche Relevanz und entwickelt erhebliche Gefährlichkeit. Wenn man hört, dass große Teile der Angestellten und Arbeiter in Deutschland innerlich bereits gekündigt hätten, wird nur der wirtschaftliche und damit medizinisch unwichtigere Teil deutlich. Wer sich nicht mehr

---

9 Siehe auch Philippe Rothlin/Peter R. Werder, *Diagnose Boreout. Warum Unterforderung im Job krank macht.* Redline 2007.

engagiert, wird sich langweilen, die Zeit totschlagen und sich dabei in der Seele schädigen. Mit der Null-Bock-Generation kommen nun Menschen in die Jahre, die schon in Kindheit und Jugend mit wenig Elan und Motivation gelebt haben. Da im Anfang bereits alles liegt, zeichnet sich für sie eine schwierige Situation ab. So könnte Bore-out in Zukunft noch viel wichtiger und bedrohlicher werden.

Wir haben es hier mit einer so ausgedehnten und das Leben durchdringenden Langeweile zu tun, dass die Betroffenen kaum noch erreichbar sind. Sie versinken gleichsam in einem Meer aus lähmender Gleichgültigkeit. Unter Bore-out leiden Menschen, die *genug haben* in des Wortes Doppelbedeutung, die *bedient sind*, wie die Umgangssprache sagt. Satt geworden und mit genug Zeit und Geld ausgestattet, wenden sich viele in ihrer reichlich bemessenen Freizeit den Angeboten der Spaßgesellschaft zu. Mit der bei Burn-out so außerordentlich knapp werdenden Zeit wissen sie aber oft so gar nichts anzufangen. Weil sie letztlich mit sich selbst nichts anfangen können, sind sie oft des Lebens überdrüssig und müde, und das ist natürlich ein ernst zu nehmendes und letztlich sogar gefährliches Geschehen.

Wer sich alles an Herausforderung erspart und darauf setzt, mit möglichst wenig Anstrengung und stressfrei durchs Leben zu kommen, wird auch nicht viel erleben, sondern Lethargie und Überdruss ernten. Es droht die sprichwörtliche tödliche Langeweile. Auch besteht die Gefahr der Normopathie, der völligen Anpassung an vorgegebene Normen, in dem Bestreben, sich so bequem wie möglich durchs Leben zu stehlen, ohne zu merken, wie man sich dadurch *ums Leben bringt*, sich des Lebens beraubt.

Wer völlig regelkonform und damit obrigkeitshörig sich allem fügt, immer gute Miene auch zu bösen Spielen macht, angepasst dem Mainstream folgt, wird immerhin von anderen als angenehmer, weil so »pflegeleichter« Zeitgenosse wahrgenommen. Aber als Freund ist er schon nicht mehr so geschätzt, weil er gar nicht er selbst ist. Und wirklich schätzen oder gar lieben mag man eigentlich nur jemanden, der sich selbst treu ist und sein eigenes Leben lebt. Überangepasste Menschen ernten Langeweile oder eben Bore-out; sie machen anderen nicht viel Mühe, und diese geben sich dann auch nicht so viel Mühe mit ihnen.

Das Leben ist für Menschen mit Bore-out reizlos, es macht sie nicht an und schon gar nicht heiß, sondern lässt sie im Gegenteil kalt. Eine resignierte Gleichgültigkeit lässt alle Tage gleich und jeden Moment uninteressant erscheinen. Hier droht die Konsequenz des geflügelten Wortes: »Wer sich alles erspart, dem bleibt nichts erspart.« Unterforderung kann in deprimierende Leere münden und das Leben in eine ernste Krise stürzen. Das kann bis zu anspruchsvollen Krankheitsbildern wie auch Krebs führen, die das Leben wieder herausfordern wollen.

Vor einigen Jahren identifizierte eine Untersuchung in Deutschland als die in psychosomatischer Hinsicht kränkste Bevölkerungsgruppe die der Verwaltungsbeamten. Deren Aufgabenstellungen waren damals offenbar so wenig herausfordernd, dass ihre Seele geradezu beleidigt auf die Missachtung und Unterforderung bei der Arbeit reagierte. Wer schon einmal mit Behörden und Bürokratie zu tun hatte, wird diese Stimmung kennen, bei der unterforderte Amtsträger vor allem Sand ins Getriebe streuen und auf peinlich kleinliche Weise zu verhindern und zu verbieten suchen, was in ihrer Macht steht. Was so negativ klingt, ist es natürlich auch, und vor allem ist es negativ für die Seele der Betroffenen. Zu Bittstellern degradierte Bürger sind davon abgestoßen und fühlen sich bei ihren Anliegen behindert, erleben aber vergleichsweise nur kurzfristigen Ärger und eine gewisse Frustration. Die Bore-out-Gefährdeten dagegen leben mit dieser inneren Einstellung manchmal jahrzehnte- und oft ein ganzes Leben lang, und das hat Konsequenzen, die gefährlich sind. Denn die Betroffenen lösen nicht nur Ärger aus, sie sind meist selbst voller Ärger, Enttäuschungen und tiefer Frustration. Sie brauchen Hilfe und finden sie in der Regel nicht. Schlimmer noch, sie suchen sie meist gar nicht, während sie sich im tiefsten Innern zu Tode langweilen.

Die Unzufriedenheit Bore-out-Gefährdeter ist sprichwörtlich. Sie jammern oft und viel und finden in der eigenen Familie und am Stammtisch zwar Ventile, aber keine Lösungen. Natürlich kann man sich nicht direkt zu Tode langweilen, aber seelisch lässt sich dem mittels Bore-out doch recht nahe kommen. Und so ist auch Bore-out als Vorstufe zur Depression und letztlich zum Seeleninfarkt zu betrachten. Die schlimmsten Nebenwirkungen von Depressionen aber sind geglückte Selbstmorde.

Bore-out-Kandidaten sind Gefahren ausgesetzt, die oft übersehenen werden, weil unterforderte Menschen eher Projektionen auf sich ziehen, als Mitgefühl auszulösen. »Es wird noch so weit kommen, dass auch Beamte wieder arbeiten müssen«, heißt es dann. Die Kritik geht hier gern viel zu weit, wenn man alle Beamten, also auch Lehrer und Ärzte, in eine Schublade wirft und »Drückeberger« daraufschreibt.

Während viele Verwaltungsbeamte offenbar durch Unterforderung und daraus resultierender Langeweile zu Schaden kamen, imponierte vor Jahren bei einer Untersuchung die katholische Landbevölkerung als in psychosomatischer Hinsicht gesündester Teil der Bevölkerung. Diese Menschen waren noch tief in ihrer Religion verankert und hatten daher zu ihrer seelischen Entlastung wirksame Verfahren zur Verfügung, vor allem mit der Beichte. Solange sie sich diesem Rahmen anvertrauen konnten, erfuhren sie seelische Unterstützung und in schwierigen Situationen Entlastung und Erleichterung und waren so offensichtlich gut geschützt. Da heute das Vertrauen durch die deprimierende Entwicklung der katholischen Kirche erschüttert ist und diese Geborgenheit nicht mehr vermittelt wird, landen natürlich auch deren Gläubige zunehmend im Schatten und damit in der Welt der Krankheitsbilder.

Allerdings muss es noch andere Quellen für Bore-out geben. Die Null-Bock-Generation, schon seit der Kindheit mit tödlicher Langeweile und einer entmachtenden Lust- und Freudlosigkeit geschlagen, ist längst nicht die einzige Quelle für die Bore-out-Lawine. Auch jene ursprünglich begeisterten Helfer und Retter, deren Engagement wegen mangelnder Anerkennung und ausbleibendem Erfolg erlahmt, drohen – meist nach diversen Ablenkungsmanövern etwa im Freizeitpark – in Bore-out zu versinken. Wenn man ihrer Meinung nach »sowieso nichts machen kann«, machen sie einfach nichts mehr, lassen sich hängen und passen ihre Leistung dem Verdienst an, was zu einer *Minimal Art* führt, die nur noch eine Karikatur echter Lebenskunst ist.

Auch Arbeitslose werden zu Opfern chronischer Unterforderung, wobei die Beleidigung des Nicht-gebraucht-Werdens hinzukommt. Ebenso betroffen sind die früh- und vorzeitig Ausgemusterten der 50-plus-Generation, die, in Nutzlosigkeit und Langeweile abgeschoben, keine Beschäftigung mehr finden und so oft zu Sinnlosigkeitsgefühlen bis hin zu Depressionen tendieren. Der Jugendkult wirft hier einen bedrohlichen Schatten.

Gefährdet sind zunehmend alleinerziehende Mütter, besonders wenn sie in einen finanziellen Engpass geraten, der sie nur noch ums Überleben kämpfen lässt. Existenzprobleme zwingen dann dazu, jedweden auch noch so stumpfsinnigen Job zu akzeptieren und sich bei ständiger und oft auch harter Arbeit trotzdem zu Tode zu langweilen. Die Liebe zu den Kindern hilft, solche Zu- und Missstände lange zu ertragen, aber irgendwann ist doch das Maß voll, und der Zusammenbruch droht. Das schon lange existierende Müttergenesungswerk, eine Einrichtung zur Hilfe für erschöpfte Mütter, zeigt in seinem antiquiert wirkenden Namen, wie alt dieses Problem ist. Oft kommen bei Alleinerziehenden sogar Burn- und Bore-out zusammen, weil eine harte und nicht erfüllende Arbeit ausbrennen lässt und ihre sinnentleerte Art zu einem parallelen Bore-out führt.

Risikofaktor Unterforderung

Hinter einem Bore-out können mindestens vier Themen stecken: erstens chronische Unterforderung bei jenen, die mit der typischen Beamtenmentalität dem Leben auszuweichen suchen. Zweitens bringen von Bore-out Betroffene keine Motivation mit, sich auf das Leben einzulassen. Ursache dafür könnte sein, dass sie ein Leben vorgelebt bekamen, mit dem sie nicht in Resonanz gehen wollen. Drittens kann eine gesellschaftspolitische Situation eintreten, die dem Einzelnen einfach keine Chancen mehr einräumt, und schließlich viertens der Verlust des Engagements durch eine Enttäuschung. Diese muss nicht beruflicher Frustration geschuldet sein, sondern kann auch aus dem partnerschaftlichen Bereich stammen und kein neuerliches Einlassen mehr erlauben.

Wer auf keiner Ebene mehr etwas erwartet, den erwartet auch nichts mehr. Ohne Erwartungen wird das Leben entweder zum langweiligen Dauerwartestand – oder auf dem Gegenpol in Erlösung münden. Denn wer gar nichts mehr erwartet, könnte auch völlig frei und offen für den Augenblick werden und sich dem Hier und Jetzt ergeben.

Das Krankheitsbild Bore-out beginnt bereits dort, wo das Burnout über viele Phasen erst hinführt: in einen Überfluss an Zeit, mit dem nichts Rechtes angefangen wird, wo Lustlosigkeit und ein eklatanter Mangel an Sinn herrschen.

Die moderne Gesellschaft lässt sich heute schon fast in zwei polare Gruppen teilen: diejenigen, die richtig Gas geben und sich selbst manchmal sogar die Peitsche, die voranstürmen und die Welt erobern wollen und nicht selten über Burn-out auf den Seeleninfarkt abzielen, und solche, die sich weitgehend aus dem Leben heraushalten oder sich sogar total verweigern und damit über Bore-out ebenfalls in Richtung Seeleninfarkt abzurutschen drohen.

Vor diesem Hintergrund ist tatsächlich ein großer Teil des saturierten Bürgertums gefährdet, jenes Bevölkerungsteils, der es geschafft hat, sich Oasen der Langeweile zu schaffen, manchmal tatsächlich in Diensten des Staates oder in alteingesessenen größeren Firmen, die den Rationalisierungsmaßnahmen durch entsprechende Beraterfirmen noch weitgehend entkommen sind. Hier zeigt sich also auch wieder eine lichte Seite dieser »Schattenarbeiter« in Gestalt von Unternehmensberatern, die ganz auf Effizienz und Wirtschaftlichkeit gepolt sind. Schließlich wissen wir ja, dass es keine Aussage gibt, von der nicht auch irgendwann einmal das Gegenteil stimmt. Selbst eine stehen gebliebene Uhr hat zweimal am Tag recht. Allerdings gibt es kaum noch Firmen, die sich diesem System der Druckerhöhung verschließen. Dass sie und ihre Mitarbeiter in dieser Zeit auch gefährdet sind, verrät nur, wie grundsätzlich das Problem ist.

Wer materiell alles hat, was er braucht, findet in einer auf Materie fixierten Wohlstandsgesellschaft irgendwann immer weniger und schließlich keine Anreize mehr, sich zu engagieren oder einzubringen. Er hält sich aus allem heraus, als ginge ihn das Leben nichts mehr an. Oder man widmet sich aufwendigen Unternehmungen, um die bedrängende überflüssige Zeit totzuschlagen, bucht Urlaube ohne Erholungschance, weil es gar nichts gibt, wovon man sich erholen könnte. Wieder andere suchen künstliche Herausforderungen in Abenteuerreisen oder an der Börse, wo es immerhin gelingt, noch »Thrill« zu finden, indem man seine materielle Existenz aufs Spiel setzt.

Wo zudem die Partnerschaft in der Routine täglicher Langweile stecken geblieben ist, wächst die Gefahr entsprechend. Hier beginnt das Elend meist, wenn sich Routine ins Ehebett schleicht. Erotik und Sexualität aber leben *natürlich* von Spannung, dem Gegenpol von Routine und Langeweile. Kinder können noch – zumindest eine Zeit lang – beschäftigen, aber heute fehlen sie schon immer öfter oder sind als Einzelkinder spät, aber dann so definitiv ausgeflogen, dass sie gar keine Rolle mehr spielen außer in einschlägigen Klagen von sich alleingelassen fühlenden Eltern. Aber warum sollten Kinder auch die räumliche Nähe zu Eltern suchen, die so festsitzen, vor allem wenn die Sprösslinge den Absprung sowieso (zu) spät gefunden haben.

Wenn außerdem ein spiritueller oder wenigstens religiöser Lebenshintergrund fehlt, wächst die Absturzgefahr in den Seeleninfarkt nochmals deutlich. Ein Leben, das keinen Sinn findet und keine Beziehung zum Augenblick des Hier und Jetzt, wird leer.

Aus spiritueller Sicht muss sich das Schicksal etwas einfallen lassen, um solchen Menschen wieder zurück ins Leben zu verhelfen. In dieser Situation scheinen Depressionen und Seeleninfarkte ein probater Weg zu sein, auch wenn das zynisch klingen mag. Im ersten Fall kann die Konfrontation mit dem Gefühl des Lebensmüdeseins zur Auseinandersetzung mit der eigenen Sterblichkeit führen. Der Seeleninfarkt andererseits kann zu einem Neustart werden. Jedem Neuanfang aber wohnt die große Chance inne, Wege zu finden, die die Seele besser nähren.

Routine und ihre Schattenseiten

Leider sind nicht nur unterforderte Verwaltungsbeamte und saturierte Bürger, sondern auch all jene Menschen, die in der Routine gefangen sind, in Gefahr, Bore-out zu erleiden. Routine bedeutet, dass einen eine Beschäftigung nicht mehr herausfordert und damit auch nicht mehr fördert.

Wie rasch Routine zum Totengräber von Beziehungen wird, ist bekannt. Routine hat mit Langeweile zu tun. Sie kann sich entwickeln, sobald man etwas so gut beherrscht, dass es einem in Fleisch und Blut übergegangen ist und nicht mehr motivierend wirkt, es einen weder anstrengt noch herausfordert.

Alles, was man im Schlaf kann, droht zur Routine zu werden. Im ersten Jahr nach der Führerscheinprüfung besteht kaum Gefahr, beim Fahren einzuschlafen; sie taucht erst auf, wenn Autofahren zur Routine geworden ist. Es ist dann keine Spannung mehr da und kein Engagement notwendig, und so wird etwas wie üblich routiniert und ohne Erwartungen »durchgezogen«.

In Routine gefangen, übersieht man die Unmöglichkeit, zweimal in den gleichen Fluss zu steigen, und verkennt damit alles, was das Leben ausmacht: seinen Rhythmus und die Chance jedes neuen Augenblicks. Das ist der Punkt, an dem spirituelle Lehrer sogenanntes Anfängerbewusstsein anregen, das heißt, etwas stets wie ein Anfänger frisch anzugehen oder, wenn das nicht mehr möglich ist, sich gleich anderem zuzuwenden. Wer in irgendeinem Bereich Meister geworden ist, hat nur die Wahl, im Anfängerbewusstsein weiterzumachen oder sich etwas Neues zu suchen, bei dem er wieder Anfänger sein darf. Sobald in Beruf und Beziehung Routine entsteht, zieht am Horizont die Bore-out-Gefahr auf.

Burn-out bei jenen LehrerInnen, an denen das Krankheitsbild erstmals dokumentiert wurde –, hat nach meinen Erfahrungen wie gesagt oft Anteile von Bore-out. Es erwischt die Betroffenen nicht in den ersten idealistischen Jahren, sondern später, wenn das System ihnen den Schneid abgekauft hat, wenn sie sich die Zähne an zähen Widerständen ausgebissen und resigniert haben und die Unterrichtsvorbereitung zur Routine geworden ist. Statt Kinder über mehrere Jahre durch einen ganzen Entwicklungszyklus zu begleiten, wie in anthroposophischen Waldorfschulen, spezialisieren sich viele Lehrer von Normalschulen auf eine oder zwei Jahrgangsstufen. Dann jahraus, jahrein immer dasselbe zu unterrichten mag bequem und einfach sein, aber gesund für die Seele ist es nicht, wie schon Akkordarbeit offenbart. Letztlich verzichtet man darauf, einem ans Herz gewachsene Kinder über verschiedene Klassenstufen weiter zu betreuen. Immer wieder neue Kinder mit demselben Stoff zu konfrontieren mag natürlich auch spannend sein, aber bedarf eines großen Maßes an Bewusstheit, es stets wieder wie beim ersten Mal zu tun.

Und natürlich und zum Glück geraten nicht alle Lehrer ins Burn- und Bore-out. Die Mehrheit dürfte sich von den jeweils neuen Schülern immer wieder neu ansprechen und herausfordern lassen. Für sie wird die jährliche Abwechslung zur Chance, lebendig und (aus der Routine heraus) gefordert zu bleiben. Wir können für Lehrer(innen) und Gesellschaft nur hoffen, dass der frustrierte Anteil, der im Hinblick auf die Pension nur noch durchhält, nicht zu hoch ist.

Grundsätzlich ist klar: Je mehr Routine – egal in welchem Beruf oder in welcher Beziehung – ins Leben kommt, desto größer wird die Bedrohung durch Bore-out. Wenn dazu noch Ärger und Druck treten, wie im Lehrerdasein üblich, ist die Unterscheidung zwischen Burn- und Bore-out nicht mehr leicht zu treffen. Das ist aber auch nicht dringend notwendig, da beides in einen ähnlich deprimierenden Zustand führt und in der Folge in Depression und Seeleninfarkt eskalieren kann. Burn- und Bore-out-Vermeidung sind immer auch Depressionsvermeidung und schon deswegen von großer Be-Deutung.

So entgegengesetzt Burn- und Bore-out auch wirken mögen, sie drohen nicht nur mit demselben Seeleninfarkt, sie finden ihre (Er-)Lösung auch in zwei gleichen Hauptthemen, die wir am Burn-out-Problem erarbeiten werden. Im Sinne des Polaritätsgesetzes ist es keineswegs erstaunlich, dass zwei so gegensätzliche Krankheitsbilder doch zwei gemeinsame Hauptursachen und auch -lösungen finden. Sie bilden gleichsam eine Achse um die Frage: »Wie gehe ich mit Zeit um?«

AUF DER SUCHE NACH DEN HAUPTURSACHEN FÜR SEELENINFARKTE

1. FAKTOR: DER UMGANG MIT ZEIT

Überforderung und Stress

Die Literatur unterscheidet zwischen dem strukturellen oder systembedingten und dem individuellen Burn-out. Es geht dabei aber in meinen Augen lediglich um ein Projizieren der Verantwortung, denn in der Praxis gehören beide fast immer zusammen. Ein Kartäusermönch, der völlig zurückgezogen in seiner abgeschlossenen Klause lebt, würde wohl ein rein individuelles Burn-out erleiden, aber er bekommt natürlich gar keines. Der Weg in den Seeleninfarkt hängt immer sowohl mit gesellschaftlichen als auch mit individuellen Strukturen zusammen. Allerdings sind in der modernen Welt Strukturen entstanden, die Burn-out zu einem Massenphänomen machen.

Die Romangestalt Thomas Buddenbrook war noch ein Einzelfall. Gut 140 Jahre später fühlen sich laut Umfrage über die Hälfte der Führungs- und Fachkräfte in Deutschland überfordert. Das sind aber genau diejenigen, die gleichzeitig anderen Druck machen. Das Ganze geschieht in einer Welt, in der obendrein die großen Medien ihre Hauptaufgabe in Angst- und Panikmache sehen. Jedoch bauen auch sie solchen Druck nicht aus freien Stücken auf, sondern aus Zwang zu hoher Auflage und Quote. Die Mehrheit aber bestimmt die Quote – also wir. Offenbar wollen wir angstmachende Nachrichten und allen Druck der Welt. Wir sind immer ein Spiegel der Gesellschaft. Ein Spiegel ist aber nie schuld, selbst dann nicht, wenn er schreckliche Dinge zeigt. Möglichkeiten des Projizierens von Schuld eröffnen sich überall, sie tragen aber weder zur

Definition noch zur Lösung von Burn-out bei. Daher ist es wichtig, darauf zu achten, bei der Ursachensuche nicht in Schuldprojektion zu verfallen.

Obwohl ich grundsätzlich gar nichts von Tierversuchen halte, sei an dieser Stelle ein Rattenexperiment erwähnt; es spiegelt die menschliche Faszination für Stress und Schattenerfahrungen wider: Gibt man Ratten in ein großes Gehege, wo sie alles haben, was sie brauchen, leben sie ein idyllisches Rattenleben und finden überall ihr Auskommen, am Rand wie im Zentrum. Bald ergibt sich allerdings eine Tendenz, die Mitte des Geheges aufzusuchen. Hier entsteht ein Ballungsraum, in dem allmählich die Nahrung knapp und die Enge groß wird. Erstaunlicherweise hindert es aber den Zuzug kaum. So bricht im Zentrum bald eine Aggressivität aus, die bis zu Kannibalismus geht. Trotzdem hält der Trend an. Obwohl die Ratten in der Peripherie ein beschauliches Leben genießen könnten, zieht es sie in das Zentrum, wo etwas los ist, nämlich viel Stress und Druck.

Ähnlich verhalten sich Menschen überall auf der Welt. Statt in ländlichen Gegenden zu bleiben, wo ihr Überleben sicherer ist, streben sie in die Großstädte, wo Slums entstehen und Druck und Elend wachsen. Es ist wohl die Suche nach dem großen Glück, die in das Elend (ver-)führt.

Die Schwierigkeit einer Lösung aus diesem Verhalten wird deutlich, wenn wir uns klarmachen, dass Burn-out-Betroffene das über lange Zeit eintrainierte Verhalten, auf das sie konditioniert sind wie der Hamster auf sein Rad, in eine Art bewusste Superzeitlupe überführen sollen, sozusagen vom Hamsterrad zur Schneckenpost. Dies versuchen Lebenskonzepttherapien oder Therapiekonzepte, die mit der Zeit spielen, wie die Schattentherapie im Heil-Kunde-Zentrum in Johanniskirchen. Dazu ist Zeit notwendig, die natürlich in unserer vom Seeleninfarkt bedrohten Gesellschaft ein knappes und wertvolles Gut ist und immer weniger zur Verfügung steht.

Nach schulmedizinischen und schulpsychologischen Aussagen ist vor allem Überlastung auf allen möglichen, aber vor allem auf der Arbeitsebene die Ursache für Burn-out. Genauer gesagt, ist der daraus folgende Stress der Auslöser, insbesondere sogenannter negativer Stress. Damit sind überlastende, nicht zu bewältigende Anforderungen gemeint. Hans Selye, der Begründer der Stressforschung, auf den auch der Ausdruck Stress zurückgeht, unterschied bereits zwischen

Eustress, dem fordernden und fördernden guten Stress, und Disstress, der überfordert und krank macht.

Sehen wir uns das Seeleninfarktgeschehen daraufhin genauer an. Da auch Arbeitslose betroffen sind, kann Arbeitsüberlastung nicht der einzige Grund sein. Hier deutet sich ein Bore-out, der Gegenpol zum Burn-out, an. Offensichtlich spielen Unterforderung und Langeweile ebenfalls eine Rolle. Obwohl auch ein Arbeitsloser mit seiner Situation seelisch überfordert sein wird, finden sich jedoch in fast allen Fällen von Seeleninfarkt im Vorfeld erhebliche Überlastung, Überforderung und ein für die Betroffenen nicht mehr zu bewältigender Stress.

Es gibt daneben allerdings auch Menschen, die Unglaubliches leisten – und das täglich und in einem für andere unvorstellbaren Ausmaß – und die kein Burn-out erleiden, ja sogar weit davon entfernt bleiben. In der Regel handelt es sich dabei um Menschen, die zutiefst vom Sinn ihrer Aufgabe und ihres Lebens überzeugt und erfüllt sind. Sie folgen meist ihrer Vision und gehen für sie durchs Feuer; sie verwirklichen ihre Aufgabe oder Idee mit heißem Herzen. Vielfach brennen sie geradezu dafür, ohne zu verbrennen, und können enorme Energien mobilisieren, ohne je Burn-out-Symptome zu entwickeln. Innerlich zu brennen, statt äußerlich zu verbrennen, ist demnach eine gute Devise.

Auch *natür*liche Aufgaben wie die Sicherung des Überlebens, der Grundernährung und der Kampf um einen Ort zum (Über-)Leben scheinen nicht in Burn-out zu führen, selbst wenn sie mit erheblichem und überforderndem Aufwand verbunden sind. Das dürfte einer der Gründe sein, warum Mütter trotz Mehrfachbe- und Überlastung weniger zu Burn-out neigen als Männer auf dem Karrieretrip.

Die Schulmedizin differenziert die Form der Überforderung nicht weiter, sondern versucht – bisher allerdings vergeblich –, deren Ausmaß möglichst objektiv zu bestimmen. Wie zu erwarten, verkennt sie die Qualität der Situation und überbewertet die Quantität der Anforderungen. Deren Anzahl und Ausmaß werden registriert und zur Diagnose herangezogen. Die Art der (Über-)Forderungen wird jedoch kaum beachtet, und so bleibt unberücksichtigt, ob jemanden innerlich für etwas brennt oder äußerlich verbrennt. Allerdings gibt es hier Übergänge. So kann beim Burn-out die erste Enthusiasmusphase mit innerlichem Brennen verbunden sein, um dann später doch im Verbrennen zu enden. Das Feuer ist also gut zu dosieren, und offenbar spielt seine Qualität eine Rolle. Das marsische Feuer des Anfangs hält wie ein hoch aufloderndes Strohfeuer nicht lange an; das hell strahlende glänzende Feuer des Sonnenprinzips wird länger wärmen, und die tiefe Glut der Begeisterung des Jupiterprinzips mag ein ganzes Leben erfüllen.[10]

Die mangelnde Differenzierung zwischen Quantität und Qualität ist auch der Grund, warum Schulmediziner den Burn-out-Patienten meist wenig hilfreiche Ratschläge geben. Da sie die Qualität der Situation fast grundsätzlich übersehen, versuchen sie, alles über die Quantität in den Griff zu bekommen. So raten sie zu weniger von derselben Arbeit und zu mehr von derselben (oft gar nicht funktionierenden) Entspannung. Spazieren zu gehen ist meist nicht besonders wirksam, es sei denn, man ist sehr verliebt. Solche Ratschläge – wie auch mehr Pausen zu machen – entsprechen dem Wesen einer von jeder Philosophie freien (Schul-)Medizin und nutzen bei einem Seeleninfarkt wenig. Es ist nicht egal, was jemand mit den Pausen anfängt und in welcher Stimmung er spazieren geht. Genauso wenig, wie es gleichgültig ist, wofür ein Mensch arbeitet, sich engagiert oder kämpft.

In Verkennung dieser Zusammenhänge wird Betroffenen von Schulmedizinern häufig geraten, für längere Zeit auszuspannen und weniger von dem zu tun, was bisher ihre Tage so dicht ausfüllte. In einer Gesellschaft, die sich mehr und mehr nur über Leistung definiert, fällt genau das den Betroffenen in der Regel aber extrem schwer, denn wer nichts mehr leistet, zählt auch nicht(s) mehr. Da die Qualität der Arbeit und Leistung übersehen wird, landen die Betroffenen auch nach längeren Auszeiten in der Regel wieder in derselben oder einer ähnlich überfordernden Arbeitssituation. Und sobald sie wieder anfangen, sich zu sogenannten Leistungsträgern aufzurappeln, das heißt, unter Zeitdruck zu schuften, laufen sie neuerlich Gefahr, in genau den Teufelskreis zu geraten, den sie gerade verlassen sollten. Die Arbeit und damit meist auch die Anforderungen sind ja inhaltlich gleich geblieben. Dies gilt in ver-

10 Zu den zwölf großen Archetypen oder Urprinzipien, die auf verschiedensten Ebenen erfahrbar sind, siehe Dahlke, *Die Lebensprinzipien* (Literaturverzeichnis), und die einschlägigen Kapitel in diesem Buch ab Seite 149.

schärfter Weise für Menschen mit hohen eigenen Qualitätsansprüchen und führt bei Perfektionisten sicher und rasch zum Drama des Seeleninfarkts.

Unter den typischen anerkannten Burn-out-Patienten finden sich überwiegend Männer im Leistungsstress. Wenn Frauen betroffen sind, handelt es sich hauptsächlich um solche, die auf (arche-)typisch männliche Art männlichen Karriereambitionen nachjagen. Aber Frauen reagieren – nach meinen Erfahrungen – viel rascher auf Enttäuschungen und Mangel an Sinn und wehren sich deshalb in der Regel früher.

Lehrerberuf und Burn-out-Falle

Ursprünglich waren es wie erwähnt vor allem als Lehrer tätige Menschen, deren Überlastung und Ausgebranntsein zur wissenschaftlichen Betrachtung des Burn-out-Problems führte. Bis heute sind sie noch immer in erheblicher Zahl von diesem Leiden betroffen, und zunehmend weiblichen Geschlechts. Lehrerinnen wird jedoch kaum jemand als Karrieristinnen bezeichnen, dazu sind allein schon die Gehaltsaussichten zu schlecht. Die zugrunde liegende krank machende Situation hat jedoch etwas (Arche-)Typisches: Ursprünglich mit hohem Engagement und großen Hoffnungen und Erwartungen angetreten – und dem Ziel, wirklich etwas bei Kindern und Jugendlichen zu bewegen und sie auf den richtigen Weg zu bringen und ins rechte Licht zu stellen –, werden sie heute mit einem drastisch überfrachteten Lehrplan konfrontiert. Er lässt Lehrern und Schülern nicht mehr viel Freiraum für die Entfaltung eigener Kreativität. Das System nötigt sie im Gegenteil mit Nachdruck, den Lehrplan akribisch abzuarbeiten. Über Prüfungen und Noten sind genau definierte Lernziele zu erreichen, denn Karrieren wollen und sollen – wegen Numerus clausus und wachsendem Ehrgeiz – immer früher geplant werden.

Obendrein treffen moderne Lehrer zunehmend auf schwierige, oft überforderte Schüler, die unter erheblichen Druck gesetzt sind und sich ihm nur widerwillig beugen. Im Extremfall, wie beim Aufmerksamkeitsdefizit-Hyperaktivitätsstörung(ADHS), leiden sie bereits an denselben Überdrehtheits- und Überlastungssymptomen wie ihre leistungsorientierten Väter. Selbst wenn sie noch nicht so überfordert und mit weniger ausgeprägten Stresssymptomen im Leben unterwegs sein sollten, werden sie heute von klein auf sehr gefordert. Nicht nur, dass sie eine eigene Agenda haben, selbstverständlich sind sie auch mit einem Mobiltelefon ausgerüstet, das fast ständig im Einsatz ist, denn sie wollen und sollen immer von allen erreichbar sein. Außerdem haben sie oft noch die ehrgeizigen Programme möglicherweise zu kurz gekommener Eltern mit im Rucksack.

Lehrer, die heute nicht mehr schreien dürfen, wenn ihnen danach ist, oder gar zuschlagen, geraten mit modernen Kindern an modernen Schulen leicht in nervliche und auch zeitliche Überforderung. So wenig akzeptabel offene Aggressionen wie Brüllen und Schlagen sind, so wenig ausreichend sind aber deren Verbote. In einer idealen Pädagogik würden sich solche Aggressionsausbrüche von selbst verbieten. Rein juristische Verbote verlagern lediglich das Problem, denn wo bleiben all die nicht artikulierten Aggressionen? Die Antwort ist einfach: Die Lehrer bleiben darauf sitzen.

Solange Reformen wie das Abschaffen der Prügelstrafe und des autoritären Unterrichtsstils das Grundproblem in der Tiefe nicht mitbearbeiten, werden sie stets auch Schattenseiten haben. Die moderne Schule ist dafür ein Paradebeispiel. Aus Beratungen von Lehrern, Eltern und Schülern ist zu erkennen, dass die vielen Fortschritte mit ähnlich vielen Schattenaspekten erkauft wurden. In die Unbewusstheit Ge- oder Verdrängtes drängt nämlich von dort weiter und bringt oft böse Früchte hervor. Die Gefahr aller oberflächlichen Reformen und Verbesserungen ist jene »Verböserung«, hinter der sich das Schattenprinzip zu erkennen gibt. Wenn wir verhindern wollen, dass aus hohem Engagement tiefe Frustration und aus warmem Mitgefühl kalter Zorn wird, müssen wir uns mit unseren verborgenen, dunklen Seelenqualitäten auseinandersetzen und erkennen, dass der Schatten auch ein großer Schatz ist.[11] Da jedes Krankheitssymptom Ausdruck von Schatten ist, kann es im Sinne von *Krankheit als Symbol* zur Schatzsuche dienen. So verweisen etwa die Selbstmordgedanken bei Depression auf die notwendige Auseinandersetzung mit dem Sterben und mit bewusstem Loslassen. Je mehr diese inneren Schritte aber bei uns verdrängt werden, desto mehr Depressionen werden wir ernten.

---

11 Mehr dazu in: Dahlke, *Das Schatten-Prinzip* (Literaturverzeichnis).

In solch einer schattenträchtigen Situation wie dem heutigen Schulleben wird der ursprüngliche große Idealismus rasch auf der Strecke bleiben und die hohe Motivation verloren gehen. Eine Enttäuschung wird der nächsten folgen und das Ende der großen Täuschung immer früher herbeiführen.

Die Täuschung bestand in einer Verkennung der Situation. Die Ent-Täuschung führt an eine Weggabelung: Entweder probt die Lehrerin jetzt den Aufstand gegen diese Zustände, die sie frustrieren und erniedrigen, oder sie fügt sich in das angeblich Unabänderliche, reißt sich zusammen und macht Dienst nach Vorschrift, erfüllt den Lehrplan, kommt ihren Pflichten nach – und Freude, Engagement und Begeisterung verschwinden aus ihrem Leben. So ergibt sich eine brisante Mischung aus Burn- und Bore-out.

Wenn dann noch Druck von oben aus dem System, von den Eltern oder den Schülern und auch Kollegenzwist hinzukommen, verbrennen Anfangsenergie und Schwung sehr rasch. Dann ist es nur noch eine Frage der Zeit, bis die betroffene Lehrkraft nicht mehr kann. Je weniger Sinn sie noch in ihrer Arbeit und dem ganzen System sieht, desto schneller wird das Ausbrennen geschehen. Hinzu kommt der Aspekt des Bore-outs, der erheblich zur Eskalation beiträgt.

Für etwas brennen oder an etwas verbrennen

Offensichtlich kann der Mensch umso mehr leisten und sich umso stärker engagieren, je überzeugter er von (s)einer Aufgabe ist. Wer für seine Aufgabe brennt, kann sogar Übermenschliches und Wundervolles zuwege bringen, ohne dabei zu verbrennen oder auch nur ansatzweise auszubrennen. Von Ärzten und Helfern in Katastropheneinsätzen ist bekannt, dass sie zuweilen weit über die Grenzen normaler Leistungsfähigkeit gehen konnten und das auch über einen langen Zeitraum schafften, ohne auszubrennen. Von Künstlern wissen wir, dass sie sich, geradezu besessen von ihrer Aufgabe und Vision, Unglaubliches zumuteten, ohne Schaden zu nehmen. Was hat ein Mozart in kurzer Zeit nicht alles an genialer Musik niedergeschrieben, zum Teil Tag und Nacht und mit wie viel Verzweiflung ob seiner desolaten materiellen Situation, aber doch ohne Anzeichen von Burn-out! Würde man einen an Musik Desinteressierten beauftragen, dieselbe Anzahl von Noten in derselben Zeit nur abzuschreiben, und ihm dabei entsprechenden Zeitdruck machen, wäre er sicher Burn-out-gefährdet. Für ihn wäre es ein Job, für Mozart war es Berufung.

Heute haben immer weniger Menschen einen echten Beruf. Eine wachsende Mehrheit ist schon froh über einen Job und dadurch prinzipiell viel gefährdeter, Seeleninfarkte zu erleiden. Dieser inhaltliche Aspekt der Beschäftigung wird – wie der Qualitätsaspekt im Allgemeinen – heute gern und oft übersehen. Beispiele von Menschen, die trotz großer Belastung und phasenweiser erheblicher Überlastung keinerlei Burn-out-Anzeichen entwickeln, zeigen eben, wie viel mehr dahintersteckt als Überlastung.

In den letzten 30 Jahren meines Arztseins habe ich 50 Bücher geschrieben und noch mehr CDs besprochen, Hunderte von Seminaren und Tausende von Vorträgen gehalten, dazu in den ersten beiden Jahrzehnten noch übervolle Tage der Arzt- und Psychotherapeutentätigkeit erlebt und nebenbei ein Therapie- und ein Seminarzentrum mit aufgebaut. Wie gelang dies ohne Burn-out?

Es hatte in meinen Augen Sinn und machte mir Freude. Karl Lagerfeld brachte es kurz und knapp auf den Punkt: »Arbeit ist es, wenn es keine Freude macht.« Insofern habe ich, trotz erheblichen Pensums, fast nie in meinem Leben arbeiten müssen. Und ich nehme an, auch Karl Lagerfeld ist vor Burn-out gut geschützt.

Die Trinität von erstens Hingabe an eine Aufgabe (nicht etwa die Leidenschaft für irgendetwas wie auf der ersten Burn-out-Stufe), zweitens die Erfahrung ihrer Sinnhaftigkeit und drittens die Gewissheit des Gebrauchtwerdens bildet einen erkennbar guten Schutz vor Seeleninfarkten. Wer darüber verfügt, wird außerdem dazu neigen, in seiner Arbeit oder Beschäftigung aufzugehen, und so häufig in den Augenblick des Hier und Jetzt eintauchen. Hierin liegt mit der beste Schutz vor dem Untergehen im Seeleninfarkt, dem modernen Offenbarungseid der Seele. Dieser Anker des Augenblicks steht also durchaus nicht nur Genies und Künstlern in besonderen Sternstunden zur Verfügung, sondern uns allen. Dieses Geheimnis der Zeit ist den östlichen Traditionen geläufiger. Hesse hat es dort gefunden und in seiner Erzählung *Siddharta* verewigt. Er beschreibt, wie der Fluss zuerst den Fährmann Vasudeva und dann Siddharta das Geheimnis der Zeit lehrt, dass es nämlich keine Zeit gibt, außer den Augenblick.

EINTAUCHEN IN DAS HIER UND JETZT

Schon jetzt ist es Ihnen möglich, in diesem Moment des Lesens, hier und jetzt anzukommen und sich zu spüren, im eigenen Körper, und den Körper in seiner Eigenwahrnehmung. Ihr Geist kann auf diese Weise beobachten, wie er reagiert, wenn er jetzt selbst zur Sprache kommt und in den Mittelpunkt rückt. Ihre Seele kann all ihre Empfindungen und Gefühl zulassen und sich ihrer bewusst werden.

Diese banale Übung des Eintauchens in das Jetzt und Hier enthält unendlich befreiendes Potenzial.

Arbeitgeber und Firmenpolitik als Wurzel des Übels?

Die Versicherungsstatistiken des deutschen Bundesverbands der Betriebskrankenkassen (BKK) sind im Hinblick auf die Entwicklung des Burn-out-Syndroms nicht nur ernüchternd, sondern inzwischen auch erschütternd. Während im Jahr 2004 in Deutschland pro 1000 Versicherte nicht einmal fünf wegen Burn-outs krankgeschrieben wurden, waren es 2010 bereits 63 – also eine Verzwölffachung in nur sechs Jahren. Wobei solche Zahlen zwar eine Arbeitsministerin wachrütteln wegen der Kosten, die sich bereits 2010 auf 27 Milliarden beliefen, aber die Bevölkerung kaltlässt. Sie reagiert kaum auf Statistiken. Erst wenn Fußballtrainer am Seeleninfarkt scheitern, ein Nationaltorwart sich umbringt oder ein Sternekoch ausgebrannt ausfällt, erregt das Aufmerksamkeit, denn dann wird das Thema quotenträchtig. Welche Diagnosen die Betroffenen dabei erhielten, ist eher beliebig, und sie reichen von Burn-out bis Depression. Aber es kommt stets zum seelischen Zusammenbruch und damit zum energetischen Bankrott im Seeleninfarkt: »Ich kann nicht mehr«, sagt die Seele, und der Körper ist zu schwach, um zu widersprechen.

Das erschreckende Phänomen ist natürlich nicht auf den deutschsprachigen Raum beschränkt; es mindert die Lebensqualität in vielen Ländern. Forscher der Organisation für wirtschaftliche Zusammenarbeit und Entwicklung (OECD) fanden bei der Analyse der Daten von zehn Industrienationen, dass zwischen einem Drittel und der

Hälfte aller Frühverrentungen auf seelische Probleme zurückgeht. Die einzelnen Betroffenen und auch die Wirtschaft trifft es besonders hart, dass die Ausfälle durchschnittlich früh, mit Mitte 40, passieren. Und die Tendenz geht zu immer früheren und damit teureren Seeleninfarkten. Bei der OECD nimmt man an, dass sich diese Situation zukünftig durch wachsenden Druck am Arbeitsplatz und zunehmende Jobunsicherheit noch verschärfen wird.

Die deutsche Arbeitsministerin weiß dagegen, dass »gute Arbeit« sogar aus Depressionen heraushelfen kann, was auch die Psychiatrie in sogenannten Arbeitstherapien zu nutzen sucht. Es wäre also zu klären, was gute Arbeit ist, und solche Arbeitsplätze dann am besten im großen Stil zu schaffen. Andererseits ist auf Ministeriumsebene bekannt, dass Arbeit auch zu seelischen Belastungen führt. Regierungsamtliche Expertisen stellen mahnend fest, es hänge mit der »hohen Verdichtung und engen Taktung von Produktionsprozessen und Arbeitsabläufen« zusammen sowie mit »Informationsüberflutung«, die durch ständige Erreichbarkeit über Handy und Mail gegeben sei. Die gegenwärtige Amtsinhaberin kennt aber offenbar den Königsweg zur Abhilfe: »Wir müssen die Techniken lernen, damit richtig umzugehen.«[12]

Selbst wenn es entsprechende Techniken gäbe, ist das Problem doch schwer zu fassen, weil die Schulmedizin in ihrem für seelische Probleme zuständigen Fachbereich, der Psychiatrie, eine Fixierung auf schwerste psychische Störungen wie Psychosen und Schizophrenie hat. Eine schon ältere deutsche Studie ergab, dass bei über 50 Prozent der Männer mit Depressionen gar nicht die ihnen entsprechende Diagnose gestellt wurde, weil sie selbst die Symptome nicht direkt als seelisch beschrieben, sondern auf die körperliche Ebene projiziert hatten.

Die Ausbildung deutscher Mediziner vermittelt wenig psychiatrisches und praktisch gar kein psychologisches Wissen und ermächtigt Hausärzte kaum zu richtigen Fragestellungen. Betroffene, die über Druck in der Brust klagen, bekommen eher das vierte EKG als eine Diagnose wie Burn-out oder larvierte Depression. Wer sich nur noch unwohl in seiner Haut fühlt, wer überfordert und gestresst ist, erhält vielleicht Valium, aber kaum die schulmedizinisch richtige Diagnose

---

12 Zitiert nach *Die Welt*, 19.12.2011, S. 9.

Depression. Die Erkenntnis, dass sich hier jemand auf dem direkten Weg in den Seeleninfarkt befindet, liegt in der Regel in noch viel weiterer Ferne. Frauen, die schneller auch über Seelisches klagen, etwa keinerlei Lust und Antrieb mehr zu verspüren oder sich morgens depressiv zu fühlen, haben bessere Chancen, zumindest die richtige Diagnose zu bekommen.

Nach OECD-Daten bleiben bis heute in den Industrieländern rund 70 Prozent der moderateren seelischen Störungen gänzlich unbehandelt. Frühwarnzeichen für den Seeleninfarkt, wie Frustration, Antriebslosigkeit, Motivationsmangel, Empfinden von Monotonie, Unlust beim Gedanken an die Arbeit, aber auch Konflikte mit Vorgesetzten und Kollegen oder in der Hierarchie zu erduldende Respektlosigkeiten am Arbeitsplatz, fallen durch fast jedes medizinische Raster und führen kaum zur rechtzeitigen Diagnose Burn-out.

Demgegenüber wirkt es befremdlich, wenn dieselben OECD-Forscher allen Ernstes davon ausgehen, dass die seelischen Erkrankungen gar nicht zunehmen, sondern heute nur besser erkannt würden. Dann müssten sich die diagnostischen Fortschritte in der Medizin in den letzten sechs Jahren im Hinblick auf Burn-out mehr als verzehnfacht haben. Aber die OECD-Forscher glauben ihren eigenen Aussagen selbst nicht, denn sie machen im selben Bericht steigende Anforderungen im Berufsleben sowie im Bereich Sozialkompetenz dafür verantwortlich, dass psychisch labile Menschen es heute am Arbeitsplatz schwerer hätten als früher. Die Frage bleibt, ob die Menschen heute psychisch labiler, empfindlicher, anfälliger sind.

Wer in den letzten beiden Jahrzehnten als Außenstehender mit Firmen zu tun hatte wie ich bei manchen Trainings, konnte kaum übersehen, wie viel mehr Mitarbeiter moderner Unternehmen heute unter Druck stehen. Schon die Verfolgung der Beschäftigungsentwicklung anhand statistischer Zahlen macht deutlich, was in Wirtschaft und Industrie passiert ist. Nicht wenige Konzerne und Firmen haben die Zahl ihrer Mitarbeiter geradezu dramatisch verringert, während ihre Produktion stieg. Wenn heute 6000 Arbeiter mehr und besseren Stahl herstellen als vor 20 Jahren über 30 000, sind dafür sicher neben Verbesserungen der Produktionsabläufe vor allem die Erhöhung des Arbeitsdrucks und das Wegrationalisieren sogenannter unproduktiver Zeiten verantwortlich. Unter dem Strich haben die Spezialisten der Arbeitsrationalisierung, die fast jeden Konzern inzwischen mehrfach durchleuchtet haben, immer dasselbe Konzept durchgesetzt: Einsparung eines hohen Anteils von Mitarbeitern bei Übernahme von deren Aufgaben durch verbliebene »Leistungsträger«. Diese geraten dadurch unter immer mehr Druck bei weniger Regenerationsmöglichkeiten.

Wenn alle Momente zum *Innehalten* wegrationalisiert werden, können die Menschen offensichtlich weniger Ruhe und *Inhalt* erfahren. Sie werden sich so *innerlich* weniger *gehalten* fühlen und weniger *inneren Halt* spüren. Nicht wenige werden in solchen Situationen leichter un*gehalten* und fallen übereinander her, was zur Entsolidarisierung führt. Ein oft gehörter Kommentar ist: »Es wird immer schlimmer auf der Arbeit.«

Wer ohne *inneren Halt* ist, wird sich leichter *haltlos* fühlen und mit dem *Inhalt* auch die Lust an der Arbeit verlieren. Dann ist es nicht mehr weit, dass sich der Sinn verflüchtigt und es nur noch um ein Durch*halten* um des (materiellen) Ge*halt*es willen statt um *Inhalte* geht. Sobald die Arbeit für die Betroffenen keinen (Sinn-) Ge*halt* mehr hat, wird die Situation weiter eskalieren. Gefühle von Sinnlosigkeit bei entfremdeter Arbeit, die nicht mehr erfüllt und außer der Gehaltsüberweisung keinen Gehalt mehr bietet, sondern nur noch schale Leere hinterlässt, sind bereits Warnungen und eigentlich schon Vorstufen von Seeleninfarkt.

Da die hohen Kosten dieser Politik der »engeren Verdichtung und höheren Taktung« in den Industrieländern weitgehend auf die Krankenkassen und die Allgemeinheit abgewälzt werden, ist wenig Hoffnung in Sicht, dass sich an dieser Grundsituation von Arbeitgeberseite etwas ändern könnte. Von den Arbeitgebern zu verlangen, das Wohl der Beschäftigten über das »operative Ergebnis« zu stellen, heißt, einen Systemwechsel anzustreben. Es müsste jemand aus Einsicht seinen kurzfristigen Gewinn reduzieren, um langfristigen Schaden abzuwenden. Das ist jedoch eine Ausrichtung, die wir auch sonst selten finden. Sie mag heute noch in manchen Familienbetrieben verfolgt werden, aber die moderne Tendenz führt zu immer kurzfristigerem Denken.

Indem die Arbeits- und Existenzbedingungen unserer Gesellschaft somit immer mehr unter das Diktat des Kurzfristigen und Momentanen geraten, verstellen sie dem einzelnen Menschen paradoxerweise ausgerechnet den Weg zu einer befriedigenden Arbeits- und Seinserfahrung im Hier und Jetzt, die den Absturz in den Seeleninfarkt verhindert.

Weder in Politik noch Wirtschaft wird heute in größerem Zeitrahmen gedacht. Im Gegenteil wird immer weniger Vorausschau betrieben. Man kämpft um Wiederwahl oder Quartalsgewinne. Schon das Jahresergebnis muss dabei zurückstehen. Jene Manager, die Firmenbilanzen kurzfristig hochtreiben, um sich dann in der selbst heraufbeschworenen Krise dezent mit satten Boni zu verabschieden, sind zeittypisch.

Darüber zu lamentieren und auf Bank- und Konzernmanager zu projizieren und sie an den schon wieder modern gewordenen Pranger zu stellen bringt uns erfahrungsgemäß nicht weiter. Zum einen ist ihr egozentrisches und kurzfristiges Agieren zwar unmoralisch, aber meist legal. Die Suche nach Schuldigen ist zum anderen kaum zielführend und trägt zur Lösung der Probleme wenig bei. Statt Schuld zu projizieren, könnten wir in die Ver*antwort*ung gehen und tiefere Antworten finden.

Gründe für die Suche nach Schuldigen der Misere gibt es natürlich immer und überall, und juristisch gesehen ist sie auch in Ordnung. Wenn Konzerne den Druck durch gnadenloses Controlling illegal verschärfen und bis auf die Toiletten ausweiten wie bei der Billigwarenkette Lidl, müssen sie gestoppt und die Verantwortlichen zur Rechenschaft gezogen werden. Wenn Deutsche Bahn und Telekom die Stasi alt aussehen lassen und von George Orwell zu »*Big brother is watching you*«-Methoden inspiriert werden, ist die Grenze zum Kriminellen überschritten. Die französische Telekom war der deutschen noch voraus und schaffte es, in anderthalb Jahren 24 Mitarbeiter durch Selbstmord zu entlassen. Wie verzweifelt und hoffnungslos muss ein Mensch sein, der sich gar nichts mehr davon verspricht, den Arbeitsplatz zu wechseln und aus dem Konzern auszusteigen, sondern den direkten Weg aus dem Bürohochhausfenster wählt. Französische Telekom-Mitarbeiter sprachen von Terrormanagement; dabei hatte ihr Chef nur auf die allgemein gebräuchlichen Leitbegriffe gesetzt: Schnelligkeit und Kontrolle. Die französischen Telekom-»Aussteiger« dürften diesen direkten und entsetzlichen Weg gewählt haben, weil sie sich auch woanders keine Besserung versprachen und nicht nur ihre Chefs, sondern auch sich selbst für

Versager hielten. Vielleicht taten sie es aber auch, um ein Fanal zu setzen und einen Appell an den Konzern zu richten, dem sie gerade *entsprungen* und endgültig entkommen waren. Sie zeigten den Franzosen und der Welt jedenfalls, dass der Seeleninfarkt ernster zu nehmen ist.

Sicher sind solche Auswüchse ein beliebtes Medienthema, wobei die Entfachung von Volkszorn wenig bringt und nicht einmal dazu führt, die Verantwortlichen nachhaltig zur Rechenschaft zu ziehen. So bleibt nicht einmal der – von der Justiz als nicht besonders wirksam erkannte – Abschreckungseffekt. Das Problematische ist, dass das mediale Abreagieren an Auswüchsen übersehen lässt, dass alles Controlling auf Misstrauen gründet und die immens angeschwollene Controlling-Welle Ausdruck moderner Unternehmens-Unkultur ist. Ganz angesehen davon, dass jeder Controller das Misstrauen als Arbeitsgrundlage hat und damit selbst zu einem gefährdeten Menschen wird, lässt sich seine Anstellung vonseiten der Firma auch als Bekenntnis zur Druckerhöhung durch Kontrolle deuten. Ein Angestellter wird seinen Controller auch wohl nur im Einzelfall mögen, generell und prinzipiell wohl kaum.

Aber das Problem geht viel tiefer und ist ein systemisches. Wer beobachtet, wie die Einkommensschere zwischen »denen da oben« und »der Masse da unten« in den letzten Jahren auseinanderstrebt, wird durchschauen – gerade weil Geld zunehmend Ausdruck von Wertschätzung ist –, wie wenig wert »die da unten« dieser Gesellschaft noch sind. Die Konsequenz ist natürlich auf der anderen Seite ein deutliches Nachlassen der Solidarität und Loyalität der Arbeitnehmer mit »ihrem« Unternehmen. Das sich verstärkende Gefühl von »die da oben, wir hier unten« fördert wiederum das Empfinden von Wertlosigkeit, Ohnmacht, Unterdrückung und Hoffnungslosigkeit und damit die Wahrscheinlichkeit für Seeleninfarkte. Die einseitige Einkommensentwicklung ist beabsichtigt, und dabei wird in Kauf genommen, so viele von größerer Wertschätzung auszuschließen. All das ist durchaus systemimmanent.

Was den Seeleninfarkt betrifft, sind »die da oben« und »die da unten« ähnlich gefährdet, und zwar im Hinblick auf beide Arten von Infarkten, dem des Körpers und dem der Seele, nur bekommen die »da unten« viel weniger Beachtung und dafür mehr (Selbst-) Schuldprojektionen. Auch beim Herzinfarkt und seiner Vorstufe

Bluthochdruck sprach man zuerst vom Managersyndrom, bevor sich herausstellte, dass es »die ganz unten« noch viel mehr traf. Ähnliches ist für den Seeleninfarkt festzustellen.

Ein Indiz könnte der Missbrauch von aufputschenden Drogen und Psychopharmaka zum Fitmachen sein. Zwanzig Prozent der Deutschen haben laut *Süddeutscher Zeitung*[13] leistungssteigernde Medikamente konsumiert. Das sind deutlich mehr, als es koksende Manager gibt. Wahrscheinlich handelt es sich dabei sogar vor allem um Menschen im Konkurrenzstress und voller Angst um ihren Arbeitsplatz.

Kurzfristigkeit, Kurzsichtigkeit und das Problem der Einseitigkeit

Obwohl die beschriebenen Zustände im Arbeitsbereich längst Missstände sind, bringt Empörung allein nicht wirklich weiter. Nach scharfen Protesten mag es zwar gelingen, akute Mängel abzustellen, aber die wirkliche Lösung liegt tiefer. Weiterhelfen könnte die Erkenntnis, dass wir fast alle zu ähnlich kurzfristiger Denkweise tendieren, die nicht nur die Gesundheit des Einzelnen im Hinblick auf den Seeleninfarkt bedroht, sondern zunehmend auch unseren ganzen Planeten in eine vergleichbare Burn-out-Problematik bringt. Es gibt genügend Ökologen, die mit nachvollziehbaren Argumenten eine Erschöpfung des Lebensraums Erde diagnostizieren und von einer gefährlichen Ausplünderung der Ressourcen wegen kurzfristiger Vorteile ausgehen. Ganz konkret führt unsere Lebensform zu einer Verwüstung der Erde in doppelter Hinsicht. Neben verheerenden Konsequenzen von Verstädterung und Industrialisierung kommt es auch zu einer Ausbreitung von Wüstenzonen wie der Sahara.

Die Verwüstung und Versteppung der Erde weckt bereits wieder Assoziationen zu den Seelenlandschaften von Burn-out-Patienten – im Sinne des Analogiedenkens in Lebensprinzipien.[14] In beiden Fällen handelt es sich um ein Zuviel an Feuerenergie bei entsprechendem Mangel am Wasser- und damit Seelenelement. Dass wir auf einer wei-

13 *Süddeutsche Zeitung*, Ausgabe 30.5.2012.

14 Grundlegende Informationen zu einem senkrechten Denken und den zwölf Lebens- oder Urprinzipien in: Dahlke, *Die Lebensprinzipien* (Literaturverzeichnis).

teren Analogieebene die Ressourcen der Erde in Gestalt fossiler Brennstoffe zu rasch verbrennen, pfeifen die Spatzen von den Dächern.

Moderne Menschen, die dieses Spiel auf dem männlichen (Macher-)Pol massenhaft mitspielen, geben ihr Bestes, nämlich ihre Lebensenergie. Aber irgendwann wird diese knapp – wie die Ressourcen der Erde in der Analogie von Mikrokosmos Körper und Makrokosmos Welt. Und schließlich geht uns die Energie ganz aus, unter anderem weil der andere Pol der Regeneration fehlt. Genauso wie wir, in der Analogie zum Makrokosmos Welt, der Erde zu wenig Zeit geben, ihre Reserven wieder aufzufüllen, ihre Felder zu regenerieren, ihre Ressourcen nachwachsen zu lassen, geben wir auch uns keine Chance mehr, auf diesem wahnwitzig einseitigen Trip mitzuhalten, der nur noch ein Ziel kennt: materielles, finanzielles Wachstum auf dem Boden wachsender Gier.

Immer kurzfristigeres wirtschaftsorientiertes Denken, bei dem aus der Vergangenheit nicht gelernt wird, breitet sich wie ein Flächenbrand über die Welt aus und nimmt uns und vor allem unseren Kindern und kommenden Generationen Zukunftschancen. Wieder ist hier das Kurzfristige die Karikatur des Eintauchens in den Augenblick, der ja auch weder Vergangenheit noch Zukunft kennt.

Im Hinblick auf das Krankheitsbild Seeleninfarkt müssen wir aber weiter ausholen, um die Tiefe der Thematik zu erfassen und über die von der Politik bereits eingeforderten (Medizin-)Techniken, die wieder nur Schnellschussmethoden wären, hinauszukommen. Wenn die Wochenzeitung *Die Zeit* recht hat und Burn-out zu einer Volkskrankheit geworden ist, die sogar schon Studenten ereilt, weil sie wie wir alle zu wenig Pausen machen, sind dafür jedenfalls nicht Unternehmer verantwortlich. Möglicherweise sind es gleichermaßen das allgemeine Denken und das System, die solches Verhalten heute fördern. Denken aber schafft erst das System. Und die Frage bleibt: Welchem Muster folgt es?

Die Ebene der Schuldfrage bringt erneut nicht viel weiter: Ist das Unternehmen krank und der Patient nur Symptomträger? Oder ist es das mitgebrachte persönliche Muster des Patienten, das für den Krankheitsausbruch verantwortlich ist? Nach dem Gesetz der Resonanz bedingen und spiegeln sich beide gegenseitig.

In der Welt kümmern wir uns außerdem fast nur noch um den archetypisch männlichen und energieverausgabenden Pol. Insgesamt dreht sich alles um die Quantität, etwa bei der Industrieproduktion und Gewinnmaximierung. Die Frage der Qualität tritt genauso weit zurück wie die der Moral. Industrienationen produzieren zum Beispiel Waffen, als seien sie im Krieg. Sie machen damit hohe Gewinne und sorgen für politische Verhältnisse, die geeignet sind, diese Waffen auch abzufeuern – vorzugsweise weit entfernt. Der Ablauf ist meist ähnlich: Eine Seite rüstet auf, und die andere wird dann aus »Fairnessgründen« ebenfalls mit Waffen beliefert. Zum Schluss hoffen die waffenproduzierenden Staaten, dass die Seite gewinnt, mit der sich anschließend die besten Geschäfte machen lässt.

Es ist das sogenannte System, das dem Vorschub leistet und das wir alle fördern, solange wir bei diesem »Spiel« mitmachen. Es folgt einer oft kaum durchschauten archetypisch männlichen Logik, der auch angeblich objektive Nachrichtensendungen gehorchen. Neben Katastrophen und schweren Unglücken sind militärische und wirtschaftliche Kriege die Themen, die hier interessieren. Wichtig sind fast nur Dinge, die dem modernen, alles bestimmenden Fetisch Bruttosozialprodukt huldigen. Zum Schluss werden die Kosten berechnet – die der Kriege bis zu denen der Burn-out-Seuche.

Vom weiblichen Pol hören wir dagegen wenig bis nichts; er scheint einfach nicht wichtig zu sein. Unsere Welt ist inzwischen archetypisch gesehen erbarmungslos männlich und hat den weiblichen Pol der Gefühle und damit auch des Mitgefühls, der Liebe und auch der Nächstenliebe, der Hingabe und Regeneration, der Ruhe und des Loslassens, des Lebensgenusses und der Freude immer mehr aus den Augen verloren und langsam fast verlernt. Wir erhöhen überall den Druck, um mehr herauszuholen – aus der Erde die über das Jahr oder über Jahrmillionen gewachsenen »Bodenschätze«, aus den Menschen deren Arbeitsleistung. Das lässt den archetypisch weiblichen Pol immer mehr ins Hintertreffen geraten, sodass er anfängt, Symptome hervorzubringen.

Eine Zeit, die im sozialen, politischen und wirtschaftlichen Bereich immer mehr auf den männlichen Pol setzt, macht den Körper zwingend zu einer Art Anzeigeinstrument für die eingetretene Dysbalance. Übersäuerung nennt sich das auf biochemischer Ebene. Der Organismus ist dann nicht mehr in der Lage, die Mitte zu halten zwischen basischen, protonenaufnehmenden (archetypisch weiblichen) und sauren, protonenabgebenden (archetypisch männlichen)

Kräften. Bluthochdruck und Gefäßverkalkung beschreiben die physiologische Ebene. Tierproteinmast bestimmt die Ernährungsebene. Einseitigkeit fördert Krankheit; Ausgleich schafft Gesundheit. Gesundheit würde die Balance der verschiedenen Gleichgewichte des Organismus bedeuten.

Neben der Erhöhung des Arbeitsdrucks erleben wir in der Wirtschaft auch eine Tendenz zu zeitlich immer kürzeren Arbeitsverhältnissen. Das Ideal der Industrie sind heute flexible und je nach Konjunkturlage einsetzbare Arbeitskräfte, die keine festen Bindungen zur Firma haben und nach Kündigung oder Entlassung keine weiteren Kosten verursachen. Dem wird die Zeitarbeit gerecht, die heute in Industriestaaten genauso unübersehbar ist wie die stetige Erhöhung des Drucks; innerhalb von zehn Jahren hat sich der Zeitarbeitsanteil in Deutschland um über 200 Prozent erhöht.

War früher eine Lebensarbeitsstelle noch das Normale, ist sie heute eher die Ausnahme. Kurzfristige Arbeitsverhältnisse im Sinne von Leiharbeit nehmen dagegen rasant zu mit Vorteilen für Arbeitgeber und Nachteilen für Arbeitnehmer – nicht nur im sozialen Bereich. In kleineren Ländern wie Österreich mag das noch angehen, aber auch ein Wiener wird sich in Vorarlberg weniger zu Hause fühlen, ein Bayer in Berlin erst recht. In einem so großen Land wie den USA, die eine lange Tradition von Zeitarbeit haben, ist das mit dieser unsteten Lebensweise verbundene soziale Elend seit Langem bekannt. Soziale Bezüge leiden. Die Entwicklung von neuen Freundschaften wird behindert, die alten sind gefährdet. Daher empfinden die meisten Arbeitskräfte ein Dasein als Leiharbeiter auch nur als Notmaßnahme zur Überbrückung schwieriger Zeiten. Wenn solche Notmaßnahmen aber zur Norm werden, bleiben die Zeiten (für die Betroffenen) schwierig und sind natürlich auch nicht mehr zu überbrücken.

Die Frage, ob es mehr um das Wohl von Arbeitern und Angestellten oder um das finanzielle Ergebnis für die Aktionäre geht, ist längst entschieden. Der Shareholder-Value steht in unserem System weit über gesundheitlichen und sozialen Erwägungen, wie es die Gewerkschaften auch ständig beklagen. In der andauernden Auseinandersetzung zwischen diesen beiden Polen der Gesellschaft neigt sich die Waagschale seit Längerem der Kapitalseite zu. Der Neoliberalismus, wie er vor allem von den angelsächsischen Ländern vorangetrieben wird, hat eine für die große Mehrheit erschreckend harte Gesellschaft hervorgebracht. Diesbezüglich regt sich auch bereits gesellschaftlicher Widerstand etwa in der Occupy-Bewegung der 99 Prozent, die dem einen Prozent der Reichsten Widerstand leisten.

Aus alldem ließen sich nun neuerlich Schuldzuweisungen gegen die Arbeitgeber ableiten, die in das übliche Projektionsspiel münden. Wobei natürlich auch die Arbeitgeber Argumente wie die voranschreitende Globalisierung und die Erhöhung der weltweiten Konkurrenz ins Feld führen können, die ihnen keine andere Wahl lasse, um international wettbewerbsfähig zu bleiben. Da mit Erpressung und Projektion aber noch nie wirklich Probleme gelöst wurden, wird diese Richtung hier nicht weiterverfolgt. Betrachten wir stattdessen lieber die Parallelen in ebenso wichtigen Gesellschaftsfeldern wie Beziehung und Religion, was nebenbei schon die Augen für die tiefere spirituelle Dimension öffnen kann.

Gefährliche Zeitvorstellungen im Privat- und Arbeitsleben

Burn-out-Kandidaten, die all ihre Energie eingesetzt und ihren Treibstoff explosionsartig bis zum bitteren Ende verbraucht haben, stürzen nicht selten wie ausgebrannte Raketenstufen vom Himmel. Wenn sie schon sehr hoch oben im selbsterdachten (Karriere-)Himmel unterwegs waren, können sie sogar im Selbstmord verglühen, oder sie fallen zurück zur Erde, auf den Boden der Tatsachen. Dort landen sie in der Wüste der Lethargie von Interesse- und Motivationslosigkeit oder im Meer der Depressionen. Sie können erhebliche Schäden anrichten, wenn sie gleichsam in belebte Gebiete stürzen und Partner und Angehörige mitziehen und ebenfalls in Verzweiflung bringen.

Die Burn-out-Gefahr lässt sich über eine intakte, glückliche Beziehung abfangen. Falls jemand seinen Lebenssinn in einer erfüllten Partnerschaft findet und darin aufgeht, kann er Probleme im Arbeitsbereich viel leichter kompensieren. Leider finden wir aber im Beziehungsleben eine ähnliche Entwicklung wie in der Arbeitswelt. Die Tendenz geht zu immer kürzeren und schneller wechselnden Partnerschaften, während früher eine Ehe, die hielt, »bis dass der Tod euch scheidet«, als einziges allgemein akzeptiertes Beziehungsmodell galt. Es ist ein dramatischer Wandel im Beziehungsleben zwischen Mann und Frau eingetreten. Die Ehe spielt eine abnehmende Rolle; man entschließt sich schneller zur Trennung. Die Scheidungsraten sind innerhalb von 50 Jahren – selbst in katholischen Ländern wie Österreich – von 18 auf 80 Prozent gestiegen, jedenfalls für jetzt heiratende junge Leute.

Aber auch in Bezug auf die Größe des Familiensystems ist einiges, wenn nicht alles in Bewegung geraten. Von der Sippengemeinschaft über die Großfamilie ging die Entwicklung zügig in Richtung Klein- und Einkindfamilie. Darauf folgten die Doppelverdiener ohne Kinder und die Lebensabschnittspartnerschaften. Noch vor 15 Jahren wäre es unmöglich und höchst beleidigend gewesen, jemanden als aktuellen Lebensabschnittspartner zu bezeichnen; heute ist dies für jüngere Paare offenbar in Ordnung. Die Illusion der lebenslangen Haltbarkeit wird gar nicht mehr bedient, man definiert die eigene Partnerschaft realistisch – gemessen an modernen Scheidungszahlen. Heute führt in den großen Ballungsräumen schon eine sehr große Zahl von Menschen ein Leben als Single.

One-Night-Stands sind der Endpunkt auf der Beziehungs-Spielwiese. Sie bieten ähnlich wenig zwischenmenschliche und soziale Wärme wie Zeitarbeitsverhältnisse und genauso wenig Sicherheit und Zukunftsperspektive. Zum Kinderkriegen ist ein solches Beziehungsmodell daher völlig ungeeignet. Folgerichtig geht die Zahl der Kinder in Deutschland dramatisch zurück.

Gleichzeitig hat die Zahl der Alleinerziehenden in den letzten zehn Jahren um etwa 25 Prozent zugenommen, die der Alleinstehenden um fast 20 Prozent. In den noch bestehenden Ehen arbeiten bei 20 Prozent beide Partner, in den nicht ehelichen Beziehungen sogar 40 Prozent. (Einzel-)Kinder aus modernen Beziehungen lernen meist frühzeitig, sich Zuwendung und Liebe sowie Zeit mit den Eltern zu verdienen. Das aber ist eine scheußliche Vorbereitung für spätere Beziehungen und Beschäftigungsverhältnisse.

Das moderne Beziehungsmuster ist eigentlich nur für attraktive, fitte und erfolgreiche Leute ansprechend, deren Ansprüche an Partnerschaft sich auf die äußere körperliche Ebene von Sexualität und Erotik beschränken. Sinnlichkeit hätte bereits eine Tendenz zu Tiefe und Dauer. Wer also Dauer und Verlässlichkeit und eine gewisse gegenseitige Absicherung sucht, hat sich offenbar in der Zeit verirrt. Auch darüber ließe sich nun vortrefflich lamentieren. Allerdings wird es mit dem Projizieren schwierig, da sich gar keine Schuldigen anbieten, wie sie auf der Berufsebene in den Arbeitgebern so praktisch zur Verfügung stehen. Dies kann uns zum Wesentlichen führen: Keine böse Organisation, weder die Politiker noch die eigenen Eltern und natürlich auch kein Konzernchef nötigen uns zu One-Night-Stands im Rahmen der sich immer mehr ausprägenden Single-Gesellschaft. Warum also tun wir uns etwas an, das offensichtlich den menschlichen Bedürfnissen von vielen so wenig entspricht und ihnen kaum gerecht wird?

Selbst bei den Kirchen macht der moderne Trend zu Zeitverdichtung und Qualitätsverlust nicht halt. Die katholische Kirche leidet unter einem eklatanten Priestermangel, was zur Zusammenlegung von Gemeinden führt und Priester zu einer Art Akkordarbeit an Altären und Krankenbetten nötigt. Man kann vielleicht noch zwei Predigten hintereinander an verschiedenen Orten halten, aber wie viele Krankenbesuche lassen sich in eine Stunde pressen? Für dieses Problem könnten sich Priester bei den Medizinern Rat holen, die Hausbesuche heute schon fast aufgegeben haben. Denn immer mehr bringt einfach nicht mehr – vielleicht noch finanziell, aber sicher nicht im Hinblick auf inhaltliche Qualität.

So ist es nicht erstaunlich, dass Priester und Pfarrer zunehmend an Infarkten erkranken, denen des Herzens und auch solchen der Seele. Die Maßnahmen zu ihrer Entlastung haben fast etwas Rührendes. So hat der Vatikan schon vor Jahren einen Beichtcomputer zugelassen, der Onlinebeichten ermöglicht. Das spart natürlich Zeit, erfreut sich jedoch bei der Mehrheit der Gläubigen verständlicherweise kaum eines Zuspruchs.

Im evangelischen Bereich ist das Problem weniger deutlich, wahrscheinlich weil oft eine Familie im Hintergrund die Überforderung mit auffängt und der Mangel an männlichen und weiblichen Geistlichen nicht so drastisch ist.

Andererseits verlieren die Kirchen so rapide an Zulauf, dass ihre Pfarrer den Gläubigen schon hinterherjagen (müssen). Wer austreten will, wird mit Sanktionen und Angst bedroht. Das dürften Zeichen von großer eigener Angst vor dem weiteren Abstieg in die Bedeutungslosigkeit sein.

Die Tatsache, dass sich in der Arbeitswelt, im Privatleben und selbst im kirchlichen Bereich ähnliche Tendenzen finden, wird endgültig deutlich machen, dass in Projektion und der Suche nach Schuldigen keine Lösungen liegen. Statt Projektion brauchen wir Projekte, in die wir unsere Träume fließen lassen. Letztlich bleibt nur die Deutung als sinnvolle Erklärungsebene und als Bereich, aus dem sich Auswege ergeben können. Und tatsächlich ergibt sich die Antwort sehr einfach aus der Symbolik und gilt in Analogie für all die bisher gestreiften Bereiche und noch weit darüber hinaus.

Lebenstempo, Zeitmanagement und die Qualität des Augenblicks

Wir gehen inzwischen nicht nur mit der Arbeitszeit unlogisch um. Alle wollen uralt werden, aber niemand will alt sein. Wenn aber alle etwas werden wollen, das zum Schluss niemand sein will, führt es jedenfalls ins Unglück. Wir lieben die Jugend, aber gerade Jugendliche träumen davon, rasch älter zu werden. Alte Menschen träumen dagegen davon, noch jung zu sein. Jugendliche sagen, ich bin schon fast 16, wenn sie den 15. Geburtstag eine Woche überschritten haben. Ältere sagen bis zum Vorabend ihres 50. Geburtstags, sie seien 49. Erst ganz Alte fangen wieder an zu sagen, ich bin schon fast 100, auch wenn sie »erst« 99 sind. Wir feiern jeden Geburtstag und besonders die runden Geburtstage, wobei wir spätestens ab 30 gar nicht älter werden wollen. Eine Freundin lässt sich seit Jahren zum 39. Geburtstag gratulieren.

Außerdem leben wir in unserer Gesellschaft mit dem Gedanken, ständig Zeit sparen zu müssen, und erhöhen deshalb auf Teufel komm raus das Lebenstempo und beschleunigen die Lebensprozesse. Und der Teufel kommt tatsächlich heraus, zum Beispiel in Gestalt des Seeleninfarkts. Seine Spielzeuge sind verlockend und magisch wie das iPhone, bei dem wir mit einem Fingerschnippen die Ebene wechseln und uns schon fast in andere Welten »beamen« können.

Als Herr dieser Welt, wie Christus ihn ausdrücklich nennt, hat der Teufel einiges zu bieten. Er ist Meister der Beschleunigung, weil eben Herr über deren beide Komponenten Raum und Zeit, die nach östlicher Auffassung die großen Täuscher sind. Er nutzt sie virtuos und lässt uns auf der Zeitachse immer mehr Gas geben. Das war nicht immer und überall so. Doch heute sparen wir Zeit, wo immer wir können, und selbst dort, wo es uns schadet. Wenn wir dann viel

Zeit (gespart) haben, können wir sie jedoch nicht genießen, sondern schlagen sie vielmehr immer öfter tot. Oder wir füllen sie wieder mit Arbeit nach dem längst von Paul Watzlawick durchschauten Konzept des »Immer-mehr-vom-selben«. Wir ernten so auch Langeweile und geraten ins Bore-out, dem Gegenpol zum Burn-out. Kurz gesagt, wir machen alles (auf einmal) und kommen zu nichts (Wesentlichem) mehr. Würden wir dagegen wenig machen, wäre wieder alles möglich.

Nach dem heute üblichen Modell bleibt uns aber – außer in der Langeweile – fast nie Zeit übrig. Deshalb besuchen wir Zeitmanagement-Seminare, die das Dilemma in der Regel verstärken und die Illusion verbreiten, wir könnten den Teufelskreis noch kontrollieren und managen. Doch haben die meisten Menschen nicht einmal für Bücher über Entschleunigung Zeit. Zu bremsen hat außerdem einen denkbar schlechten Ruf, und niemand will zum Bremser werden. Heute gibt man lieber nur noch Gas und riskiert dabei sein Leben.

Seeleninfarktanwärter gehören in der ersten Phase des Enthusiasmus zu den Oberbeschleunigern. Sie geben sich selbst die Sporen und reißen andere in den Tempostrudel mit, bis keiner mehr mitkommt. Eine Anekdote besagt, ein Indianerhäuptling habe den Fahrer, der ihn zu einem spirituellen Kongress bringen sollte, trotz großer Zeitnot ständig zum Anhalten genötigt, damit seine Seele nachkommen könne. Das finden wir nett, geben aber unserer eigenen Seele diese Chance immer seltener.

Seeleninfarktkandidaten wollen viel und geben viel und werden – meist ohne es zu merken – Workaholics, Arbeitssüchtige. Um ihre Leistung zu steigern, erlauben sie typischerweise der Arbeitszeit, sich immer weiter in andere Zeiten wie Feierabend und Urlaub hineinzufressen. In der ersten begeisterten Phase opfern sie bereitwillig Freizeit für Arbeit und Firma und merken nicht, wie sie sich selbst opfern, wenn sich scheinbar alles nur noch um die Karriere dreht. Aber welcher Chef hätte etwas gegen solche enthusiastischen neuen Angestellten einzuwenden? Sie arbeiten Agenden und To-do-Listen ab und verkennen Charakter und Chance der Zeit, die nur im Augenblick existiert.

Es ist ein schleichendes Übel, sowohl für das private als auch für das gesellschaftliche Leben, dass die Arbeit immer mehr Zeit absorbiert. Wirft man einen Frosch in 50 Grad heißes Wasser, springt er sofort wieder heraus. Wird das Wasser aber von 20 Grad allmählich erwärmt, bleibt er zu lange und ergibt sich seinem Schicksal. Leider verhalten sich die meisten Seeleninfarktkandidaten diesbezüglich wie Frösche.

Das krebsartige Wuchern des mit Arbeit gefüllten Zeitanteils geschieht umso rascher, auf je weniger Widerstand es trifft. Falls ein(e) Partner(in) entschieden dagegenhält, wird die Gefahr immerhin deutlich. Frühzeitig lässt sich einer beginnenden Arbeitssucht begegnen, aber es verlangt gute, verlockende Angebote und faszinierende Aussichten, um damit Erfolg zu haben.

Wenn wir die Zeit normieren, portionieren und kontrollieren, verkennen wir ihr Wesen – wie meist im sogenannten Zeitmanagement. Eigentlich ist es so einfach: Zeit will nicht gemanagt, sondern erlebt werden, und das geht nur im Augenblick. Sie hat vor allem Qualität und nicht nur Quantität. Dies lehren uns schöne, wunder- und wertvolle Minuten und Stunden. Der moderne Trend steht dem entgegen und weist Richtung Normierung und Zertifizierung. Daran wird trotz des fast immer ähnlichen Ergebnisses in Form von stärkerer Kontrolle und schlechterer Stimmung festgehalten. Bekommt beispielsweise ein gut geführtes Hotel ein ISO-Zertifikat, durch das bestimmte Normen für die Servicequalität aufgestellt werden, sinken anschließend oft die Motivation und Arbeitslust der Angestellten. Für deren eigene Kreativität bleibt nun kaum noch Raum, und für die Gäste gibt es plötzlich »leider« keinen frisch gepressten Saft mehr.

Normen und Normierungen werden den Menschen nicht gerecht, denn jeder ist ein Individuum und braucht zum Beispiel für gleiche Vorgänge unterschiedlich lange. Qualität ist durch Normierung sowieso nicht zu erreichen, obwohl sie sowohl für Produkte als auch für Dienstleistungen entscheidend ist. Man sollte meinen, die Ex-DDR habe uns von Normenwirtschaft und Normierung der ganzen Gesellschaft ein für alle Mal geheilt. Zum Schluss wurden dort die Normen ständig übererfüllt, die Ergebnisse aber blieben katastrophal, von Qualität kaum eine Spur. Die Menschen wollten vor allem eines: raus aus dem normierten Käfig. Niemand lässt sich gern in Normen zwingen, in ein System pressen und mit allen anderen über denselben Kamm scheren. Eigentlich alle Menschen möchten mit Namen angesprochen und als Einzelperson erkannt und behandelt werden.

Der Versuch, Leistungen zu standardisieren und zu optimieren, um Zeit zu sparen, stößt gerade an Grenzen. Der Krieg gegen die Zeit geht verloren, weil das Rattenrennen keine Gewinner kennt und statt Siegern vor allem Seeleninfarkte produziert. Trotzdem frönen wir einem Geschwindigkeitskult: Immer weniger Menschen sollen immer schneller immer mehr leisten. Wie verfestigt dieses Muster schon ist, wurde klar, als in Deutschland selbst in Zeiten der Langzeitarbeitslosigkeit niemand – nicht einmal die Gewerkschaft – ernsthaft dafür sorgte, weniger Arbeit auf mehr Menschen zu verteilen.

Doch nicht nur beim Faktor Zeit müssen wir lernen, dass es neben der heute alles beherrschenden Quantität auch Qualität gibt. Gleiches gilt für Geld. So ist die Gleichung »Zeit ist Geld« völlig absurd. Viele merken erst auf dem Sterbebett, wie falsch sie damit lagen. Eine Gleichung, die nicht umkehrbar ist, ist keine. Und wer hätte es je geschafft, am Lebensende für sein Geld Zeit einzutauschen, von Qualität ganz zu schweigen?

Welchem aberwitzigen Spiel wir in Zeiten des Turbokapitalismus aufgesessen sind, macht folgendes einfache Beispiel deutlich. Eine moderne deutsche Hausfrau könnte nachweislich gegenüber ihrer Vorgängerin von vor 100 Jahren durch all die Erleichterungen und Verbesserungen moderner Technik täglich mehr als 40 Stunden einsparen. Rein rechnerisch ein beeindruckendes Husarenstück und eines Barons Münchhausen würdig. Bei genauerer Betrachtung stellt sich jedoch heraus, dass die moderne Hausfrau durch all die theoretisch und praktisch möglich gewordene Zeitersparnis kein bisschen mehr Zeit hat, sondern im Gegenteil weniger. Mußestunden gibt es nicht; ihre Multitasking-Fähigkeit ist ständig gefordert, und sie fühlt sich damit oft überfordert. Dass nicht mehr Hausfrauen ein Burnout erleiden, liegt an der hohen Sinnhaftigkeit ihrer Tätigkeit. Im Haushalt ist die IT-Branche nur am Rande involviert, und kein böser Chef zwingt sie in dieses System. Wo die Hausarbeit aber als ebenso unbezahlter wie unhonorierter Nebenjob läuft, trägt die dadurch entstehende Mehrfachbelastung durchaus zu Seeleninfarkten bei.

Erinnert sei in diesem Zusammenhang an Michael Endes Geschichte von *Momo*, die für kleine und große Kinder gleichermaßen wichtig ist. Erzählt wird von den grauen Männern und Zeitdieben, die alles rationalisieren und die eingesparten Zeit gleich immer für sich in Beschlag nehmen. Ihnen gegenüber steht das kleine Mädchen Momo, das für den Augenblick l(i)ebt und Beppo Straßenkehrer als Freund hat, der selbst endlos lange Straßen problemlos fegt, weil er sich immer nur die eine Stelle in dem einen Augenblick vornimmt.

Wenn die Zeit schon wissenschaftlich durch Einsteins allgemeine Relativitätstheorie relativiert und als Illusion entlarvt wurde und wenn wir nirgends mehr mit ihr zurechtkommen, wenn sie uns hinten und vorn nicht mehr reicht, ständig zwischen den Fingern zerrinnt und erst durch die lawinenartige Zunahme der Seeleninfarkte auf diese kranke Weise zurückgegeben wird, muss etwas faul sein im Umgang mit ihr. Im Zustand des Seeleninfarkts bekommen wir tatsächlich die vorher eingesparte Lebenszeit im Überfluss zurück.

Dabei erklären uns praktisch alle spirituellen Traditionen und Religionen, dass Zeit nur in der Gegenwart existiert. Wir sollten anfangen, das ernster zu nehmen und uns dem Augenblick nähern. Ein Burn-out zwingt uns wie die kleine Momo, den grauen Zeitdieben zu widerstehen, wobei in Michael Endes Buch die Schildkröte Kassiopeia das neue langsame Zeitmaß des Augenblicks vorgibt.

Die Herausforderung des Hier und Jetzt

Wenn sowohl Arbeits- als auch Liebesverhältnisse immer kürzer Bestand haben und schneller wechseln, stört und ärgert das die Mehrheit der Menschen, wie vielfältige Klagen zeigen. Um die Hintergründe dafür noch klarer werden zu lassen, ist ein Blick auf die universellen *Lebensgesetze* hilfreich: Aus dem Polaritätsgesetz, das die Welt der Gegensätze etwa von Klein und Groß, Arm und Reich, Gut und Böse beschreibt, ergibt sich das Schattenprinzip. Wir neigen dazu, stets einen Pol in das helle Licht der Aufmerksamkeit zu stellen und den anderen aus dem Bewusstsein in das Schattenreich zu drängen. Verdrängtes lebt dort aber weiter und bindet viel Energie, vor allem bleibt es ständig mit dem anderen lichten Pol verbunden. Nach dem Polaritätsgesetz muss jeder Nachteil auch einen Vorteil haben, ähnlich wie jedes Krankheitsbild auch eine positive Botschaft in sich trägt.

Die dem Seeleninfarkt so nahe Depression mag diese Zusammenhänge anschaulich machen. Der Depressive, der wegen seiner Schlafstörung früh und genervt aufwacht, der antriebslos herumhängt und sich mit Selbstmordgedanken quält, bietet ein Bild entsetzlichen Elends. Hinter dieser Oberfläche scheinen im Sinne von *Krankheit als Symbol* bereits die Aufgaben durch. Die Schlafstörung ermöglicht mehr Zeit für die eigentliche Aufgabe: die Auseinandersetzung mit der Endlichkeit des eigenen Lebens, mit dem Tod. Die ständig wiederkehrenden Selbstmordgedanken zwingen genau diese Konfrontation auf. Außerdem ist der Depressive völlig in den Augenblick gezwungen. Und hier liegen sowohl das Geheimnis als auch die Lösung, nur erlebt sie der Depressive zuerst von der dunklen Seite. Er ist immer jetzt, in diesem Augenblick, depressiv und kümmert sich weder um Zukunft noch Vergangenheit. Nur kann er den Augenblick des Hier und Jetzt nicht genießen, weil er sich nicht bewusst darauf einlässt, sondern sich hineinzwingen ließ. Auch die Auseinandersetzung mit dem Sterben erlebt er auf der am wenigsten erlösten Ebene in qualvollen Suizidgedanken.

Vielleicht lässt sich daran auch schon die Genialität ermessen, mit der Schöpfung und Schicksal arbeiten. Der Depressive jedenfalls bekommt über seine Symptome mehr Zeit, sich seinem Thema, der Auseinandersetzung mit der eigenen Sterblichkeit, zu widmen. Das Krankheitsbild nimmt ihm dafür auch mit der typischen Antriebsstörung die Energie, Selbstmordabsichten zu verwirklichen – jedenfalls in der tiefen Depression. Vor allem holt das Krankheitsbild ihn gezwungenermaßen in den Augenblick des Hier und Jetzt.

In diesem Sinne können wir alle Krankheitsbilder und Probleme dieser Welt deuten. So lässt sich in der immer kürzeren Dauer von Arbeits- und Liebesverhältnissen die Aufgabe erkennen, weder der Vergangenheit nachzuhängen noch lange vorauszuplanen, sondern in den Augenblick des Hier und Jetzt einzutauchen. Die Umstände bringen und zwingen zunehmend Menschen gegen ihren Willen immer mehr in den Augenblick, jenes Ziel, das uns eigentlich alle religiösen und spirituellen Traditionen dieser Welt ans Herz legen. Das ist auch die erste und entscheidende Lösung für alle Seeleninfarktgefährdeten. Das mag zu einfach klingen, aber die großen, wichtigen Lösungen sind einfach, wir müssten sie nur umsetzen. Die erfolgversprechendsten Methoden des Eintauchens in den zeitlosen Augenblick werden im zweiten Teil dieses Buches noch ausführlich dargestellt.

Aber statt wie die Vögel des Himmels zu werden, die weder säen, noch ernten und doch leben, wie es in der Bibel heißt, oder statt ganz entspannt im Hier und Jetzt zu leben, wie es der Buddhismus empfiehlt, sind heute mehr Menschen denn je völlig verspannt im Wenn und Aber. Und damit genau dort, wo sie sich am wenigsten wohlfühlen, zumal sie unbewusst und unfreiwillig hineingeschlittert sind. Wenn sie sich diesem durch Burn- und Bore-out erzwungenen Eintauchen in das Hier und Jetzt jedoch ergeben, kann das zu etwas Gutem führen. Wer in die Niedergeschlagenheit abgestürzt ist, keinen Antrieb und keine Lebenslust mehr verspürt, hat jedenfalls Zeit – meist seit Langem erstmals wieder. Verbringt er diese im Moment, kann das nicht nur sein Problem beheben, sondern die Tür zum Himmel öffnen. Immerhin lehrte Christus, dass das Himmelreich Gottes inwendig in uns ist. Wenn wir in unserer Mitte in den Augenblick eintauchen, berühren wir den Himmel.

Selbst nach schweren Unfällen habe ich Patienten glücklich erlebt, wenn sie nach der Katastrophe endlich Ruhe geben und sich den Händen der Helfer anvertrauen konnten. Ohne Aussicht, den Karren noch selbst aus dem Dreck ziehen zu können, gab es plötzlich nur noch Loslassen und Sichanvertrauen. Das Zauberwort Loslassen, von dem heute so viele sprechen, bringt uns dem Geheimnis und der Lösung tatsächlich sehr nahe. Denn natürlich führt Loslassen immer in den Augenblick des Hier und Jetzt. In den unmöglichsten und bedrängendsten Situationen kann sich Loslassen ergeben und den Schleier vor dem Augenblick des Hier und Jetzt lüften.

Als das lange befürchtete Ende der Partnerschaft plötzlich sicher war und er allein und auf sich gestellt zurückblieb, weil die Partnerin eindeutig jemand anderen hatte, ist einem Patienten dieses Geschenk des Moments zugefallen. In dem Augenblick, als sich alle Sorgen und Ängste bewahrheitet hatten, waren sie auch schon vorbei, und er landete in der Gewissheit des Augenblicks – jetzt und hier.

Selbstverständlich führen auch wundervolle Ereignisse in den Augenblick und verzaubern. Auf dem Gipfel eines Berges, wenn nach langem Aufstieg mit dem Rucksack gleichsam auch die Last der eigenen Existenz für einen Moment abgesetzt wird und über einem nur noch Himmel ist, wird der Augenblick manchmal sein Geheimnis enthüllen. Darauf bezieht sich der Ausdruck Gipfelerlebnis (Peak Experience). Ganz ähnlich liegt das Glück dieser Erde auf dem Rücken der Pferde – wenn der Reiter im Augenblick ankommt. Zahlreiche Übungen zielen auf dieses Erleben des Augenblicks ab, letztlich alle Meditationen.[15]

Offensichtlich kennt die moderne Zeit eine breite Palette an Möglichkeiten, uns in den Moment zu zwingen, ob es sich nun um den Bereich Arbeit oder Partnerschaft handelt. Das dürfte damit zu tun haben, dass wir ihn noch mehr aus den Augen verloren haben als frühere Generationen. Verstehen wir es also als eine Korrektur unserer Tendenz, uns in der unverarbeiteten Vergangenheit mit all ihren unerledigten Geschäften zu verheddern und voller Angst auf eine unbestimmte Zukunft zu blicken, statt die Gegenwart und den Augenblick ins Auge zu fassen. Das Leben kommt uns gleichsam zu Hilfe und zwingt uns in immer kürzere Zeiteinheiten, was uns dem Augenblick, wenn auch unfreiwillig, aber immerhin doch näher bringt.

Hier liegt die große Chance, mit dem Hintergrund all der beklagten Darstellungen der modernen Arbeitswelt, des Beziehungsdesasters und des Zerfalls der großen Kirchen, die eine gemeinsame Aufgabe und Chance zu sehen: zurückzufinden in den Augenblick des Hier und Jetzt. Am besten jetzt gleich, während Sie dies lesen. Das Leben sorgt ständig für uns, obwohl wir es meist nicht sehen und lieber in das allgemeine Klagelied einstimmen.

Weder bei einem One-Night-Stand noch bei der Zeitarbeit hat es Sinn, sein Leben auf die Zukunft zu vertagen. Es gibt kein Ziel mehr in der Ferne, ja nicht einmal eine gemeinsame Zukunft, sondern nur noch den Augenblick. Diesem gerecht zu werden ist also das Gebot der Stunde.

Wer freiwillig und oft in den Augenblick eintaucht – zum Beispiel beim Meditieren –, wird erfahrungsgemäß nicht mehr durch äußere Umstände dazu genötigt. Was immer wir freiwillig tun, braucht nicht erzwungen zu werden. Die Palette der Erfahrungen reicht von den Hausaufgaben der Schulzeit bis zur Vorbeugung von Krankheitsbildern.

Sogar an sich massive »Förderprogramme« von Burn-out wie Monotonie der Beschäftigung oder übertrieben lange und viel

15 In Dahlke, *Schwebend die Leichtigkeit des Seins erleben* (Literaturverzeichnis), ist eine große Auswahl zusammengetragen.

Konzentration fordernde Arbeitszeiten sind beispielsweise im Zen-Kloster durchaus üblich und entwickeln dort keinerlei Seeleninfarktpotenzial. Hier sind sie nämlich mit einer ganz anderen Wertung verbunden. Entscheidend ist, dass diese dem Lebensprinzip des Saturn und damit der Reduzierung auf das Wesentliche entsprechende Situation als bewusste Wiederholung und Monotonie angenommen wird, und zwar mit dem Ziel, ganz in den Augenblick einzutauchen. Andernfalls kann sie als üble Routine verstanden werden, die man notgedrungen, aus Mangel an Alternativen, widerwillig über sich ergehen lässt. Im ersten Fall kann einem das Geschenk des Hier und Jetzt zuteilwerden, im letzteren Bore-out drohen.

Menschen, die täglich freiwillig in den Augenblick versinken und ihren Lebenssinn darin finden, auf Befreiung und Erleuchtung hinzuarbeiten, entwickeln weder eine Tendenz zu Seeleninfarkt noch kleinste Anzeichen von Burn-out, selbst wenn sie sonst sehr stark ins Berufsleben eingespannt und erheblichen Belastungen ausgesetzt sind. Große zeitliche Inanspruchnahme oder Monotonie sind also viel weniger verlässliche Indikatoren und damit auch unwichtiger als die grundsätzliche Problematik, den Augenblick und seine Wichtigkeit zu übersehen.

Wenn wir diese Situation im Licht der Krankheitsbilder-Deutung analysieren, ergeben sich viele zusätzliche Perspektiven, und unsere Sicht des gesellschaftlich immer brisanteren Geschehens wird einerseits vielschichtiger, andererseits bleibt die Lösung extrem einfach. Sie heißt: Ankommen im Augenblick. Da eine so einfache Aufgabe wie das Leben im Hier und Jetzt für moderne Menschen so schwer geworden ist, werden wir uns diesem Thema jetzt gleich und später im Praxisteil noch ausführlicher widmen.

KÖRPERFÜHLEN: EINE ÜBUNG ZUM ANKOMMEN IM HIER UND JETZT

Grundsätzlich verlangt es einige Vorbereitung, um sich darauf einlassen zu können, im Augenblick anzukommen. Mithilfe sehr leichter Bewusstheitsübungen ist es jedoch möglich, das Dasein in oder am Rande der Seeleninfarktfalle aufzugeben.

Im Augenblick des Hier und Jetzt sind Achtsamkeit und Stille angesagt, wacher Müßiggang sozusagen. Der Begründer der Transzendentalen Meditation, Maharishi Mahesh Yogi, empfahl uns westlichen Menschen schon vor über 40 Jahren eine äußerst einfache und wirksame Übung mit Namen Körperfühlen: einfach nur da sein, ob sitzend oder liegend oder sogar stehend, und dem eigenen Körper die ganze Aufmerksamkeit schenken und ihn dabei so annehmen, wie er jetzt gerade ist. Auch und gerade wenn Missempfindungen aufkommen sollten, ist das ein wundervoller Trick, durch das Eintauchen in das, was ist, sich aus Problemen herauszuhelfen. Zum Beispiel: Der Schweiß bricht mir aus. Okay, ich beobachte meinen Körper, wie er ihn ausbrechen lässt, und nehme das an. Das Körperfühlen lässt sich zwischendurch immer wieder einbauen: einfach nur dasitzen, die Augen schließen, spüren und annehmen, was innen in mir ist und was ich von außen wahrnehme. Manchmal werden dadurch Missempfindungen auch erst stärker und deutlicher spürbar; das ist in Ordnung, denn sie wollen uns ja etwas sagen. Im Augenblick geht es allerdings nur darum, sie wahr- und wichtig zu nehmen. Meist verschwinden sie bald unter so viel Beachtung und Aufmerksamkeit, und wir sinken noch tiefer in das Hier und Jetzt. Diese Übung kann später auch gut mit offenen Augen genutzt werden, um in den Augenblick einzutauchen und zu sich (selbst) zurückzukehren.
Sogar beim Weiterlesen lässt sich daraus eine wundervolle Chance entwickeln, die Sie jetzt gleich ergreifen können. Gehen Sie in das Körperfühlen, und dann wieder daraus auftauchend, fahren Sie fort zu lesen. Sie bleiben sich Ihres Körpers aber bewusst und erleben das Buch nun als eine Brücke zwischen seinem Inhalt und Ihrem Organismus. Sie erleben so ständig bewusst mit, wie Sie das Gelesene auch im Körper aufnehmen, wie es sozusagen bei Ihnen ankommt. Wenn Sie das eine Zeit lang machen, wird das Lesen für Sie zu einem sehr entspannenden Ausflug zu sich (selbst).

Unser aller Ziel ist Glück, das jedenfalls ergeben einschlägige Umfragen einstimmig. Glück kann es aber niemals in der Vergangenheit oder Zukunft, sondern immer nur im Augenblick geben. Diesbezüglich sind sich alle Religionen, spirituellen Traditionen, Philosophien und auch die moderne Glücksforschung einig. Genau diesen Zugang zum Moment verstellen wir uns aber durch Arbeitshetze, Leistungs- und Erfolgsdruck. Hier liegt also der erste entscheidende Schlüssel zur Lösung sowohl der Burn- als auch der Bore-out-Gefahr.

Die letzte und alles entscheidende Ebene konfrontiert uns mit dem letzten und höchsten Lebenssinn, wie ihn Religion und spirituelle Suche vermitteln. Aus dieser Quelle ergeben sich auch die einfachsten Zugänge zum Augenblick. Letztlich spielen und gehören diese Ebenen natürlich zusammen und fördern sich gegenseitig. Eine erfüllende Beziehung verhilft nicht nur zu ekstatischen Augenblickserfahrungen, sondern erleichtert es auch, erfüllende Arbeit zu finden, und unterstützt diese. Sie ist ein solcher Lebenserfolg, dass sie auch die Resonanz zu anderem Erfolg erhöht. Gemeinsame Entwicklung fördert die Lust, auch auf anderen Gebieten weiterzugehen und sich fortzubilden und weiterzuentwickeln. Sie stabilisiert die Gesundheit und fördert Glücksgefühle. Diese aber spiegeln sich in befriedigender Arbeit und entsprechendem Erfolg wider. Ein glücklicher Mensch, dem das Leben im Augenblick nah ist, wird selbst aus einer schwierigen Arbeitssituation noch etwas für sich machen.

2. FAKTOR: WERTEWANDEL IM ARBEITSUMFELD

Erfolgsstreben

Betrachten wir einmal genauer die Schauplätze des Seeleninfarkts. Wie zentral Arbeit und Karriere heute zur Selbstwertbestimmung sind, zeigt schon der atemberaubende Aufstieg der Arbeit an die Spitze der Wertehierarchie. Wir definieren uns zunehmend über die Arbeit, die wir haben, den Erfolg, der dabei herausspringt, das Geld, das wir damit machen. Dadurch werden andere Ebenen menschlichen Seins an den Rand gedrängt. Wichtig ist fast nur noch, was mit der Arbeit zusammenhängt. Aber das ist nur die eine Seite; die Arbeit hat wie ein Krake auch andere Bereiche überzogen. Ein Beispiel sind die neuen Kommunikationsmittel. Wer sein Büro in Gestalt eines iPhone oder Blackberry in der Hosentasche hat oder als Laptop in der Aktentasche, kann natürlich auch überall arbeiten. Das beginnt in kleinen Portionen und mit harmlosen Ausnahmen und endet vielfach in einer ausufernden und im wahrsten Sinne des Wortes grenzenlosen Arbeit. Da der Tag aber nur 24 Stunden hat, kann man sich ausrechnen, wie viel Zeit für anderes übrig bleibt.

Anfangs freuen wir uns, wenn wir die neuen Kommunikationsmittel beherrschen lernen; später merken wir gar nicht mehr, wie sie uns, unseren Alltag und unsere Welt beherrschen. Die erste internationale Konferenzschaltung – der eine sitzt in Miami, der andere in Wien und der dritte in Bali – ist noch spannend und auch sinnvoll, sie spart Flugkilometer, schont die Umwelt. Aber zu welchen Arbeitszeiten führt so etwas auf Dauer! Die verschiedenen Zeitzonen der Welt, die uns früher gar nicht tangierten, stören plötzlich unseren Wach-Schlaf-Rhythmus. Wer sowieso immer erreichbar sein will, kann auch gleich arbeiten; irgendwo auf der Welt ist immer irgendjemand wach. Früher waren die New Yorker stolz darauf, dass ihre Stadt nicht schlafen gehe, heute leben Menschen überall auf der Welt in diesem Missstand, der Anbahnungsphase von Burn-out.

Ein Investmentbanker kam im Vollbild des Seeleninfarkts zu mir. Mit den gefragtesten Statussymbolen gesegnet, gezeichnet und geschlagen, entgegnete er auf die Frage, wann er zuletzt Urlaub gemacht habe: »Glauben Sie, die Börsen machen Urlaub? Die machen nicht einmal wirklich Feierabend.« Rund um den Globus ist natürlich immer eine geöffnet. Anfangs hatte er heimlich immer wieder einmal eine Ritalintablette von seinem hyperaktiven Sohn stibitzt. Dann hatte er einen Mediziner gefunden, der ihm das Medikament, wohl im Hinblick auf den Sohn, verschrieb. Seine (Spekulations-) Arbeit hatte sich in alle Bereiche seines Lebens gefressen und buchstäblich nichts mehr davon übrig gelassen. Er war reich geworden und fertig in der schlimmsten Bedeutung des Wortes.

Heute gewinnt auch die nachgeordnete Ebene der Fort- und Weiterbildung zunehmend Bedeutung. Fortschritt gilt inzwischen als absolut zwingend, und solange wir uns weiterbilden, sind wir auf dem Weg nach oben, so jedenfalls die Illusion. Weiterzukommen und fort von hier, woandershin, das verrät Bewegung und Dynamik. Nur nicht stehen bleiben, die Konkurrenz schläft auch nicht, ist aber eine Devise, die Burn-out anbahnt und Seeleninfarkte begünstigt.

Leistung und Erfolg sind zwingend und bestimmen den Wert moderner Menschen in verheerendem Ausmaß. Wer nichts leistet, ist nichts (wert). Das ist eine Logik, die mit dem Protestantismus und besonders seiner puritanischen Variante auch gleich den Kapitalismus gebar und die Oberhand gegenüber der katholischen Gnadenerwartung bekam. Auf die Gnade des Herrn lässt sich auch in Ruhe warten; den evangelischen Himmel muss man sich durch Anstrengung und Leistung erarbeiten, und das Ergebnis soll Erfolg sein.

Diese Entwicklung, die Arbeit zum Synonym für Lebenssinn gemacht hat, scheint ihren Zenit aber gerade zu überschreiten und den Spitzenplatz an den Erfolg zu verlieren. Viele Junge (vor allem Jungen) nehmen die alten deutschen Arbeitstugenden wie Fleiß, Ausdauer und Durchhaltevermögen, Pünktlichkeit und Ordnungsliebe gar nicht mehr an, wie sich schon an den Berufswünschen zeigt, die von »Manager« und »Chef« bis zu »Beamter« und sogar »Hartz IV«[16] reichen. Der Psychologe Markus Väth zitiert in seinem Burn-out-Buch *Feierabend hab ich, wenn ich tot bin*[17] folgende nicht untypischen Antworten eines Hauptschülers auf die Frage nach seinem Berufswunsch: »Geschäftsführer!« Und er wolle einen Porsche fahren. Wie er das denn bezahlen werde? »Keine Ahnung. Werd' ich halt Fußballspieler.« Und wenn das nicht klappt? »Scheißegal. Hartz' ich eben.«

Erfolg misst sich heute nicht nur in sozialem Aufstieg, Status und Geld, sondern auch in medialer Aufmerksamkeit. Im Mehrheitsmedium Fernsehen verdeutlichen ungezählte Castingshows diesen Trend. Im Verein mit zunehmender Schamlosigkeit kopieren die Sender solche Ideen inzwischen völlig skrupellos, bis zum Schluss jeder seine eigene Castingshow hat, in der sich vor allem Jugendliche zum allgemeinen Gespött machen (lassen), nur um einmal im Rampenlicht zu stehen. Die Kopien zeigen das Maß an Peinlichkeit besonders deutlich, das hier erreicht und in Kauf genommen wird. Sie leben von der Lächerlichkeit der Bühnenaspiranten. Zum Schluss sind jedenfalls alle verheizt, die völlig Unfähigen schon bei ihrem Kurzauftritt, die Erfolgreicheren etwas später. Keiner schafft den Aufstieg wirklich, aber die Illusion ist schon ausreichend und wohl auch das Geld, das selbst bei solchen Kurzkarrieren abfällt.

---

16 In Deutschland Arbeitslosen- und Sozialhilfe, nach dem ehemaligen VW-Manager Peter Hartz benannt.

17 Markus Väth, *Feierabend hab ich, wenn ich tot bin. Wie wir im Burn-out versinken.* Gabal, 4. Aufl. 2011, S. 26.

Eine weitere Möglichkeit, Öffentlichkeit zu erhalten, bilden die neuen »sozialen Netzwerke« von Twitter bis Facebook, bei denen es vor allem um Selbstdarstellung und zunehmend auch Werbung geht. In der Zahl von fast einer Milliarde weltweiter User wird das Bedürfnis, sich zu zeigen und möglichst viel Resonanz zu erreichen, überdeutlich. Ursprünglich ging es nur darum. Die Ebenen der Werbung und des finanziellen Erfolgs kamen erst später hinzu, ähnlich wie beim Erfinder von Facebook, der finanzielle Verlockungen so lange zurückstellte, bis er mit seiner voll im Zeitgeist liegenden Idee beim Börsengang Milliarden Dollar machen konnte.

Wenn Materielles nicht mehr glücklich macht

Der Erfolg zahlt sich in der materialistischen Gesellschaft vor allem in Geld aus, das zum wesentlichen Ziel der Arbeit wurde. Wo aber viel Geld und wenig Zeit allgemeines Ziel werden, ist das Rattenrennen eröffnet. Geld enthält viel Sprengstoff und führt rasch an heikle Punkte, etwa wenn der Volksmund recht behält und beim Geld die Freundschaft aufhört. Freundschaft steht inzwischen tatsächlich bei vielen hinter Geld zurück. So haben wahrscheinlich mehr Menschen Anlageberater als Freunde. Die Illusion, beides in Personalunion zu bekommen, platzt meist in der ersten Finanzkrise.

Freunde könnten dem Leben Sinn geben und somit Burn-out verhindern; Geld kann das nie. Bisher ist mit Geld noch niemand wirklich glücklich geworden, aber schon viele sind dadurch ins Unglück gestürzt. Es verleitet eher zu weiteren Burn-out-trächtigen Verirrungen, die sich in dem ebenso bekannten wie ernüchternden Bonmot spiegeln: »Von dem Geld, das wir eigentlich nicht haben, kaufen wir Dinge, die wir nicht brauchen, um Leuten zu imponieren, die wir nicht mögen.«

Mit Geld lässt sich Vermögen anhäufen. Früher waren Besitztümer durch (adlige) Geburt und gleichsam von Gott gegeben. Heute müssen sie verdient und zunehmend auch gezeigt werden. Viele tun vieles für Geld. Arthur Schopenhauer beobachtete schon zu seiner Zeit, dass manche bereit waren, für Geld jeden Preis zu zahlen. Heute werden Autos, Kleidung, Uhren, Designermöbel, Reisen und sogar Delikatessen und Weine zu Statussymbolen, die vor- und ausgeführt und vor allem vorgezeigt werden wollen. Die Zeiten von Understatement bei den Älteren und Konsumverweigerung bei den Jungen sind jedenfalls vorbei. Dem modernen Zeitgeist entsprechen eher das Angeben und Protzen. Man zeigt, was man hat, und bläht es noch auf. So wird das teure Auto wichtiger als die Wohnung. Der Seele aber fehlt zunehmend das gemütliche Zuhause, was wiederum die Seeleninfarktgefahren verstärkt.

Natürlich ist materieller Erfolg nichts an sich Schlechtes. Aber wenn er zum Selbstzweck wird, birgt er Gefahren und fördert Seeleninfarkte. Und wenn er über die Versuch-und-Irrtum-Schiene erlangt werden soll, wird dabei viel zu viel Energie verschleudert. Diesbezüglich kann das Wissen um die Schicksalsgesetze helfen, ihn gezielt in den Bereichen und auf die Weise zu erlangen, wie es der eigenen Seele dient.

Beziehung, Liebe und Partnerschaft haben gegenüber Arbeit und Geld an Stellenwert verloren, sind aber, wie schon gesehen haben, dem ähnlichen Mechanismus immer kürzerer Zeittaktung unterworfen. Weiterer Druck entsteht hier, da die Geldwelt die Beziehungswelt zunehmend unterwandert. Wer sich aushalten lässt, muss in der Regel auch viel aushalten. Es sei aber nochmals betont, dass eine erfüllende Beziehung sowohl Burn- als auch Bore-out aufhalten und manchmal sogar verhindern kann.

Die Familie erlebt mit dem Niedergang der Langzeitbeziehungen entsprechende Bedeutungsverluste. Der modernen Welt ist sie vielfach vor allem lästig geworden, und Familienfeste und -besuche verkommen zunehmend zur anstrengenden Pflicht. Doch könnten enge Familienbande so Entscheidendes wie Zusammengehörigkeitsgefühl und Verbundenheit vermitteln und jenes Nestgefühl, in das man sich flüchten und in dem man Regeneration erfahren kann. Im Familienzusammenhang der Generationen ist auch etwas so Wichtiges wie Abschiednehmen und Trauern zu lernen, die Auseinandersetzung mit der eigenen Endlichkeit im Sterben der (Groß-)Eltern. Ohne Trauer lässt sich der Tod nicht integrieren, und wer das nicht schafft, den wird das Leben nicht wirklich umarmen, sondern irgendwann bei einer Depression nachsitzen lassen. So gesehen, hat die Familie eine wichtige Funktion beim Verhindern von Seeleninfarkten.

Gesundheit mag nicht alles sein, aber ohne sie ist alles nichts, wie wiederum Schopenhauer sagte. Heute wird Gesundheit mehr als früher rein körperlich gesehen. Und obwohl das soziale Leben in der modernen Gesellschaft eher zurückgeht, Vereine und Klubs unter Nachwuchssorgen leiden, boomen Fitnesstempel überall. Man stählt und trimmt sich für eine eindrucksvolle Selbstdarstellung, zu der ein Waschbrettbauch genauso wie Cellulite-freie Schenkel gehören. Demgegenüber spielt die seelische Gesundheit eine völlig untergeordnete Rolle. Obwohl die meisten Notfälle seelischer Natur sind und jede körperliche Not immer auch noch mit einer seelischen einhergeht, gibt es bezeichnenderweise keine Notfallmedizin für die Psyche. Aber aus Intensivstationen rücken hochmoderne Notarztwagen aus, und Hubschrauber stehen zur effizienten Bekämpfung körperlicher Probleme in Dauerbereitschaft. Bei Burn- und Bore-out ist es aber die Seele, die nicht mehr kann und zusammenbricht; die körperlichen Symptome sind stets auch psychosomatisch und kommen auf dem Weg in den Seeleninfarkt meist erst in einer späteren Phase hinzu.

Arbeit als Chance und Gefahr

In unserem Wirtschaftssystem ist Arbeit im wahrsten Sinne des Wortes zwingend. Im Amazonas und im südlichen Afrika habe ich Völker erlebt, die ihr Leben praktisch ohne Arbeit, so wie wir sie verstehen und kennen, lebten und denen, würden wir sie in ihrer natürlichen Umgebung in Ruhe lassen, nichts fehlen würde, die sogar ohne Arbeit glücklich sein könnten.

In der griechischen Antike war Arbeit im Wesentlichen etwas für Sklaven und galt als Strafe der Götter. Der freie Bürger kümmerte sich um die Tugenden und genoss seine Muße und die Musen. Noch im 17. Jahrhundert hielt der Philosoph John Locke Arbeit um der Arbeit willen für widernatürlich. Sie war die längste Zeit körperlich zu verrichten und verkürzte als Knochenarbeit das sowieso schon vergleichsweise kurze Leben weiter. Kein Wunder, dass ihr Ruf schlecht blieb. Bessere Leute ersparten sie sich; arme Leute aber litten unter harter Fron und unmenschlichen Lebens- und Arbeitsbedingungen.

Mit der Verlegung der Arbeit von draußen nach drinnen und von den Händen ins Oberstübchen besserte sich ihr Ruf. Aber selbst noch Mitte des 20. Jahrhunderts, nach dem Zweiten Weltkrieg, galt sie als notwendiges Übel. Erst in der Moderne ist die Arbeit zum Mittelpunkt des Lebens und so oft zum Lebenssinn beziehungsweise dessen Ersatz geworden.

Doch ist uns Modernen die Arbeit wirklich in diesem Ausmaß aufgezwungen, und wer ist dafür verantwortlich außer uns? Wiederum bietet sich eine Fülle von Projektionsmöglichkeiten. Tatsache ist, dass westliche Nationen die Welt mit Arbeit überziehen – schon seit Langem, und ein Ende ist nicht abzusehen. Früher war das viel deutlicher und brutaler sichtbar, vor allem im Zuge des Wirtschaftskolonialismus des 19. Jahrhunderts. Die einheimische Bevölkerung wurde versklavt und gezwungen, zum Nutzen von Kolonialmächten und Kirche zu schuften. Offiziell haben europäische Kolonialisten und in ihrem Gefolge Missionare der Welt das Christentum gebracht. Da die »Eingeborenen« immer schon eigene Religionen und Traditionen hatten, war der Erfolg zweifelhaft. Aber die Kolonialisten zwangen der jeweils neuen Welt immer auch ihre Form von Arbeit auf – und da die Menschen der eroberten Länder und Kontinente diese meist nicht kannten, hat das – unter erheblichem und brutalem Zwang – vieles verändert. In den USA haben sich die Nachfahren der Sklaven längst befreit, an die Arbeit gewöhnt und spielen das Spiel mit. Tatsächlich gibt es heute aber mehr Arbeitssklaven als zu allen früheren Zeiten.[18]

Wahrscheinlich hat das Christentum Arbeit im heutigen Sinn als Selbstzweck überhaupt erfunden. Wie schon erwähnt, gedieh der Kapitalismus am besten auf dem Boden puritanischen Protestantismus, der ihn mit seiner besonderen Arbeitsethik förderte und geradezu forderte. Diese ist zwar nicht im eigentlichen Sinn christlich, wird aber bis heute gern so genannt. Christus hatte ganz anderes im Sinn, wie er im Gleichnis vom Weinberg deutlich macht. Wann immer die Arbeiter im Weinberg mit der Arbeit auch begonnen hatten, am Ende bekamen sie alle den gleichen Lohn, weil sie alle die gleichen Bedürfnisse hätten. Damit lässt sich der Kapitalismus keineswegs fördern, im Gegenteil. Aber wie so oft setzte sich der Gegenpol oder Schatten durch. Die Devise, der gute Mensch sei fleißig und arbeitsam, kann bis heute geradezu als puritanisches Glaubensbekenntnis gelten.

---

18 Siehe Dahlke, *Woran krankt die Welt* (Literaturverzeichnis), wo dies mit Zahlen belegt wird.

Die Verbreitung der Arbeit über die Welt folgte überall einem ähnlichen Muster und war sehr erfolgreich für die Missionare der Arbeit, aber weniger vorteilhaft für die mit mehr oder weniger viel Nachdruck zur Arbeit Bekehrten. Die ersten echten Kapitalisten der Industrienationen haben dann den Massen die Arbeit gebracht, zwar nicht zu ihnen aufs Land, sondern sie lockten sie in die Städte. Die Leute kamen gern und noch öfter notgedrungen. Heute ist das große Werk fast vollendet: Die Arbeit ist überall angekommen, und sie ist inzwischen für die meisten zum entscheidenden Lebenssinn geworden. Das macht sie aber noch nicht zu etwas Natürlichem oder gar Gottgewolltem.

Wird Arbeit – was selten genug geschieht – infrage gestellt, wie etwa neuerdings bei der Diskussion eines bedingungslosen Grundeinkommens, geht sofort ein Aufschrei durch alle Schichten der Gesellschaft. Ein Leben ohne Arbeit ist für die meisten nicht mehr vorstellbar. Und auch diejenigen, die wenig von ihrer Arbeit haben, wollen sich mit ihrer Hilfe offenbar wenigstens die Illusion erhalten, »es« durch Arbeit irgendwann doch noch zu schaffen und nach ganz oben in bessere Gefilde der Gesellschaft zu gelangen oder sogar Teil der besseren Gesellschaft zu werden.

Arbeit ist jedenfalls aus der modernen Welt nicht mehr wegzudenken, auch wenn sie – materiell – nur wenigen wirklich viel bringt. Daran hat sich im Laufe der Geschichte wenig geändert. Im Sinne von Selbstverwirklichung und Zufriedenheit könnte sie dagegen auch vielen viel bringen und zum »Glück spendenden Grund« werden, wie es der Psychiater und Neurologe Viktor Frankl formulierte.[19]

Fragen der Entlohnung und Honorierung

Für gute Arbeit gutes Geld zu bekommen ist eine schöne Grundidee, und so stellt sich, verbunden mit dem Thema Arbeit, sofort die Frage nach gerechter Entlohnung. Doch was ist fair, gerecht und angemessen? Es setzt Qualitätsbewusstsein für Geld voraus, das in

19 Viktor E. Frankl, *Trotzdem ja zum Leben sagen*, dtv 1992 – eine gute Lektüre für Burn-out-Kandidaten.

unserer Zeit kaum noch existiert. Wie in allen anderen Bereichen unserer Gesellschaft schlägt auch hier die Quantität längst die Qualität. Doch besitzt Geld auch Qualität, sonst machten Ausdrücke wie Schwarz- oder Blutgeld gar keinen Sinn.[20]

WAS IST MEINE ARBEIT WERT?

Es lohnt sich, an dieser Stelle einmal innezuhalten und sich folgende entscheidende Fragen zum eigenen Arbeits-Ent-Gelt zu stellen:

- Verdiene ich meinen Ver*dienst* wirklich und ehrlich? Habe ich dafür gedient, anderen Menschen oder einer Sache, der zu dienen sich lohnte? Mag ich mich dafür?
- Lohnt sich der Lohn für mich wirklich? Habe ich dafür Lohnendes geleistet? Hat sich diese Arbeit gelohnt? Und für wen hat sie sich vor allem gelohnt? Und wie steht es mit mir?
- Hat mein Honorar (lat. *honor* = Ehre) wirklich noch mit Ehre zu tun? Gereicht es mir zur Ehre? Genauso wie die Arbeit, die ich leiste und für die ich es erhalte? War es ehrenhaft und also honorig, es zu verdienen? Fühle ich mich dadurch geehrt, und wen oder was ehre ich sonst damit?
- Was sagt mein Gehalt über den Gehalt der Arbeit, für den es gezahlt wird? Kann diese Arbeit, für die ich es erhalte, mich erhalten und halten? Kann es andere erhalten, und gibt es ihnen Halt? Hält mich mein Gehalt innerlich oder nur äußerlich am Leben?
- Hat das Salär (lat. *sal* = Salz; lat. *salus* = heil) immer noch mit dem Salz zu tun, dem Salz in der Suppe, dem Salz der Erde, mit dem Essenziellen also? Ist meine Arbeit das Salz in der Suppe meines Lebens? Bekomme ich ein gesalzenes oder eher ein (be-)dürftiges Salär? Haben diese Arbeit und mein Salär mit dem Heil zu tun, gereichen sie mir oder anderen zum Heil? Macht mich mein Salär heil? Hat die Arbeit, für die ich es erhalte, zur Heilung anderer oder zu ihrem Heil beigetragen?

20 Siehe Dahlke, *Die Psychologie des Geldes* (Literaturverzeichnis).

- Oder bekomme ich nur eine Entschädigung für meine Arbeit, für den dadurch an und in mir entstandenen Schaden? Oder den Schaden an der Welt? Was tue ich mir damit an? Oder anderen?
- Ist mein *Ein*kommen ein *Aus*gleich für die Zeit, die ich aufwende, es zu erarbeiten? Entspricht das, was hereinkommt, dem, was hinausgeht? Ist das Erhaltene ein fairer Ausgleich für das Gegebene?
- Oder ist es ein Ent-Gelt, ein Ausgleich für erlittenes oder gar zugefügtes Unrecht? Hat es für mich Geltung, und erhöht es meine Geltung? Welche Bedeutung hat es für mich?

Im Hinblick auf Burn-out und Bore-out und den sich anbahnenden Seeleninfarkt sind das Fragen von großer Bedeutung. Arbeit ist nicht gleich Arbeit und ihre Bezahlung nicht ihr einziges Maß, aber vieles lässt sich daran ablesen.

Wird eine Arbeit gut bezahlt, gilt sie in unserer auf Materie fixierten Welt schnell als gute Arbeit. Aber die Frage ist, ob das Produkt dieser Arbeit damit auch schon gut ist und vor allem ob unsere Seele es als gut empfindet. Die Seele ist altmodisch und hat nur ein großes Ziel. Darin stimmen alle Traditionen und Religionen überein. Sie verfolgt dieses auch bei Menschen, die davon noch nicht einmal etwas ahnen. Dieses Ziel ist die bleibende Erfahrung der Einheit mit allem. Alles, was uns der Einheit näher bringt, ist also aus Seelensicht gut. Das stellt unser Wertesystem jedoch völlig auf den Kopf, denn es erlebt Krankheitssymptome als Ausfallzeiten und damit als schlecht. Dabei führen sie zum Innehalten und zur Neuorientierung und dadurch zur Heilung.

Möglicherweise hat die Logik des »für gute Arbeit gutes Geld« irgendwann einmal gestimmt, als etwa die schwere Feldarbeit besser bezahlt wurde als die leichte. Und wahrscheinlich war es noch vor einem halben Jahrhundert viel einfacher, Sinn in der jeweiligen Arbeit zu finden. Heute aber bringt eine für die Gesellschaft sinnlose, ja sogar gefährliche Tätigkeit am meisten Geld ein, und zwar die der Spekulanten – egal ob im Bereich von Investmentbanken oder Immobilien oder bei Börsenspekulationen bezüglich Nahrungsmitteln, die nebenbei Hunger und Leid verursachen. Dabei werden jene

Profis, die viel Profit machen, heute allein deswegen bewundert und erfreuen sich in ihren Kreisen hohen Ansehens.

Eine Arbeit, die etwa Bedürftigen hilft, von aufopferungsvollen Menschen im Sozialbereich geleistet, wird dagegen meist sehr mager bezahlt, sodass sie sich finanziell kaum lohnt. Die Gesellschaft rechnet sozusagen mit dem Helfersyndrom und nutzt es schamlos aus, um Gehälter niedrig zu halten. Wir sind offensichtlich auch auf dieser Ebene Opfer der Polarität geworden, denn sicher war es nicht Absicht, dass zum Schluss die Spekulanten finanziell am besten dastehen. Was aber ist überhaupt eine angemessene Entschädigung für sozial schädliche Arbeit? Was im Bankensektor unter Bankern angemessen erscheint, ist es offenbar für die übrige Bevölkerung durchaus nicht.

Am deutlichsten wird das einseitige Spiel bei den Investmentbankern. Sie haben sich Boni, aber natürlich keine Mali geschaffen und werden mit viel Geld für ihre Dienste ent*schäd*igt. Hier passt dieses Wort am besten, denn sie richten wirklich zuerst einmal Schaden an. Die Frage ist nur, ob sie sich deshalb dafür so exorbitant hoch entschädigen lassen müssen. Ex-orbi-tant meint nicht von dieser Welt. Tatsächlich haben die Entschädigungen der Boni ja etwas Außerirdisches. Sie sind jedenfalls nicht von der sogenannten anständigen Welt, und viele meist selbsternannte Anständige regen sich entsprechend darüber auf. Hier stoßen wir auf eine unanständige Welt, in der man sich darauf spezialisiert hat, aus Gier und anderen egoistischen Motiven Schaden anzurichten und davon maximal zu profitieren. Denn diese Menschen sind natürlich nicht so dumm, dass sie nicht wissen, was sie da anrichten. Was sie meist jedoch nicht wissen, ist, was sie damit ihrer eigenen Seele antun. Diese braucht Hilfe – am besten vor dem Burn-out. Die gutwilligen Helfer im Sozialbereich sind davon nicht ausgenommen. Ihr Weg in den Seeleninfarkt kann über das Helfersyndrom führen; weitere Stationen sind Resignation und Bore-out.

Die Tatsache, dass nicht alle Spekulanten gleich rasch über ein Burn-out in den Seeleninfarkt rutschen, hat mit den unterschiedlichen Ausgangslagen zu tun. Einige haben ihre Seele mehr gepanzert als andere. Je früher eine Seele unter solchen Umständen zusammenbricht, desto besser steht es um ihre Sensibilität. Je hartgesottener jemand ist und solches Elend lange aushält, desto herber wird der später folgende Absturz. Fast 30 Jahre Reinkarnationstherapie haben mir in dieser Hinsicht völlige Entspannung vermittelt und mich Gerechtigkeit und Ausgleich entdecken lassen. Man braucht den Betrachtungsrahmen nur weit genug zu wählen.

Profit aus allem möglichen herauszuschlagen ist ein Aspekt des Kapitalismus, der innerhalb unseres Wirtschaftssystems prinzipiell Sinn macht. Aber unsere Seele gehorcht einem anderen, viel älteren Wertesystem. Sie kann es nicht akzeptieren, aus dem Schädigen anderer entsprechende Entschädigungen und Profite zu »erwirtschaften«. Was für eine Art von Wirtschaft ist das auch? Eine Schadens- oder Schädlingswirtschaft schafft natürlich auch viel schädliche Arbeit, die trotzdem so hoch bezahlt wird, dass es oft schon wieder unanständig wirkt. Unanständige, aber »anständig« bezahlte, schädliche Arbeit wird im Hinblick auf den Seeleninfarkt zum Problem, da die Seele ihr offenbar nichts abgewinnen kann. Sie betrachtet die Welt nach ihrem eigenen Wertsystem. Das mag der modernen Welt seltsam oder fragwürdig vorkommen, aber nach langjähriger Erfahrung mit Schattentherapie bin ich mir über die seelische Ethik sicher.

Viele moderne Menschen übersehen auch, dass es gar nicht möglich ist, andere Seelen zu schädigen, ohne der eigenen immensen Schaden zuzufügen. Aus spirituellem Gesichtspunkt ist das Schlimmste, was man der eigenen Seele antun kann, andere vorsätzlich zu schädigen. Es kann deshalb wohl kaum vertretbar sein, jemanden, der mit seiner Arbeit andere schädigt und seine eigene Seele quält, besonders hoch zu entschädigen. In der Praxis werden die Arbeiter im Großschlachthof, für die das extrem gelten würde, jedoch sehr schlecht bezahlt. Diejenigen aber, die über Spekulation, andere in Unglück und Leid treiben, werden in der Regel horrend entschädigt. Sehr fraglich ist aber, ob die Entschädigung umso höher sein muss, je höher der durch sie verursachte Schaden ist. Gemessen am Elend, das die Seele durchmacht, ließe sich vielleicht sogar so argumentieren. Trotzdem bleibt es ein sehr schlechtes Geschäft für die Spekulanten.

Wird Arbeit andererseits schlecht honoriert, gilt sie nicht unbedingt als schlechte Arbeit wie etwa die im Schlachthof. So werden in unserer Turbokapitalismus-Gesellschaft fast alle sehr gut angesehenen Berufe im Sozialbereich, von der Krankenschwester bis zum Sozialarbeiter, unverhältnismäßig schlecht *honor*iert. Sie haben tatsächlich mehr mit Ehre zu tun, werden sie doch offensichtlich von

Menschen ausgeübt, denen es mehr um diese als ums Geld geht oder die sich mit Gottes Lohn zufriedengeben. Wenn der Verdienst gerade in den Berufen, deren Ausübung mit dienen verbunden ist, so niedrig ist, zeigt das auch, wie gering das Ansehen des Dienens gegenüber dem Herrschen und der Machtentfaltung ist und wie wenig wir bereit sind, beruflich dienenden Menschen Ehre zu erweisen. Sind Menschen, die also im Wesentlichen für Gotteslohn und Taschengeld bereit sind, so verantwortungsvolle und wichtige Arbeiten wie die einer Krankenschwester oder Grundschullehrerin zu verrichten, dumm, weil sie für wenig Honorar engagiert arbeiten? Tun sie es vielleicht wirklich im Hinblick auf den Lohn nach diesem Leben, wenn sie denn einmal Gottes Gerechtigkeit unterstehen?

Eine Gesellschaft, die Geld an erste Stelle stellt und zum Beispiel eine Kindergärtnerin derart schlecht entlohnt, dass sie sich in der Großstadt kaum eine angemessene Wohnung leisten kann, honoriert und ehrt ihren Dienst und ihre Berufung nicht. Durch diese Entwertung wird solch einer Arbeit mit der Zeit nur noch von Menschen ausgeübt, denen Berufung und Ruf so wichtig sind, dass sie sich derlei gefallen lassen. Das hat etwa in Deutschland und Österreich dazu geführt, dass kaum noch Männer Grundschullehrer werden. Ein Mann, der rechnen kann, wird kaum einen Beruf wählen, der ihm nicht gestattet, eine Familie angemessen zu ernähren. Er neigt eher zu einem Job, der viel einbringt und ihn auf diese Weise dafür entschädigt, dass er nicht seiner Berufung folgt, sondern stattdessen um der hohen Entschädigung willen vielleicht sogar etwas Schädliches tut. Alles andere würde einen hohen Grad an Idealismus erfordern.

Unser System, das schädliche Jobs vielfach höher ent*schäd*igt, als dass es sinnvolle gut ent*lohn*t, wird in einer primär am Geld orientierten Gesellschaft zu vielen Jobs führen, die hoher Entschädigung bedürfen, und zu wenigen Berufen, die guten Verdienst und Lohn bieten. Genau diese Situation haben wir. Politiker hoffen inzwischen überall auf der Welt auf Jobwunder, und viele Menschen suchen gleich von vornherein einen möglichst gut dotierten Job. Nur führen Letztere häufig in das Burn-out, weil die Seele aus ihrer Sicht sinnlose Arbeiten schon schlecht erträgt, schädliche und schädigende aber noch viel schlechter. Die Seele lässt sich zwar eine Zeit lang ignorieren, aber über kurz oder lang fordert sie ihr Recht auf Beachtung und Entwicklung.

Jenes Geld, das – wie sich zeigte – als Ent*schäd*igung besonders für schädliche Jobs großzügig bezahlt wird, hat leider nicht einmal wesentliche schützende Effekte im Hinblick auf Burn-out. Natürlich ließen sich auch mit seiner Hilfe Freiräume schaffen und Auszeiten finanzieren, aber genau dazu neigen gefährdete Karrieristen und auch Jobbesitzer kaum, die es besonders nötig hätten. Sie nutzen es vielmehr im Sinne von Kompensation, um die Frustration ihrer Arbeitssituation aufzufangen, und tendieren zu den Angeboten der Fun- und Freizeitgesellschaft, die jedoch kaum Chancen der Sinnfindung bieten.

Wird der Fokus stark auf Geld gelegt, besteht sogar im Gegenteil die Tendenz, vom Wesentlichen abzulenken und Sackgassen anzusteuern und so die Burn-out-Gefahr zu vergrößern. Folgte ich meinem Steuerberater, der selbstverständlich ausschließlich (mein) Geld im Auge hat, würde ich nur gut dotierte Firmenseminare geben und alle kleineren Kurse, Vorträge, Reisen, Artikel weglassen, weil sich das aus seiner Sicht nicht lohnt. Als ich ihm erklärte, dass mir auch finanziell weniger attraktive Aktivitäten Freude machten, viel Sinn ergäben und schon aus diesem Grund lohnend seien, reagierte er erstaunt. Er schien nicht gewohnt zu ein, Aspekte wie Freude und Sinnhaftigkeit über die Strategie des Geldverdienens bestimmen zu lassen. Ginge es nur ums Geld, müsste ich jeden Abend immer denselben Vortrag zum letzten Buch halten und alles auf eine Karte beziehungsweise ein Thema setzen. Das wäre mir zwar vergleichsweise langweilig, würde aber natürlich mehr (ein-)bringen, weil sich leichter und gezielter werben ließe und so weiter. Auch hätte ich dann meinem Banker keine ethischen Auflagen bezüglich Geldanlage machen dürfen und mehr Rendite und schlechtere Gefühle erwirtschaftet.

Geld ist folglich ein gefährlicher Ratgeber. Es kann viel weniger kompensieren, als wir ihm zutrauen, und insofern auch weniger vor Burn-out schützen, als die meisten glauben. Selbst höchste Entschädigungen für sinnlose und schädliche Jobs oder für anstrengende Schichtarbeit sind also keine gute Lösung im Hinblick auf die Gefahr von Seeleninfarkten. Wer von Geld unabhängiger agieren und leben kann, ist weniger gefährdet, in Burn-out und Depressionen zu fallen. Ein mir wichtiger Lehrer hat mir den Satz mit auf den Weg gegeben: »Wo die Freude nicht ist, ist auch der Weg nicht.«

Vom Beruf zum Job

Versuche, Beruf zu definieren, führen sogleich zum Ruf, der sich sprachlich darin verbirgt. Der innere Ruf, der die Seele meint und sie herausfordert, eine ihr gerecht werdende Tätigkeit zu wählen und dafür zu lernen oder zu studieren und die dazupassende Arbeitsstelle zu finden, ist das entscheidende Merkmal. Die Idee ist alt, dass auf diese Art erworbene berufliche Fähigkeiten gut sind und deshalb auch gut honoriert werden, und es eine Ehre ist, sie auszuführen. Sie ehren diejenigen, die die Ehre haben, sie auszuführen. Dafür gibt es Honorare, und es braucht keine Ent*schäd*igungen, weil gar kein Schaden entsteht. Der angemessene Verdienst wurde ursprünglich an der aufgewendeten Zeit und vor allem am Geschick gemessen, mit dem durch diese Arbeit den Mitmenschen gedient wird.

Am Ende entsprechender Ausbildungen und Studiengänge gab es früher Feiern, die dem Thema Ehre ausdrücklich Reverenz erwiesen und die später zu erwartende gute Honorierung schon andeuteten. Solche lateinisch Pro-*motion*en genannten Feiern sollen die Betreffenden nach vorn und in Bewegung bringen, wie es das lateinische Wort noch in aller Ehrlichkeit ausdrückt. Bis heute gibt es in Österreich kaum einen Studienabschluss ohne Promotionsfeier; in Deutschland werden etwa den neuen Medizinern das Staatsexamenszeugnis und die zum Arztberuf ermächtigende Approbation der Einfachheit halber per Post zugeschickt. Die teure Feier wird eingespart, und die Ehre bleibt auf der Strecke, was den Honoraren zwar keinen Abbruch tut, aber dazu beiträgt, sie vom Thema Ehre, Ehrenhaftigkeit und Ehrlichkeit zu entkoppeln. Dass im Anfang bereits alles liegt, ist eines der schon erwähnten Schicksalsgesetze.

Wenn die Arbeit einem der Seele gut erscheinenden Zweck dient und sie daher Sinn macht, wird sie außerdem durch die Be*fried*igung entlohnt, die sie mit sich bringt. Sie fördert damit den Frieden zwischen den beiden beteiligten Fraktionen: demjenigen, der sie gibt, und demjenigen, der sie nimmt. Solche Arbeit könnte sogar ganz ohne Honorar verrichtet werden, weil es bereits eine Ehre ist, sie zu tun, und sie auch der anderen Seele Ehre erweist. Selbst wenn bei solcher Arbeit der Druck erheblich steigt, wird sie nur selten in ein Burn-out führen, weil sie Sinn hat und macht, der die Seele nährt und befriedigt. Berufe bieten also eine relativ gute Sicherheit vor

Burn-out; Jobs dagegen machen anfällig dafür. Damit sind wir der zweiten Hauptursache für die steigenden Burn-out-Zahlen hart auf der Spur, dem heute in unserer Gesellschaft überall anzutreffenden Sinnverlust.

Jobs, das US-amerikanische Pendant zum Beruf, zielen weniger tief als Berufe. Bei ihnen geht es vorrangig um den herausspringenden Lohn. Ist dieser nur hoch genug, wird manchmal eben auch in Kauf genommen, dass Menschen dabei über die Klinge springen. Im Investmentbanking und an der Börse, wo über Spekulationsgeschäfte ganze Länder ins Elend und Menschen in Hungerkatastrophen getrieben werden, gehört derlei offensichtlich zum Business. Diese Strategien bringen über Firmenzerschlagungen nicht selten viele Menschen in Arbeitslosigkeit und Not. Allerdings spielt dabei oft – und wie ich finde, zum Glück – die Seele der Spekulanten auf Dauer nicht mit. Sie ist längst nicht so leicht käuflich wie der Verstand, wenn überhaupt.

Menschen mit Jobs sind, wenn sie dabei unter Druck geraten, besonders von Burn-out bedroht. An Akkordarbeit wurde das schon immer klar. Meist handelt es sich dabei um monotone Tätigkeiten unter Zeitdruck, die wenig oder nicht befriedigen und nur wegen des Lohns verrichtet werden. Sie machten Arbeiter schon immer fertig, denn diese sind innerlich schon fertig damit, bevor sie überhaupt beginnen. Mit der Arbeit fertig zu werden ist das Ziel, von ihr fertiggemacht zu werden der Schatten.

Akkordarbeit ist in ihren deprimierenden Auswirkungen schon fast seit ihrer Erfindung sprichwörtlich. Sie wird in der Regel nur aus Not gewählt. Es wäre danach also im wahrsten Sinne des Wortes *not*-wendig, eine Arbeit zu suchen, zu der innerer Bezug besteht und bei der es weniger zeitlichen Druck gibt.

Hier im Hinblick auf Seeleninfarktvorbeugung mit dem Vorschlag aufzuwarten, in solchen Akkordsituationen den bereits thematisierten Augenblick ins Spiel des Lebens zu bringen, ist gefährlich, weil so leicht missverständlich. Es könnte sogar als zynisch empfunden werden, denn dadurch bekommen solche Jobs durchaus keinen tieferen und die Seele befriedigenden Sinn. Jedoch ist es immer wieder Betroffenen gelungen, selbst in solchen Situationen durch das Eintauchen in den zeitlosen Augenblick des jeweiligen Handgriffs nicht nur Erleichterung, sondern sogar Erfüllung zu finden. Tatsächlich ist es bei monotonen Arbeiten sogar einfacher, bewusst und im Augenblick zu bleiben, als bei intellektuell anspruchsvollen. Deshalb werden in Klöstern sehr einfache Arbeiten bevorzugt und auch für Arbeitsmeditationen in Ashrams gern gewählt.

Heute ist unser Problem, dass ganze Gesellschaften wie im Akkord funktionieren. Das hat Folgen, mit denen viele Menschen seelisch nicht mehr zurechtkommen. Diese Konsequenzen zeigen sich am deutlichsten in der Arbeitswelt, betreffen aber oft sogar schon Schulen und Kirchen und auch andere so wesentliche Lebensbereiche wie Partnerschaft. Das bedeutet, dass unsere Gesellschaft(sform) der Seele immer weniger gerecht wird. Sie ist so ausgerichtet, dass fast alles darauf zielt, möglichst rasch möglichst viel Geld und Profit zu erwirtschaften, und stellt schon aus diesem Grund viele Weichen in eine Burn-out-fördernde Richtung.

Der Trend vom Beruf zum Job lässt sich überall in der kapitalistischen Welt feststellen, und er nimmt ziemlich parallel mit den Seeleninfarkten weiter zu. Schon Karl Marx warnte vor dieser Entwicklung zur »entfremdeten Arbeit«, die inzwischen allerdings die Welt erobert hat. Selbstverständlich bezieht sich auch das Zeitarbeits- und Leiharbeitersystem mehr auf Menschen mit Jobs als auf solche mit Berufen. Das liegt schon daran, dass Berufene in ihren Berufen in der Regel Arbeit finden und diese auch behalten, und zwar weitgehend dort, wo sie wollen. Sie haben es also meist gar nicht nötig, sich in andere Gegenden für Geld verleihen oder abschieben zu lassen.

Selbstverständlich kann man auch den Lehrberuf als Job ausüben, und sogar ein Studium kann in einen Job münden. Ein Medizinstudium etwa macht noch keinen Arzt, der seinen inneren Ruf zu seiner Berufung gemacht hat, sondern einen Mediziner, der irgendwann an eine Wegkreuzung kommt, wo sich der breite Weg in drei Spuren gabelt. Er kann auf dem ausgetretenen Medizinerweg bleiben, die schmale Abzweigung zum Arzt wählen oder die Abzweigung zum Medizyniker wählen. Dort ist dann die Burn-out-Gefahr besonders groß, wohingegen sie bei Medizinern geringer und bei Ärzten minimal ist. Letztere finden Sinn in ihrem Tun und folgen ihrer Berufung. Sie neigen bei Überarbeitung, Überlastung und Stress eher zu Herz- als zu Seeleninfarkten. Sie mögen sich überlasten und über der Sorge für andere die eigenen Herzensangelegenheiten zu kurz kommen lassen und so in Herz(ens)probleme[21] geraten. Medizyniker dagegen wollen vor allem Geld verdienen, und Mediziner sind zwischen diesen beiden Fraktionen zu finden. Sie tun ihre Arbeit, weil sie sie gelernt haben, und können dabei auch einen guten Job machen.

Da jede Seele so individuell ist, erleben manche Menschen selbst in allgemein als Traumberuf eingestuften Beschäftigungen wie Fußballtrainer und Nationalspieler zu wenig tiefe Befriedigung und die Seele nährende Erfüllung. Die Betroffenen zeigen das, indem sie (rechtzeitig?) das Handtuch werfen (lassen) oder später in die Lethargie des Burn-outs fallen. Die Seele hat offenbar eine andere Einstellung zu Popularität, Ruhm, Wertschätzung und Geld, als sie in unserer Gesellschaft üblich und typisch ist. Im Vergleich zu Sinn, Erfüllung, Befriedigung und Hoffnung sind der Seele vordergründigere Werte wie Geld und Popularität offenbar relativ unwichtig und jedenfalls zweitrangig.

In dieser Diskrepanz zwischen den alten, in unserer persönlichen Geschichte gewachsenen Werten der Seele, die sich nach meinen Erfahrungen in der Kette der Leben herausgebildet haben, und den vordergründig materiellen Werten der modernen Wohlstandsgesellschaft liegt einer der wesentlichen Gründe für die so rasant zunehmenden Seeleninfarkte. Immer mehr Seelen boykottieren einen (Berufs-)Weg, der für sie keinen Sinn macht und ihre Entwicklungsziele außer Acht lässt.

Die Veränderung, die hier stattgefunden hat, kann ich gut an persönlichen Erfahrungen festmachen. Zu Beginn meiner Studienzeit war ich mit einem großen Lehrerseminar als einziger Medizinstudent in den USA auf Erkundungstour des Landes. Kaum wurde einer der Lehrer von unseren amerikanischen Gastgebern als intelligent und clever eingestuft, fragten sie meist ganz erstaunt, warum er denn ausgerechnet Lehrer werden wolle. Arzt zu werden erschien ihnen dagegen clever und angemessen für intelligente Menschen, einfach weil damit eine Menge Dollar zu machen war. Aber dass intelligente Menschen einen Beruf ohne angemessene Verdienstmöglichkeiten wählten, das verstanden Amerikaner schon damals nicht. Sie schätzten Menschen ganz offen nach der Höhe des Gehalts ein. Inzwischen wurde das auch bei uns immer üblicher und hat erhebliche Auswir-

21 Siehe Dahlke, *Herz(ens)probleme* (Literaturverzeichnis).

kungen bis eben zu Umschichtungen in der Arbeitswelt. Es fördert die Tendenz, sich von der Seele nährenden Berufen abzuwenden und das Konto speisende Jobs zu bevorzugen. Berufe, für die die Seele brennen und Feuer und Flamme sein kann, reduzieren zwar die Burn-out-Gefahr des Ausbrennens, kommen aber aus der Mode. Wer mit brennendem Herzen seiner Berufung folgt, nährt über sein Herz auch die Seele und bannt die Gefahr des Ausbrennens. Wer erlebt, dass seine Berufung andere Seelen nährt und erhebt, nährt dabei natürlich auch die eigene. Berufe, die andere fördern und wachsen lassen, die dafür sorgen, dass Menschen ins rechte Licht kommen, können deren und die eigene Seele nähren und erhellen. Dass dies fast alles relativ brotlose Berufe sind, mag uns wiederum zeigen, wie weit wir kollektiv im Schatten gelandet sind und wie wenig unsere Gesellschaft dem Seelenwohl Rechnung trägt.

Wenn ein Seeleninfarktkandidat den Weg über das Burn-out nimmt, wird er anfangs auch Feuer und Flamme sein und für seine Firma brennen und vielleicht sogar mit heißem Herzen kämpfen. Aber diese Flamme wird sich umso rascher im Burn-out verzehren und erlöschen, wie die Seele nicht dabei ist, weil ihr Arbeit und Thema nichts sagen oder sogar zuwider sind.

Auch bei Menschen in helfenden Berufen kann die Begeisterung am Anfang riesig sein, genauso bei vielen ehrenamtlichen Helfern. Wenn diese dann allerdings von ihrer Umgebung im Regen stehen gelassen werden, nirgendwo rechte Unterstützung finden, jahrelang unter Mangel an Geld und anderen Mitteln leiden und sozusagen in vieler Hinsicht mittellos bleiben, kann das über tiefe Enttäuschung und Resignation ebenfalls die Seeleninfarktgefahr heraufbeschwören.

Ähnlich mag es einer Ehefrau und Mutter ergehen, die sich um ihrer Seele willen scheiden lässt und mit dem Schwung dieses Befreiungsakts glaubt, ganz allein mit den neuen Mehrfachbelastungen fertig zu werden. Die Liebe zu den Kindern und die Verantwortung für sie trägt auch lange und lässt sie viel ertragen – etwa an stumpfsinnigen Jobs. Aber irgendwann wird der Punkt kommen, dass sie die Sinnlosigkeit oder sogar Schädlichkeit des Jobs doch nicht länger verkraftet, zumal wenn sie dabei obendrein zu wenig verdient, um ein gutes Leben zu führen. Dann kann auch ihr der Abstieg in die fatale Mischung aus Burn- und Bore-out drohen.

Arbeitsalltag und Erfüllung

Heute bieten viele Firmen allein durch ihr Arbeitsfeld kaum noch Sinn, sondern dienen ausschließlich dem Zweck der Profitmaximierung. Beraterfirmen etwa, deren vorrangiges Ziel es ist, den Shareholder-Value hochzutreiben, lassen es nicht nur an tieferen Sinn vermissen, sie richten sogar oft massiven Schaden an, vor allem wenn sie statt der Produktivität nur den Aktionismus erhöhen. Das mag aus wirtschaftlichen Gesichtspunkten aufgehen, aus der Sicht der Seele nicht, die sich immer mehr an den Rand des Lebens gedrängt fühlt und keine (Lebens-)Räume mehr in streng durchgeplanten Arbeitsabläufen bekommt. Dem einzelnen Mitarbeiter einer Firma zur Unternehmensberatung ist das vielleicht nicht einmal so klar, weil die Position etwa als Buchhalter oder Sekretärin es gar nicht zulässt, und Beratung klingt natürlich immer gut. Aber die Seele weiß trotzdem Bescheid, in und an welchem Feld sie (mit-)arbeitet.

Wenn ein Mensch an solch einem Arbeitsplatz noch unter (Leistungs-)Druck gerät, ist der (Aus-)Weg in das Burn-out geradezu naheliegend für die Seele. Denn diese Diagnose bietet ihr immerhin die Chance, dem Elend zu entkommen – erst einmal für einige Wochen und dann für längere Zeit und schließlich vielleicht für immer. Hier wird deutlich, wie Krankheit zum Weg wird und der Seele neue Chancen einräumt, aus diesem in die Sackgasse geratenen Leben doch noch etwas Sinnvolles zu machen und tieferen Sinn zu finden. Dies geschieht einmal durch den krankheitsbedingten Zwang in den Augenblick des Hier und Jetzt und dann durch die anstehende Neupositionierung.

Allerdings ist Unternehmensberatung nicht per se schlecht. Die Tendenz zu Lean Management (engl. *lean* = schlank) etwa, die ebenfalls aus diesem Sektor stammt und Toyota zum größten und erfolgreichsten Autohersteller der Welt machte, bindet die Arbeitenden mehr in die Verantwortung ein und hat daher auch Millionen Arbeitnehmern genutzt. So gilt es natürlich auch hier, immer wieder nach dem Schattenprinzip das Gute vom Schlechten und umgekehrt zu erkennen.

Außerdem kann es noch schlimmer für die Seele kommen, wenn der Arbeitsplatz von vornherein fragwürdig ist, etwa in der Waffenindustrie. Wo immer Stahl- und Präzisionsoptik, wo Computersteuerungen oder Chips hergestellt werden, die auch Teil von Waffensystemen sind, leidet die Seele der dort Beschäftigten, die ihre Kraft für die Herstellung lebensverachtender Dinge verschwenden.

Auch die Arbeit im riesigen Bereich der Lebensmittelindustrie ist heute als primär gefährlich im Hinblick auf Burn-out-Symptome und Seeleninfarkt einzustufen. Der Name suggeriert, hier würden Lebensmittel produziert. Die Waren verdienen aber diesen anspruchsvollen Namen meist nicht mehr, sondern machen eher krank, weil sie etwa billige gehärtete Fette enthalten, eine hohe Anzahl von Konservierungsstoffen und weiteren gefährlichen Substanzen. Da werden Seifenlaugen vorsätzlich in Backwaren gemischt, damit Maschinen anschließend wieder leichter zu reinigen sind, wie erst kürzlich zu lesen war.

Wenn Produkte mit glatten Lügen beworben werden, kommt die Seele ebenfalls in Konflikte, wie etwa bei allen Milchprodukten, die in Wirklichkeit genau die Osteoporose auslösen, die sie angeblich verhindern sollen und obendrein zu Herz- und Gefäßproblemen beitragen und Krebs begünstigen, von Fleischprodukten ganz zu schweigen.[22] Die Zigarettenindustrie ist hier natürlich ebenfalls zu nennen.

Aber auch all die Menschen, die sich für die Durchführung von Tierversuchen hergeben und ihre Seele zwingen, zu diesem Elend beizutragen, werden keinen tieferen und schon gar keinen erfüllenden Sinn in ihrer Tätigkeit finden. Meist sind sie in der Kosmetik- und Pharmaindustrie beschäftigt. So wichtig und sinnvoll Letztere im mancher Hinsicht auch ist, gibt es auch dort viele Bereiche, die die Seele zum Aufschreien bringen müssten und sie jedenfalls keineswegs nähren. Tatsächlich schreit die Seele auch, auf ihre eigene Art, zuerst zart, dann deutlich und schließlich über Körpersymptome. Ihre Möglichkeiten sind enorm vielfältig und werden von den meisten noch immer unterschätzt. Nach meinen Erfahrungen sitzt die Seele aber immer am längeren Hebel, weswegen es ein Zeichen von Intelligenz ist, rechtzeitig auf sie zu horchen.

Die Reihe von Branchen, Konzernen und Firmen, die mit seelenverachtenden Tätigkeiten »ihr« Geld verdienen, ist leider lang und hier in ihrer ganzen Hässlichkeit gar nicht vollständig wiederzuge-

22 Siehe Dahlke, *Peace-Food* (Literaturverzeichnis).

ben. Auffallen könnte, dass Seeleninfarkte erst in großem Ausmaß auftreten, seit wir viele solcher Bereiche haben und sie noch im großen Stil fördern.

Mit dieser Parallele erschöpft sich das Thema leider noch nicht. Nach meinen Erfahrungen hat das ganze entsetzliche Elend der Tierzucht in den modernen Tier-Zucht-Häusern der Massenproduktion mit dem schrecklichen Ende im Großschlachthof auch Einflüsse, die nicht allein die Arbeiter in der Tierproduktion, dem Schlachthausgewerbe und der Lebensmittelindustrie betreffen, sondern auch jene, die fleischessend daran beteiligt sind. Jede Seele wird spüren, dass der Schlachthof an sich ein Unrecht ist, ob man dort im Büro sitzt oder an direkt an der Schlachtbank steht oder die Ergebnisse zu sich nimmt.

Wie wir gesehen haben, halten sich Bankangestellte im Investment- beziehungsweise Spekulationsbereich über enorme Ent*schäd*igungen, die sie makaber Boni (lat. *bonus* = gut) nennen, schadlos für eine gesellschaftsschädigende und menschenverachtende Arbeit, die sie oft unter Volldampf und erheblichem Druck leisten. Sie sind Teil eines cleveren Systems, in dem mit fremdem Geld und ohne eigenes Risiko spekuliert und gespielt wird. Aber die Seele (ver-)hungert dabei und weiß, zu welch entsetzlichen Entwicklungen sie beiträgt, wie sie sich gleichsam für Blut- und Hungergeld verkauft.

Symbolisch laufen solche Aktivitäten auf Pakte hinaus, bei denen man viel dafür bekommt, dass man sich für eine Sache hergibt, die der eigenen Seele widerstrebt und vielen anderen schadet. Da wird die Entschädigung obendrein zum – meist hohen – Schweigegeld. Aber die Seele lässt sich weder auf Dauer kaufen noch zum Schweigen bringen. Sie will Sinn, Erfüllung und letztlich eins mit allem werden.

Inzwischen gibt es viele Firmen, die schon von ihrer Ausrichtung am Markt die Mitarbeiter in ähnliche Probleme stürzen. Damit ist nicht nur alles, was mit Geldhandel, Börse und letztlich Spekulation zu tun hat, gemeint. Nach unwidersprochenen Angaben von Attac dienen über 90 Prozent der ständig um den Globus kreisenden riesigen Geldsummen nur der Spekulation. Folglich muss es auch weitere riesige Arbeitsfelder geben, wo Menschen ihre Seele in solche Paktsituationen bringen, für die zum Schluss immer bezahlt werden muss – wie es Goethe im Faust so zeitlos, weil für alle Zeiten gültig, darstellt. Allerdings sind selbst die modernen Pakte eher degeneriert, denn Faust verkaufte seine Seele immerhin noch für die Erkenntnis dessen, was die Welt im Innersten zusammenhält. Heute wird dagegen die Seele für Status, Haus, Auto und Boot verkauft. Wer sich verkauft, macht sich natürlich käuflich. Die Seele aber macht dabei langfristig nicht mit, und dafür können wir ihr dankbar sein.

Die grundsätzlich weder käufliche noch bestechliche Seele ist auf Dauer mit Rationalisierungen nicht zu beruhigen. Sie erinnert sich auch haargenau an alle Abmachungen und Versprechungen, die ein Mensch sich selbst und damit seiner Seele gegeben hat. Je entwickelter die Seele ist, desto rascher wird sie mit Missstimmungen reagieren, die – wenn lange genug überhört – sich schließlich als Symptome im Körper bemerkbar machen.

Damit sind früh- und rechtzeitige Krankheitssymptome in für die Seele unerträglichen Situationen ein an sich gutes Zeichen, das auf eine entwickelte und deshalb bewusste Seele schließen lässt, die sich auch Zugang zum Bewusstsein des Betroffenen zu verschaffen weiß.

Falls Menschen über lange Zeit einen im wahrsten Sinne des Wortes un*sel*igen Lebensweg beschreiten und gegenüber ihrer Seele damit scheinbar durchkommen, spricht dies für wenig bis unentwickelte Seelen, die den Panzer, den die Betroffenen um sich und ihre Seele gebaut haben, noch nicht durchdringen. Sie neigen eher dazu, seelische Warnungen, wie sie sich in Burn-out-Symptomen zeigen, zu verdrängen, und so wird der Körper als Bühne in den Vordergrund treten. So sterben heutzutage kaum noch Menschen mit einem Lächeln auf den Lippen zu Hause in Frieden oder wenigstens an dem, was man früher Altersschwäche nannte. Das moderne Ende ereilt moderne Menschen im Krankenhaus, während sie an Drähten, Kanülen und Schläuchen hängen. Dieses Elend ist nicht allein Medizinern in die Schuhe zu schieben, sondern natürlich auch Ausdruck lange verdrängter Themen, die sich schließlich umso heftiger auf der Körperbühne zeigen.

Da sich die Seele an ihr eigentliches Ziel der Entwicklung immer erinnert und nie aufgibt, setzt sie bei sehr gepanzerten Menschen also vermehrt auf den Körper und seine Erscheinungsformen. Wo sie hoffen kann, ihre Signale subtiler verständlich zu machen, versucht sie es zuerst über Bewusstseinswege. So kann sie nach geflissentlich überhörten Drohungen mit Burn-out-Symptomen in hoffnungslosen

Situationen mit dem Seeleninfarkt zur letzten Form von Boykott greifen. Wobei sie sich selbst schon in dieser Situation zu regenerieren beginnt. Das Repertoire der Seele, uns Botschaften zu senden und sich schließlich durchzusetzen, ist – wie *Krankheit als Symbol* andeutet – fast unerschöpflich. Und bei allem Leid hat dies auch etwas Tröstliches. Aus Seelensicht gibt es nicht einmal den Selbstmord, denn die unsterbliche Seele lässt sich natürlich nicht umbringen. Diesbezüglich überschätzen sich Einzelne.

Wenn jemand in einer an sich unverdächtigen Branche lediglich den Sinn in seiner Arbeit vermisst, aber niemanden schädigt, ist das für die Seele ebenfalls unbefriedigend. Allerdings bleibt die Gefahr für die Seele geringer, weil es weder zu schlechtem Gewissen noch zu Schuldgefühlen, noch erst recht nicht zu karmischen Belastungen kommt. So etwas könnte der Fall sein, wenn jemand an einem für ihn persönlich sinnlosen Platz arbeitet und vielleicht tagaus, tagein Papier schreddert, das sowieso niemanden mehr interessiert. Zwar nährt das seine Seele nicht, aber es quält sie auch nicht. Langfristig ist jedoch auch hier die Lösung nur in einer sinnstiftenden Beschäftigung zu finden. Letztlich bleibt ein Leben ohne Sinn in der Beschäftigung immer potenziell gefährdet.

Selbst ein auf den ersten Blick wenig deprimierender oder sogar anspruchsvoll wirkender Beruf kann ebenfalls in eine Burn-out-Krise führen. Auch dann ist es – nach meinen Erfahrungen – sehr wahrscheinlich, dass er der betroffenen Seele sinnlos und unbefriedigend erschien. Die Seele ist so überaus individuell, dass solche Fehlentwicklungen meist nur im Einzelfall zu entschlüsseln sind. Da jede Seele ja wachsen und sich entwickeln will, kann es sein, dass auch eine Arbeit, die anfangs einmal befriedigt hat, mit der Zeit über Unterforderung in das verwandte Problem des Bore-outs führt. Wer aus Minuten, in denen Fülle war, Stunden zu machen versucht, kann schreckliche Langeweile ernten.

Hinter der manchmal geäußerten Angst, alles würde zusammenbrechen, wenn alle Menschen nur noch ihrem eigenen Weg folgten und sich nicht mehr den Notwendigkeiten der Gesellschaft anpassten, halte ich für eine Abwehrreaktion, um selbst alles beim Alten lassen zu können. Was würde denn passieren, wenn sich immer weniger Menschen dafür hergäben, ihr Leben damit zu verschwenden, lediglich um des Geldes willen ihre Seele für menschenverachtende und unwürdige Arbeit zu verkaufen? Zuerst würden die Firmen – innerhalb der Logik des Systems – den Anreiz erhöhen müssen und die Entschädigungen für solche Arbeiten hochsetzen, ähnlich wie im Strahlungsbereich von havarierten Atomkraftwerken höhere Löhne gezahlt werden, um überhaupt jemanden für solche Himmelfahrtskommandos zu finden. Die wenigen, die sich und ihre Seelen weiter dafür hergäben, würden also noch mehr verdienen. Das Ergebnis der betreffenden Firmen würde aber schlechter werden, ihre Kosten stiegen, und sie bekämen nicht mehr genug Mitarbeiter und vor allem weniger Kunden. Dadurch würden ihre Produkte teurer und damit unattraktiver. Also würde langfristig gegenüber der Seele verantwortliches Verhalten auch regulierend auf die Gesellschaft einwirken und sie Richtung Verantwortlichkeit verändern.

An diesem Punkt können auch gar nicht unter solchen Arbeitssituationen Leidende eine entscheidende Rolle spielen, indem sie ihr Kaufverhalten als Druckmittel erkennen und gezielt einsetzen. Würden wir entsprechende Produkte und Dienste weniger in Anspruch nehmen, gäbe es weniger Anreiz, sie zu produzieren und zur Verfügung zu stellen, und noch weniger Menschen kämen arbeitsmäßig in solche Gefahrenzonen bezüglich Seeleninfarkt. Umgekehrt ließen sich gezielt Produkte kaufen, die aus menschenwürdigen Produktionsverhältnissen hervorgehen. Die Fair-Trade-Initiative geht schon erfolgreich diesen Weg.

Aber da liegt auch schon der Haken. Denn wären wir nicht fast alle solche Spekulanten, gäbe es weder Spekulationsabteilungen in Banken noch überhaupt Investmentbanken. Und niemand bräuchte sein Leben mit solchen Tätigkeiten zu verschwenden. Würden nicht so viele so viel Fleisch verlangen, gäbe es keine Großschlachthöfe und keine Schlachthofarbeiter, die ihre Seele dort quälen, während sie ihnen ausgelieferte Kreaturen quälen. Wir sind bei alldem also ständig mit von der Partie und müssen aufpassen, nicht der Projektionsgefahr aufzusitzen. Würden Produkte und Dienstleistungen, die auf Tätigkeiten beruhen, die zu Burn-out führen, nicht mehr gefragt, gäbe es sehr rasch diese Jobs nicht mehr. Anders ausgedrückt, ohne geile, sexuell frustrierte und vorgeschädigte Männer gäbe es keine Prostituierten. Sie würden sich andere Arbeit suchen (müssen).

Was die Wut der Bevölkerung auf besonders schädliche, als Bedrohung empfundene Berufssparten angeht, gibt es zwei Arten der

Betrachtung. Wenn ich Wut etwa auf Börsenspekulanten verspüre, kann das erstens nach dem Resonanz- und Polaritätsgesetz und dem daraus folgenden Schattenprinzip[23] nur an eigenen unbewussten Spekulationsneigungen liegen. Und zweitens könnte ich als zu Nächstenliebe angehaltener Christ, wenn es schon zu Liebe nicht reicht, diesen Börsenspekulanten wenigstens und trotz ihrer hohen Ent-*schäd*igungen vor allem Mitleid entgegenbringen. Sie können einem wirklich leid tun, und Schlachthofarbeiter mit ihren obendrein geringen Entschädigungen erst recht. Beide ruinieren sich nicht nur nach östlicher Einschätzung ihr Karma auf lange Sicht und für erschreckend geringe »Vorteile«, die sich bei näherer Betrachtung sogar als gravierende Nachteile erweisen. Die Qualität von mit Spekulation oder direktem Töten »verdientem« Blutgeld ist dramatisch schlecht und kann eigentlich nur Mitleid erregen.

Missachtung seelischer Wahrheiten und Ziele

Der Krankheitsgewinn von Burn-out ist, wie inzwischen deutlich wurde, die Befreiung aus einer für die Seele nicht mehr erträglichen Arbeits- und Lebenssituation. Sie zieht ihre Lebensenergie zurück, und die Betroffenen versinken in Lethargie. Offenbar ist es aus Seelensicht sinnvoller, lieber nichts zu machen als weiter das Bisherige und (für die Seele) Falsche. Mit anderen Worten, die Seele spielt nicht mehr mit, sondern streikt, boykottiert und sabotiert sogar. Insofern haben wir mit den Burn-out-Anwärtern und Seeleninfarktpatienten eine nicht deklarierte Widerstandsgruppe, die in den letzten Jahren immer mehr Zulauf bekommt. Unsere auf Materie fixierte und seelische Anliegen weitgehend ignorierende Gesellschaft traut der Seele demgegenüber wenig zu und ist völlig überrascht von der Konsequenz und Kraft, mit der die Seele im Seeleninfarkt alle Energie aus dem Leben (ab-)zieht. Deshalb reagieren die Gesellschaft und ihre Politiker höchst erstaunt über das Ergebnis und die steigende Zahl von Burn-out-Fällen.

Wie wir schon wissen, sitzt die Seele immer am längeren Hebel und kann, wenn es ihr reicht, die Brocken hinschmeißen. Je besser

23 Siehe Dahlke, *Die Schicksalsgesetze*, und Dahlke, *Das Schatten-Prinzip* (Literaturverzeichnis).

der Seelenbezug der Betroffenen ist, desto rascher erkennen sie in der Burn-out-Situation, dass sie auf einen aussichtslosen Abweg geraten sind, und richten sich neu ein und aus. Allerdings sind heute auch viele Betroffene schon so taub für die Bedürfnisse ihrer eigenen Seele oder so gepanzert dagegen, dass sie selbst in der total gestrandeten Situation des Seeleninfarkts den Zusammenhang zwischen Lebenssituation und ihrem seelischem Zustand nicht durchschauen und lange brauchen, um durch Nichtstun oder entsprechende Ablenkung wieder auf die Füße zu kommen.

Die meisten versuchen dann – da sie oft auch nichts anderes kennen und geraten bekommen –, im selben Arbeitsumfeld neuerlich Fuß zu fassen. Nach der in der Schulmedizin üblichen einseitigen Überlastungstheorie, die nur das Ausmaß der Arbeit wichtig nimmt und deren Qualität übersieht, versuchen sie, »weniger vom selben« zu machen, was natürlich weder befriedigen noch erfüllen kann, weder sie noch die Firmenleitung. Es ist lediglich besser als das Übliche des »Immer-mehr-vom-selben«. Letzteres führt aber immer häufiger in den Seeleninfarkt.

»Weniger vom selben« lässt sich als Arbeiten mit gebremsten Schaum und entsprechenden Zwangspausen beschreiben. Es könnte sehr ehrlich machen, denn es sagt erstens, dass dieser Mensch von dieser Arbeit nicht mehr viel aushält. Sie ist nicht geeignet für ihn. Er kann sich dafür nicht wieder völlig engagieren und schon gar nicht verausgaben, denn das würde ihn neuerlich krank machen. Da spielt seine Seele nicht mehr mit. Zweitens kann auch die Firma mit diesem Verlauf nicht zufrieden sein, denn sie zielt natürlich darauf ab, aus den Mitarbeitern das Bestmögliche herauszuholen, um Ergebnis und Profit zu erhöhen. Diese Mitarbeiter sind darüber hinaus schlechte Beispiele für andere. Sie könnten ein Feld um sich verbreiten, das den Firmeninteressen diametral entgegensteht. Drittens sind die Rationalisierungsmaßnahmen der entsprechenden Beraterfirmen für diesen Mitarbeiter und ähnlich Betroffene wieder rückgängig zu machen. Zwar helfen sie, kurzfristig den Profit zu erhöhen, aber sie machen vor allem krank und reduzieren ihn damit langfristig umso mehr.

Wenn Betroffene einfach in dieselbe Situation zurückkehren – wie es durch Unkenntnis der zweiten Hauptursache des Seeleninfarkts immer wieder geschieht –, sind der Rückfall und neuerliche Absturz vorprogrammiert. Die Lösung liegt vielmehr darin, wieder Sinn hereinzubringen, der die Seele nährt und Hoffnung wachsen lässt, und durch das häufige Eintauchen in den Augenblick des Hier und Jetzt, auch der ersten Hauptursache von Seeleninfarkt vorzubeugen.

Aus den Erfahrungen der Psychotherapie folgt, dass die Seele unsere Rationalisierungen und Verführungstricks als solche durchschaut. Sie hat ihre eigene Moral, die ausschließlich darauf zielt, zu lernen und die Entwicklung voranzubringen, um in die Einheit zurückzukehren. Vor der Empfängnis existiert die Seele in der Grenzenlosigkeit der Einheit und entschließt sich bewusst, für weitere Lernerfahrungen in die Welt der Gegensätze abzusteigen. Durch diese Erfahrungen bereichert, will sie in die Einheit zurückkehren. Dieses Ziel behält sie immer im Auge und gibt es zu keinem Preis auf. Und wenn sie sich verkauft im Sinne des faustischen Paktes, weiß sie, dass sie dafür bezahlen wird und den ganzen so verantworteten Umweg zu durchleiden hat, wie schwierig die Lebensumstände dabei auch sein mögen.

Wo die gemachten Erfahrungen ihr nicht mehr nutzen, sondern anfangen, sie schwer zu belasten, etwa bis in karmische Bereiche, und sie zu viel Schuld auf sich laden würde, neigt sie dazu, uns zu bremsen. Sie tut es etwa mit den Symptomen des Burn-outs, und wenn auch das nicht fruchtet und zum Umsteuern führt, kann es zu jener Vollbremsung im Seeleninfarkt kommen. Ihre Hoffnung ist dann, durch Kurskorrektur wieder zum eigentlichen Lebenssinn zurückzufinden und sich lieber auf diese schrecklich unerlöste Art und Weise dem Augenblick zu nähern als gar nicht mehr. Die Chance, geläutert und gestärkt aus solch einer Erfahrung hervorzugehen, ist immerhin gegeben und könnte durch entsprechendes Bewusstsein noch viel öfter genutzt werden.

Diese Sicht mag einigen sehr esoterisch vorkommen. Das ist sie letztlich auch. Sie wird durch Kulturen, die von der Karmalehre wissen, wie Hinduismus und Buddhismus, bestätigt. Für mich hat sie auch etwas enorm Hoffnungsvolles, denn so sehr wir auch von unserem Weg abkommen mögen, im Kern weiß unsere Seele darum und wird versuchen, uns zu korrigieren. Je weiter wir uns verirrt haben, desto schmerzhafter werden die Korrekturen anmuten, aber sie sind im Sinne der Seele und auf Entwicklung gerichtet. Das haben mich meine Erfahrungen als Arzt und Reinkarnationstherapeut gelehrt, und es gibt mir die Kraft, so unpopuläre Erkenntnisse offen anzusprechen.

Die Geschichte eines meiner Patienten illustriert die Entwicklung über Burn-out-Symptome an die Schwelle des Seeleninfarkts. Mit großem Engagement hatte er als junger Mann schon während seines Designstudiums begonnen, Wohnungen zu vermitteln. Er war in diesen Job eher »zufällig« hineingeschliddert. Gut aussehend, charmant und rhetorisch nicht unbegabt, arbeitete er bald mit für einen Studenten ungewöhnlich hohem Verdienst nebenbei als Immobilienmakler. Da er ein gutes Auge und Freude an Innenarchitektur besaß, zauberte er oft mit kleinen Veränderungen aus ungemütlichen Wohnungen ganz passable und aus passablen richtig nette und aus ganz netten wahre Prunkstücke. Seine Art, die Kunden weitergehend zu beraten und ihnen aufzuzeigen, was sie aus den Räumlichkeiten noch alles machen konnten, wenn sie sie nur kauften, ließ es die Interessenten verblüffend häufig und gern tun. Er war bald so erfolgreich, dass er den ursprünglichen Nebenjob zum Hauptberuf machte, sehr gefördert von einem Chef, der ihm die Entscheidung erleichterte, indem er ihn bald zum Juniorpartner aufsteigen ließ. Nun war er mit Leib und Seele bei der Sache. Menschen zu ihrem Zuhause zu verhelfen wurde zu einer Berufung, durch die er nebenbei auch noch seine (Traum-)Frau kennenlernte, als er ihr ein Appartement vermittelte.

So ging es ihm und seinen Kunden gut, und als junger, dynamischer Mensch, voller Lebensfreude und auch noch in Herzensangelegenheiten angekommen, war er in keinerlei Gefahr, ein Burn-out-Opfer zu werden. Lediglich seine Ausbildung, Innenarchitektur und Design, blieb etwas auf der Strecke, was ihn aber nur wenig schmerzte, da er immerhin nahe am Thema tätig war.

Dann änderte sich der Markt, und überall wurden Altbauwohnungen saniert und als Eigentumswohnungen teuer weiterverkauft. Nun konnte er sogar seine Studienerfahrungen umfassend einbringen. Er sah, was in Wohnungen steckte, und wurde zum idealen Ankäufer und zum Umsetzer seiner eigenen geschmacklichen Ideen, die bei den Kunden gut ankamen. Auf der Erfolgsleiter machte er einen weiteren Sprung nach oben. Sein Seniorpartner war angetan von dem Glücksgriff, der ihm damals mit diesem jungen Mann gelungen war, und beförderte ihn in eine Art gleichberechtigte Partnerschaft.

Nur leider ließ bei so viel Glück der Schatten nicht lange auf sich warten. Altbauten gab es nicht unbegrenzt, und meist lebten alte Leute darin. So gingen wie in vielen anderen Immobilienfirmen auch Mitarbeiter seiner Firma dazu über, diese alten Mieter mit Zuckerbrot und Peitsche aus den begehrten Objekten zu treiben. Zwar hatte der junge Mann mit diesen zum Teil rabiaten Entmietungsmethoden persönlich nichts zu tun, aber er war nicht so naiv, zu übersehen, was da geschah. Eine Zeit lang gelang es ihm, die Augen vor dem mit den Entmietungen verbundenen Elend an Nötigung und Druck zu verschließen, aber dann brach es doch in seine heile Welt ein.

Als er mein Patient wurde, verdiente er nach eigenen Aussagen überdurchschnittlich viel Geld mit seiner kreativen Arbeit, nur machte sie ihm keine rechte Freude mehr. Vor allem litt er so stark an Schlaflosigkeit, dass es sein Leben beschädigte, zuerst nur im Beziehungsbereich, dann zunehmend auch am Arbeitsplatz. Mit der Zeit rückte er mit immer mehr Problemen heraus, die in Richtung Burn-out gingen, obwohl man damals diese Diagnose noch gar nicht kannte. Jedenfalls fand er keinen Sinn darin, mit allen Tricks alten Leute ihre Wohnung abzunehmen, um diese als Bauherrenmodell zu verkaufen, und zwar reichen Anlegern, die darin selbst gar nicht wohnen wollten und die im Glauben, von einem guten Steuersparmodell zu profitieren, dabei eher finanziell über den Tisch gezogen wurden.

Die Psychotherapie ergab, dass seine Seele keinerlei Lust verspürte, weiterhin gute Miene zu diesem von ihr als böse eingeschätzten Spiel zu machen. Sie sehnte sich nach der Sinnhaftigkeit der Anfangszeit, die darin bestanden hatte, schöne Räume zu schaffen, in denen sich Menschen wohlfühlen und erholen konnten. Offensichtlich fand sie Erfüllung in der Schaffung von Seelenräumen für andere, die Behaglichkeit und ein gutes Lebensgefühl vermittelten.

Er entwickelte zunehmend das Gefühl, er könne so nicht weiter(machen). Seine Seele wollte ihn offensichtlich aus diesen Lebensumständen herausholen. Sie wählte den Ausweg über die Anbahnung eines Seeleninfarkts mit deutlichen Burn-out-Symptomen. Als die Therapie ihm diesen Seelenwunsch zur Gewissheit werden ließ, verkaufte er – noch in der Boomzeit – seinen Anteil zum Bestpreis, sanierte sein schlechtes Gewissen mit einigen großzügigen Spenden und neuerlicher intensiver Kontaktaufnahme zu seiner schon sehr betagten und ihn anstrengenden Großmutter und ging mit seiner Frau endlich auf die immer wieder hinausgeschobene Hochzeitsreise. Sie wollten sich zusammen ansehen, was er schon immer auf der Welt an Kulturschätzen hatte kennenlernen wollen. Dabei fühlte er sich so frei und das Loslassen von seiner Arbeitsvergangenheit fiel ihm so leicht, dass er seine Schlaf- und Burn-out-Probleme vollständig mit loslassen konnte. Als er später ein Büro für Innenarchitektur eröffnete und wieder intensiv arbeitete, kamen die Beschwerden – wie voraussehbar – nicht zurück. Seine Seele fand Freude daran, sah Sinn in dieser Arbeit und war unterstützend mit von der Partie. Da er bereits aus dem Anteilsverkauf genug Geld hatte und eigentlich gar keines verdienen musste, kam natürlich auch reichlich Geld dabei herein.

Informationsüberflutung, Multitasking und die neue (Un-)Freiheit

Es ist vor allem die moderne Welt der Informationstechnik, die die Hauptursachen für Seeleninfarkte – Verlust des Zugangs zum Augenblick des Hier und Jetzt und zum Lebenssinn – in einem für viele faszinierenden Feld verbindet. Wir erkennen es daran, dass der moderne Mensch kaum noch anwesend ist, sondern mit seinem Handy leer in die Luft schauend am Rande steht. Es sieht aus, als spräche er mit sich selbst, was früher – wohl zu Recht – als beginnendes Anzeichen von Wahnsinn galt. Heute zeigt es immerhin an, dass jemand sich zunehmend von der alten Welt entfernt und einer neuen Wahnsinnswelt anhängt. Dass Mobiltelefonieren schon junge Leute ziemlich verrückt machen kann, sieht man überall. Egal ob im Zug oder Restaurant, die Menschen reden ständig mit jemandem, der gar nicht da ist, und es sieht aus, als führten sie Selbstgespräche. Dafür reden sie kaum noch miteinander von Angesicht zu Angesicht.

Wie weit die Handyseuche im Zusammenhang mit der ständigen Erreichbarkeit am Anstieg der Burn-out-Zahlen beteiligt ist, bleibt natürlich unerforscht. Persönlich halte ich die ständige Telefonitis für noch viel schädlicher als die selbst im deutschen Gesundheitsministerium in Verdacht geratenen Großraumbüros, die jede Rückzugsmöglichkeit nehmen und auch die Arbeitsgemütlichkeit nicht gerade erhöhen. Wobei diese auch meist so schon den Rat*schlägen* entsprechender Beraterfirmen zum Opfer gefallen ist.

Viele Informationen zu haben ist natürlich von Vorteil, aber zu viele können ähnlich schlecht sein wie zu wenige. So dringen vor allem Mobiltelefone überall ein und oft auch durch – egal wie wichtig die von ihnen übermittelten Informationen sind. Und allein die Tatsache, dass sie vom Handy kommen, macht Nachrichten heute oft wichtiger als das gerade laufende persönliche Gespräch, in das sie sich rücksichtslos dränge(l)n. Handybesitzer sind immer erreichbar, damit auch überall und immer störbar, und diese Verfügbarkeit garantiert ständiges Multitasking. Wissenschaftlich ist aber mittlerweile erwiesen, dass Multitasking, das gleichzeitige Tanzen auf vielen Hochzeiten, schädlich und wenig effizient ist.

Die Zeiten des Informationsmangels sind längst vorbei; wir werden bald angesichts der Flut von Information resignieren. Niemals wurde deutlicher, dass man nicht alles wissen kann. Aber das Wichtige sollten wir wissen, und hier beginnt das Problem. Die IT-unterstützte moderne Informationsfülle entbehrt jeder Hierarchie. Es wird nicht mehr zwischen Wichtigem und Unwichtigem unterschieden, weil Computer und die aus ihnen hervorgehenden elektronischen Infosysteme das nicht können.

Ob wichtig oder unwichtig, der Computer reiht alles wahllos hintereinander, das heißt seriell, obwohl vorgegeben wird, es gehe parallel, gleichzeitig oder synchron vonstatten. In Wahrheit ist nämlich nicht einmal der Computer zu Multitasking fähig. Auch er kann nicht gleichzeitig arbeiten, nur eben sehr schnell hintereinander und das nicht sehr intelligent, weil er eben gerade nicht (mit-)denkt. Er funktioniert nur quantitativ und nicht qualitativ und hat keine inhaltliche Fähigkeit. Genau diese verlieren auch wir allmählich immer mehr in seiner Gefolgschaft. Wir verblöden dabei – inzwischen sogar wissenschaftlich nachweislich. Jedem GPS-Benutzer dürfte schon aufgefallen sein, wie rasch die eigene Orientierung degeneriert, wenn man nur noch der Stimme aus dem Navi folgt.

Sobald wir unseren Laptop mit vielen gleichzeitigen Aktionen überlasten, wird er langsamer, weil er nicht mehr alles schafft, und dabei werden seine Möglichkeiten in der Überlastung geringer. Wenn die Überlastung zu groß wird, stürzt er ab – genau wie das menschliche Gehirn, das sich nur leider nicht so rasch wieder *hochfahren* lässt. Es braucht nach einem Absturz in den Seeleninfarkt relativ lange, um zu altem Schwung zurückzufinden. Manchmal gelingt das gar nicht, wenn nämlich im Umfeld alles beim Alten bleibt. Darin unterscheiden sich Menschen noch von Computern. Doch heute werden wir Computern in unserem Denken immer ähnlicher und stellen uns auf sie ein statt umgekehrt. Das ist ein entscheidendes Problem, das Burn-out Vorschub leistet.

Hegel meinte noch, unser Bewusstsein bestimme unser Sein. Marx meinte, dies umkehren zu müssen, weil er am Beispiel der Arbeiterklasse erkannte, dass es bei ihr anders funktionierte. Deren miserables gesellschaftliches (Da-)Sein bestimmte ihr Bewusstsein. Natürlich hat jemand, der hungert, nichts anderes als Essen im Sinn. Bei einem Menschen auf dem Entwicklungsweg müsste allerdings das Bewusstsein die Oberhand über das (materielle) Sein erlangen und behalten. Diesbezüglich sind sich alle Religionen und spirituellen Traditionen mit Hegel einig.

Obwohl Kommunismus und Sozialismus das Rennen um die beste Gesellschaftsform längst verloren haben, folgen wir deren schlimmsten Vorstellungen und größten Irrtümern heute beharrlich. Wir haben die Arbeit weitestgehend entfremdet, und unser Bewusstsein wird vom (materiellen Da-)Sein bestimmt. Wir werden – durch Anpassung – Teil der Computerwelt und Opfer ihrer Multitasking-Illusion und verlieren so zunehmend die Fähigkeit zu Hierarchisierung und Unterscheidung zwischen wichtig und unwichtig und, vielleicht noch schlimmer, zwischen Quantität und Qualität.

Inzwischen stören die ausgefallendsten Klingeltöne wirklich kreative Gespräche fast beliebig und setzen ihnen nicht selten ein Ende. Überall piepst, fiept und vibriert es und unterbricht menschliche Gedankenflüsse mit computerisierter Penetranz. Selbst wenn der Betreffende noch ein Gefühl für Prioritäten hat und nicht darauf reagiert, sind er selbst und alle anderen gestört, denn das Gehirn versucht nun krampfhaft, die zusätzlich ins Spiel gebrachte Ebene mitzuerfassen, und der Mensch macht sich Gedanken, was es wohl Wichtiges gewesen sein könnte. Ein Spiel aber ist dies schon längst nicht mehr oder jedenfalls ein zunehmend gefährliches.

Computer(maschinen) bestimmen, und Menschen folgen ihnen. Menschliche Gehirne aber kommen zunehmend nicht mehr mit. Diese sind – egal ob weiblich oder männlich – nicht Multitasking-fähig. Dass Frauen dem Wahn(sinn), vieles gleichzeitig erledigen zu wollen, besser gewachsen seien, ist erstens nach wissenschaftlicher Forschung falsch und zweitens relativ uninteressant, gemessen an der Tatsache, dass wir alle damit nicht wirklich zurechtkommen. Nach einer Studie der Bundesanstalt für Arbeitsschutz und Arbeitsmedizin (BAuA) aus dem Jahr 2005/6 fühlt sich die Hälfte der Arbeitnehmer bei der Arbeit ständig gestört und unterbrochen, und sogar 59 Prozent sind vom Multitasking-Zwang genervt.

Ohne die Möglichkeit der Hierarchisierung verlieren wir die Fähigkeit, Prioritäten zu setzen, und öffnen dadurch dem Burn-out die Tore unseres Bewusstseins. Wissenschaftler haben Multitasking längst widerlegt, und Markus Väth unterstreicht es mit eindrucksvollen Statements.[24] Vor allem ist unser Gehirn unfähig, sich auf zwei Dinge gleichzeitig zu konzentrieren. Multitasking erhöht sowohl unsere Reaktionszeit als auch unsere Fehleranfälligkeit. Das ist logisch, denn Konzentration ist die Fähigkeit, alles auszublenden, bis auf ein Gebiet, auf das wir unsere Aufmerksamkeit fokussieren. Multitasking ist das Gegenteil: alles einblenden und nichts mehr lösen.

Wir tauchen auch nicht mehr ein in Themen oder Texte, sondern surfen an der Oberfläche darüber hinweg. Überflieger überfliegen alles nur noch. Als Autor denke ich gern an die Zeiten zurück, als Journalisten das Buch, um das es im Beitrag gehen sollte, vorher noch lasen. Heute reicht einigen schon, sich im tendenziösen Sammelsurium von Wikipedia halbschlau zu machen oder nur den Klappentext zu lesen, der gerade nicht vom Autor selbst stammt. Dummerweise macht all das eher dumm. Es gibt wissenschaftliche Hinweise, dass bei Dauersurfern der IQ um bis zu zehn Punkte sinkt. Die Auftraggeber der Studie, die Computerfirma Hewlett-Packard, hatte sicher kein Interesse an diesem Ergebnis, insofern kann man ihm wohl trauen. Auch diesbezüglich werden wir den Computern immer ähnlicher, die große Mengen an Information bewältigen, aber nicht verarbeiten, nicht gewichten oder vertiefen können. Quantität schlägt Qualität, und der Inhalt bleibt auf der Strecke.

Selbst wenn man solche sich immer rascher institutionalisierende Verrücktheit, die kaum mehr Prioritäten kennt, durchschaut, wird man vom System ins System gezwungen. Elektronische Bücher, E-Books, werden längst überall so stark gefordert, dass man als Autor besser mitmacht. Die IT-Welt hat so zahlreiche Vorteile mit sich ge-

24 Markus Väth, a. a. O., S. 86 ff.

bracht, dass jemand, der bewusst darauf verzichtet, einfach zurückfällt. Wer heute noch weiter Briefe per Hand schreibt und zur Post trägt, muss damit rechnen, dass die Antwort Wochen braucht, weil die Schneckenpost ihrem Namen immer mehr Ehre macht. Und wer hat schon Zeit, noch Briefe zu lesen, wenn er flexibel und viel auf Reisen ist, wie heute zunehmend gefordert? Wer kann sich solche Verzögerungen leisten? Die Freude, die solch ein Brief beim Schreiben und Lesen auslösen kann, zählt im modernen IT-System nicht mehr. Also verzichten wir auf die altmodische Papierverschwendung, die ja auch viel zu unökologisch sei.

Selbst im Fall, dass man auf das Mobiltelefon und Multitasking verzichtet, muss man heute ständig anderen beim Telefonieren zuhören und zuschauen, die dem Wahn eigener Wichtigkeit und daraus folgender ständiger Erreichbarkeit aufgesessen sind. Der österreichische Dirigent Nikolaus Harnoncourt ließ einen Konzertbesucher, dessen Handy ihn zum zweiten Mal zum Konzertabbruch gezwungen hatte, von der Polizei aus dem Saal entfernen. Er hat meine ganze Sympathie. Ich persönlich lasse mich von Anrufen nicht einmal beim Lesen eines Buches im Grünen stören. Ohne Handy in der Hand oder Tasche wird man zwar inzwischen für irre gehalten; man gilt als jemand, der aus der Zeit gefallen ist. Aber in dieser Art von Zeitlosigkeit fühle ich mich persönlich sehr wohl.

Dank Informationsfiltern und Störungsabwehr ist man nicht für alle und jede Nachricht jederzeit zugänglich; tiefere Gedanken und Ideen sind also weiterhin möglich. Es ist wohl unbestritten, dass große Kunst und bedeutende Texte eher in der Stille und Einsamkeit geschaffen wurden als in der alltäglichen Hektik. Wer nicht ständig mit Störungsabwehr beschäftigt sein muss – eine persönliche Firewall verbraucht auch viel Energie –, hat viel mehr Raum für Inspiration und natürlich auch mehr Freude bei ungestörtem Denken. Moderne Manager beklagen im persönlichen Gespräch oft genau das. Sie berichten, dass sie mit all ihrer Energie das Geschäft am Laufen halten würden, aber ihnen die Zeit fehle, sich um Perspektiven und Visionen zu kümmern. Aber genau das kann sich eigentlich niemand leisten.

Dabei hat sich Zeit in ihrem Wesen nicht geändert, obwohl die Zeiten sich so rasch ändern. In ihrer Tiefe bleibt die Zeit eine Illusion, wie die Wissenschaft belegt und die Meditation erleben lässt. Tatsächlich wird die Synchronizität und damit die Parallelität, wie sie C. G. Jung darstellt und wie sie sich aus den Lebensgesetzen[25] ergibt, der Wirklichkeit besser gerecht als das (Computer-)Konzept des Seriellen.

Eine Studie bei Microsoft ergab, dass die Mitarbeiter knapp 30 Prozent ihrer Arbeitszeit mit der Bewältigung von Störungen verbringen. Laut Gloria Mark von der Universität von Kalifornien in Irvine brauchen Wissenschaftler nach einer Störung etwa 25 Minuten, um wieder ganz in ihre Aufgabe einzutauchen. Durchschnittlich bleiben wir nach Marks Forschungen aber nur noch elf Minuten bei einer Sache. Das heißt, wir kommen überhaupt nicht mehr an unser volles Potenzial heran und bleiben weit unter unseren Möglichkeiten.

Wo immer wir hinsehen, wird dieser Sachverhalt deutlich. Etwa beim Schlaf unterbrochen zu werden ist scheußlich und stört die Erholung massiv. Wenn die Taktung der Unterbrechung kürzer als anderthalb Stunden ist, führt sie sogar rasch in Psychosen. Bei einem Fußballmatch sind Unterbrechungen so lästig wie bei Unterhaltungsfilmen. Beim Liebesspiel sind mehrere Unterbrechungen desaströs; bei einer Operation wäre schon eine einzige unverantwortlich. Eigentlich nirgendwo tun wiederholte Unterbrechungen gut, warum sollten sie in der Arbeitswelt nicht stören?

GRENZEN SETZEN, FILTER EINBAUEN

Beim Schreiben eines Buches ist für mich nichts störender als ständige Unterbrechung. Oft gefragt, wie ich es schaffe, so viele Bücher, Seminare, Vorträge zu bewältigen, kann ich nur sagen, dass mir all das große Freude macht und in meinen Augen Sinn hat. Ich lasse mich schreibend auf den Augenblick ein, stimme mich meditativ darauf ein und unterbinde selbstverständlich Störungen. Ich versuche, Hermann Hesses Erkenntnis, dass jedem Anfang ein Zauber innewohnt, zu entsprechen und nutze den frühen Morgen für Meditation und zum Schreiben mir wichtiger Texte. Auf die Benutzung von Handys und darauf, mir von Mails schon den Vormittag verderben zu lassen, verzichte ich – und benutze absichtlich ein so altes System, bei dem ich sie mir herunterladen und dann beant-

25 Siehe Dahlke, *Die Schicksalsgesetze – Spielregeln fürs Leben* (Literaturverzeichnis).

worten und abschicken kann, wann ich will. Damit nehme ich allerdings in Kauf, dass mir einiges Wichtige in dieser schnelllebigen Zeit entgeht. Ich erlaube meinem Laptop auch nicht, mir beim Schreiben zu signalisieren, dass gerade Post eingegangen ist. Das wäre auch absurd, denn diese trifft ja ständig ein.

Da ich dieses Ausgeliefertsein über ständige Erreichbarkeit abgestellt habe, genieße ich oft das wundervolle Gefühl der Freiheit. So behalte ich halbwegs die Kontrolle und kann jederzeit entscheiden, was ich mir wann von jener Information zumute, die das Filtersystem meiner Sekretärin überwunden hat. Selten werde ich via Mail von Menschen angegiftet, die sich für so wichtig halten, zu meinen, jeder müsse ihre Mails gleich morgens als Erstes lesen. Es sind oft dieselben, die einen mitten im Gespräch warten lassen, wenn sie einen Anruf erhalten. Jeweils völlig überrascht sind sie, wenn für mich damit das Gespräch beendet ist. Jeder hat eben seine Prioritäten: Er zieht mir das Handy vor, und ich ziehe den beiden, ihm und seinem Handy, meine freie Zeit vor. Da sich dies schon herumgesprochen hat, würgen die meisten solche Anrufe ab. Damit zeigen sie dem Anrufer, dass er keine Priorität für sie hat, was ebenfalls beleidigend ist. Wie gut hat es da der Handy-lose Mensch, der niemanden zurücksetzen oder »wegdrücken« muss, der – weil schwer erreichbar – auch ganz anders wahr- und wichtig genommen und respektiert wird, wenn er sich dann einmal sprechen lässt. Und der dann aber auch wirklich da ist, weil elektronische Störungen ausgeschlossen sind.

Was hier als so einfach anklang, ist es aber leider auch in meinem Fall nicht, denn alles hat Konsequenzen. Nach längeren Reisen und Seminaren ohne Blick in das elektronische Postfach gibt es oft so große Mail-Staus, dass ich ihnen ganze Tage widmen muss. Daher kenne ich auch das unbefriedigende Gefühl der Burn-out-gefährdeten Mehrheit: Ohne es geschafft zu haben, ist man völlig geschafft. An solchen Tagen lasse ich mich auch unterbrechen, was das Elend spürbar verschlimmert, und tauche so in die normal gewordene Situation der modernen Kommunikationswelt ein. Dabei habe ich als Arzt noch wirklich viele sinnvolle Anfragen zu beantworten. Wäre das mein Alltag, würde ich sicher darin untergehen. In der modernen Arbeitswelt, die fast ständig versucht, wie das schwarze Loch alle zu sich hereinzuziehen, ist Multitasking jedenfalls der Konzentrationskiller und Kommunikationstod schlechthin.

Ende des letzten Jahrhunderts haben die modernen Kommunikationsmittel die Menschen von ihren festen Arbeitsplätzen unabhängig gemacht. Das ist erst einmal – wie auch in meinem Fall – wundervoll, das heißt, natürlich gibt es einen Gegenpol zu aller IT-Kritik. Ganz klar ist der Besitz und Gebrauch eines Smartphones für viele inzwischen unverzichtbar und hat außer der ständigen Möglichkeit der Bespaßung zahlreiche Vorteile. Ich selbst bin meinem Laptop wirklich dankbar, denn er unterstützt mich wundervoll beim Schreiben – jetzt gerade etwa wieder. Ich genieße es, Gedankenströme in ihn hineinfließen zu lassen, um sie erst später zu sortieren. Er ermöglicht mir, überall zu schreiben, draußen im Grünen auf jeder Terrasse und auf den schönsten Bergen. Doch genau diese durch die moderne IT-Branche geschaffene Freiheit, überall zu arbeiten, bringt für viele andere große Nachteile und manche Gefahr.

Wer sich einen ständig piepsenden oder gar sprechenden Laptop zumutet, wird natürlich zu allen Zeiten angesprochen, und das kann wenig angenehm und sogar schon das Ende jeder Freizeit sein. Es gibt ebenso kranke wie krank machende Vorgesetzte, die diese Erreichbarkeit auch nachts und im Urlaub ausnutzen. Jürgen Hölzinger von der Ärztekammer Berlin spricht deshalb von der Entgrenzung der Arbeit, die über die IT-Medien überall möglich wird.

Wer diese Entgrenzung zulässt, stellt die Weichen auf Burn-out, denn er gerät nun absehbar in Rollenkonflikte. Beim Kochen oder Spielen mit den Kindern, beim Liebemachen oder Lesen, beim Autofahren oder beim Sport, überall kann die Arbeit eindringen. Die digitale Kommunikation hat der Arbeit nicht nur dazu verholfen, die meiste Lebenszeit, sondern auch alle möglichen Lebensräume zu erobern. Egal in welcher seiner vielen Rollen man gerade steckt, die Arbeit hat immer Zutritt. Das aber hält niemand auf Dauer aus, es ist der sichere Weg in den Seeleninfarkt.

Selbst wenn völlige Befreiung im buddhistischen Sinn unser Ziel ist, müssen wir erst einmal wieder neu lernen, in der Arbeitswelt Grenzen zu setzen. Dabei müssten Arbeitgeber und -nehmer zusammenarbeiten, denn das Problem hat sich – einem Krebsgeschwür ähnlich – bereits tief in unsere Welt gefressen. Und die Symptomatik der Burn-out-Phasen macht es besonders schwer, die Gefahr zu erkennen, denn in der ersten euphorischen Phase nutzt diese Situation scheinbar beiden Seiten. Was sollte auch ein Chef gegen pausenlose

Arbeit haben, die ein Angestellter so bereitwillig erledigt? Aber beide können es sich eigentlich nicht leisten, die Gefahr zu übersehen – der Angestellte gesundheitlich, der Chef finanziell. Ersterer wird sich selbst verlieren, Letzterer einen guten Mitarbeiter.

Die Informationsüberflutung ist nur ein Teil des Problems. Darunter liegt der IT-Schatten verborgen und hat sich schon tiefer in die Gehirnwindungen gebohrt, als viele merken. Multitasking, sein Lieblingsspiel, ist längst ein Lebensgefühl geworden. Dieses Schattenmonster wird uns nicht nur immer weiter dazu bringen, uns anzupassen, sondern viele von uns zum Schluss arbeitslos machen. Seine Sprache sprechen wir schon weitgehend. Nach betrieblichen Fusionen ergeben sich *Schnittstellen*probleme, aber weniger zwischen Computersystemen als zwischen den Menschen. In der Phase vor dem Burn-out reden wir davon, *unsere Batterie wieder aufladen* zu müssen. Am Morgen *fahren* wir unser *System* mittels Kaffee *hoch*, und mittags kommen wir nicht zur Ruhe, weil wir nicht so rasch *herunterfahren* können. Nachmittags wird *unser System* langsamer wegen zunehmender Überlastung, aber das zeigt nur die Forschung bezüglich des Mittagsschlafs[26], eingestehen tun wir es uns nicht. Welcher Computer denkt auch schon über sich und sein Leben nach? Viele kennen nur noch zwei grundsätzliche Zustände: online und offline, ähnlich wie der Computer nur zwischen 0 und 1 unterscheidet, dies aber unglaublich schnell.

Immer kürzer und schneller getaktet, verhalten wir uns selbst zunehmend wie Computer und versuchen dabei, noch schneller zu werden. Dafür geben wir Prioritäten und Ziele auf, einfach weil auch die zunehmend unser Leben bestimmenden Computer immer schneller werden und weder Prioritäten noch Ziele kennen – außer, eine Operation abzuschließen. Und auch da sind wir gelehrig und machen viele Dinge rasend schnell, weil es möglich ist, und überlegen keineswegs, was dabei herauskommt und ob es uns womöglich fertigmacht. Dabei ist die Antwort einfach: erst Burn-out, dann Seeleninfarkt!

Eigentlich müsste es klar sein, dass wir mit Computern auf ihrer »unmenschlichen« Ebene der Geschwindigkeit nicht mithalten können. Wo es geht, mustern wir uns deshalb selbst aus und ersetzen uns durch Computer – meist aufgrund von (Computer-)Berechnungen.

---

26 Siehe Dahlke, *Von Mittagsschlaf bis Powernapping* (Literaturverzeichnis).

Verkehrspolizisten sind Vergangenheit, computergestützte Regelsysteme Gegenwart und Zukunft. Inzwischen wird schon über die Hälfte des Börsenhandels Großcomputern überlassen; der Broker mit einem Telefon an jedem Ohr ist schon fast passé, und niemand wird ihm groß nachweinen, schon weil es bald gar keine Emotionen mehr im Handel geben wird. Der Höhepunkt ist auf US-Intensivstationen erreicht, wo Computer errechnen, ob sich ein Einsatz der teuren Hightechmedizin noch lohnt. In Deutschland gibt es diese Systeme ebenfalls längst, aber angeblich haben sie keinerlei Einfluss auf die Entscheidungen. Naive Gemüter fragen sich, warum wir sie dann haben und wozu wir sie brauchen und ob wir nicht zum Schluss den Amerikanern doch wieder alles nachmachen.

Die Frage ist, ob wir weiter versuchen wollen, die besseren Computer zu werden und daran scheitern oder ob wir uns wieder auf unsere menschlichen Stärken besinnen und die menschlichen Schwächen respektieren und im Auge behalten. Müssen wir wirklich aufhören, zu empfinden und zu fühlen, nur weil Computer das auch nicht können? Sollen wir wirklich aufhören mitzudenken, nur weil Computer dazu nicht fähig sind?

Die immer engere Taktung bringt uns zuerst aus dem Rhythmus und dann in einen maschinenähnlichen Takt. Rhythmus verhält sich zu Takt wie Leben zu Tod. Das weiß heute sogar die wissenschaftliche Medizin, die in der maschinenartigen Gleichförmigkeit der Reaktionsstarre die Bedrohung des Todes durchaus erkennt. Herzfrequenzvariabilität gilt deshalb als ein Zeichen von Leben(digkeit).

Doch ist der Computer, ist die IT-Welle wirklich schuld an der allgemeinen (Burn-out-)Misere? (Schuld-)Projektion kann nie das Ziel sein, und wir müssen tiefer blicken, bis sich eine Schau des gesamten Musters ergibt. Die IT-Welt mit ihrer Multitasking-Illusion ist nur ein Abbild. Sie ist Ausdruck eines Trends, der zu immer kürzerer Taktung, zu immer kleineren Zeiteinheiten führt, ein Trend, den wir auf vielen Ebenen schon durchschaut haben. Dabei zeichnete sich die erste Hauptursache, der Verlust der Gegenwart des Hier und Jetzt, ab. Dem können und müssen wir ein bewusstes anderes Lebenskonzept entgegenstellen, eines, das Resonanz zu Menschen sucht, und sei es zu sich selbst in tiefer Meditation, das den Augenblick wieder schätzt und sucht, das die Seele nährt und Sinn im Leben findet und die Hoffnung am Leben hält.

3. FAKTOR: LEBENSSINN, LEBENSINHALT

Was die Seele nährt

Sinnvolle Arbeit nährt die Seele und scheint Teil unseres Lebens zu sein. Jedenfalls wissen wir aus entsprechenden Studien, wie verheerend bis hin zu Depressionen sich Langzeitarbeitslosigkeit auf die Seele auswirkt. Ob das allerdings am dadurch bedingten Fehlen von Lebenssinn liegt oder an der sozialen Diskriminierung, bleibt ungeklärt. Mit Sicherheit ist Arbeitslosigkeit keine Alternative zu gefährlicher, krank machender Arbeit. Eine gute Arbeit, die das Leben fördert und ihm Sinn gibt, muss das Ziel sein. Dafür sprechen all unsere praktischen Erfahrungen, und wir leben nun einmal nicht in einer paradiesischen Lebenssituation eines indianischen Urvolks.

Wer eine seine Seele nährende Arbeit aufgibt oder verliert, kennt dieses Mangelgefühl und die Leere, die der Schatten des buddhistischen Lebensziels von Leere ist. Die Leere des Mangels ist ein subjektiv scheußliches Gefühl, das genaue Gegenteil der Leere des vollen Potenzials aller Möglichkeiten. Wobei dieses grenzenlose Potenzial gar nicht verwirklicht werden muss. Es reicht völlig, dass es jederzeit möglich wäre, nach dem Motto: Kann immer, muss nie.

Als ich nach drei Jahrzehnten meine ärztliche Praxisarbeit beendete, fehlten mir meine Patienten und die Begegnung und Arbeit mit ihnen sehr. Würde ich heute meine Seminare, Vorträge und mein Schreiben abrupt beenden, würden mir alle drei mit Sicherheit sehr fehlen. Wir haben uns im Abendland mehrheitlich an Arbeit gewöhnt und kennen gar kein anderes Leben. Fällt sie weg, fehlt etwas Wesentliches.

Aber das ist noch nicht alles. Es gibt da auch den anderen Pol: die Freude an der Manifestation eigener Kreativität. Wir tragen in uns Schöpferkraft, die sich über Arbeit oder Kunst oder idealerweise in der Kunst der Arbeit ausdrücken will und die Seele befriedigt. Natürlich kann die richtige Arbeit auch richtig Freude machen und in Lebenskunst übergehen. Wo sie nur als Last und ausschließlich zum Geldverdienen verfolgt wird, fehlt sie beim Wegfall auch nicht, führt aber umso rascher in den Seeleninfarkt.

Fällt freudeschenkende und sinnstiftende Arbeit plötzlich weg, fehlt sie uns sogar im Alter noch, wenn man in Pension oder Rente gegangen ist, aber erst recht in jüngeren Jahren. Das mag auch ein Grund sein, warum uns Abendländern im Morgenland, wo diese Entwicklung noch nicht so lange vorherrscht und nicht so weit fortgeschritten ist, viele als ziemlich faul erscheinen. Obwohl wir gern unsere Ferien in diesen Gegenden verbringen, haben wir doch nicht wirklich Lust, dort zu bleiben und solche Faulheit zu genießen. Wir ahnen wohl, was uns fehlen würde.

Und wenn wir Ferien genießen, sollten wir nicht übersehen, dass sie oft nur eine Funktion der Arbeit sind. Den meisten modernen Menschen dient der Urlaub hauptsächlich zur Erholung und Regeneration von der Arbeit. Gar nicht so selten haben die Ferien selbst sogar einen Arbeitsbezug, nicht nur weil konkrete Arbeit mitgenommen wird, sondern weil die gedankliche Beschäftigung mit Arbeitsthemen weitergeht. Manche Arbeitgeber machen sich das mit entsprechenden Buchgeschenken kurz vor Urlaubsbeginn sogar zunutze.

Von mir selbst weiß ich, wie gern ich in Urlauben, in denen ich nicht schreibe, Bücher lese und mir Filme ansehe, die einen Bezug zum Beruf haben. Solche Impulse könnten uns zeigen, wie gern wir letztlich arbeiten und wie lustvoll es manchmal ist, so richtig Zeit zu haben, sich gedanklich seiner Berufung zu widmen. Bauern im ursprünglichen Sinn dieses Berufs machten oft jahrelang keinen Urlaub und brauchten ihn auch nicht. Sie waren erfüllt von ihrer sinnvollen Tätigkeit und brannten keineswegs aus, während sie ihr Tagwerk verrichteten. Künstler gehen manchmal sogar gern an die Grenzen ihrer Belastbarkeit, weil ein Bild, ein Text, ein Lied sich einfach aus den Tiefen ihrer Seele befreien will und muss.

Wer einen Beruf hat, der ihn wirklich ruft, bleibt natürlich auch bei der Planung von Reisen und Urlauben mit seiner Berufung und Aufgabe in Kontakt. Das ist kein Nachteil, sondern in vieler Hinsicht sogar ein großer Vorteil. Es führt aber dazu, dass viele Menschen mit erfüllendem und damit auch ausfüllendem Beruf wenig oder keine Hobbys haben. Diese sind für sie – in unserem Zusammenhang des Seeleninfarkts – auch gar nicht so wichtig, da schon der Beruf eine Art Schutzschild gegen Seeleninfarkte bildet.

Für Menschen in Jobs sind Hobbys andererseits unbedingt *not*wendig, um sie für ihre sinnentleerte Arbeitszeit zu entschädigen. Wenn Herzblut in Hobbys fließt, sind sie folglich auch hilfreich gegen Burn-out. Sie entstehen, wenn im Beruf Wesentliches fehlt. So bilden sie häufig Gegengewichte und führen zu einer insgesamt besseren Balance und Stabilisierung des Lebensschiffs.

Im Hinblick auf die verfügbare Zeit betrügt man mit einem Hobby seine Berufung, weil man ihr Zeit entzieht, ähnlich wie man mit einem Verhältnis seine Partnerschaft betrügt, weil man auch ihr Lebenszeit und -energie vorenthält. Diese Parallele zwischen Hobbys und außerehelichen Verhältnissen ist wesentlich für das Verständnis ihrer Funktion beim Seeleninfarkt. Wer seine Berufung gefunden hat, braucht oft kein Hobby als Ergänzung, genauso wenig wie jemand eine weitere Liebschaft sucht, der seinen Lebenspartner getroffen hat. Wenn aber beides nicht der Fall ist, können sowohl Hobbys als auch Verhältnisse stabilisierend wirken, weil sie Herzensenergie mobilisieren und zu schönen Momenten im Augenblick des Hier und Jetzt führen.

Es steht außer Zweifel, dass ein begeistertes Ausüben eines Hobbys wie auch heftiges Verliebtsein mit der Lethargie von Burn-out unvereinbar sind. Insofern wären sie wünschenswert, wenn die Ideale eines restlos ausfüllenden Berufs oder einer restlos erfüllenden großen dauerhaften Liebe außer Reichweite sind. Beide können im Augenblick des Hier und Jetzt zum Energietanken führen und sogar zum Lebenssinn werden. Wer einen sitzenden Job hat, könnte ein Hobby mit Bewegung wählen wie Joggen, um so die notwendige Bewegung ins Leben zu integrieren. Wem beruflich Kunst fehlt, dem könnten Vernissagen, Museumsbesuche und Kunstreisen zum Hobby werden und diesen Aspekt ins Leben bringen.

Natürlich sind ein Beruf, der die Seele im tiefsten Sinn ruft und ihr Lebenssinn schenkt, und eine Beziehung, die die Seele restlos erfüllt, noch anstrebenswerter im Sinne unserer christlichen Kultur. Gar nicht so selten kann sich beides entwickeln – eine Berufung aus einem Hobby, etwa in der Pensionszeit, eine glückliche Beziehung aus einem Verhältnis.

Doch was schenkt wirklich Lebensinhalt?

Aus der **Arbeit** ergeben sich Selbstwertgefühl und Befriedigung und über Verdienst, Lohn oder Honorar wieder neue Möglichkeiten, sich andere sinnvolle Befriedigung zu (ver-)schaffen. Ganz entschieden ist also eine sinnstiftende Arbeit mit der beste Schutz vor Burn-out und letztlich Seeleninfarkt. Ähnliches gilt für erfüllte Beziehungen. Sie fordern zwar viel Energie, aber geben im Idealfall noch mehr. Je sinnerfüllter die Arbeit und je glücklicher die Beziehung, desto mehr Energie fließt uns aus diesen Bereichen zu. Wer viel liebt, wird deswegen nicht weniger Liebe haben, wer sich für sein Ziel einsetzt und sogar verausgabt, wird nicht leer davon, jedenfalls nicht, solange es wirklich sein Herzensanliegen betrifft.

Aber wenn Arbeit, und sogar erfüllende, zum einzigen Lebenssinn und -inhalt wird, liegt auch darin langfristig eine Gefahr. Denn irgendwann wird sie enden, und was dann? Nicht selten droht dann an ihrem Ende, was Psychiater heute Rentendepression oder Pensionsschock nennen, moderne Namen für früher eher weniger verbreitete Depressionsarten. Wenn Arbeit der einzige Sinn im Leben wird, reicht das offensichtlich nicht über ihr Ende hinaus. Da Depression die Folge eines unbehandelten Burn-outs sein kann, müssen wir diese Thematik mit im Auge behalten. Auch gute, sinnerfüllte Arbeit reicht also scheinbar nicht aus, um die Burn-out-Gefahr lebenslang zu bannen. Allerdings kann sie den Ausbruch lange hinausschieben – eben solange sie dauert, sofern sie wirklich die Seele nährt und erfüllt und immer wieder in den Augenblick führt. Für die Zeit danach ist also rechtzeitig Vorsorge im Hinblick auf Lebenssinn und Erfüllung zu treffen. Diesbezügliche Möglichkeiten liegen im Bereich von Partnerschaft und vor allem spirituell-religiöser Suche.

Auch **Partnerschaft** als einziger Lebenssinn birgt ein erhebliches Gefahrenpotenzial vor allem für Frauen. Sie sind in der Regel jünger als der Mann, mit dem sie eine feste Beziehung eingehen, und werden älter als er, durchschnittlich sieben Jahre. Eine Frau, die fünf Jahre jünger ist als ihr Partner, hat also gute Chancen, ihn um zwölf Jahre zu überleben, falls sie nicht seinen Tod als Möglichkeit nimmt, ebenfalls zu gehen. Indische Frauen ließen sich früher mit der Leiche ihres Mannes lebendig verbrennen oder wurden dazu gezwungen. Obwohl diese Unsitte längst verboten ist, kommt es selbst heute in hinduistischen Ländern gar nicht so selten vor, dass die Witwe sich in seinen brennenden Scheiterhaufen stürzt. Was auf uns wie mittelalterlicher Horror wirkt, zeigt sich auch hierzulande in der Form, dass über 60 Prozent der Menschen, die in der zweiten Lebenshälfte ihren langjährigen Partner verlieren, ein Jahr später an Krebs leiden.

In jedem Fall ist auch hier ein Lebenssinn gefragt, der über die Beziehung hinausreicht und tragfähig ist. Sonst droht am Ende Gefahr – nicht nur durch Krebs, sondern auch über den Weg von Bore-out und Depression. Es sind wie immer der tiefe Sinn und das Eintauchen in den Augenblick, die einzig sicher vor Seeleninfarkten schützen.

Die Liebe zum Partner kann also so lange tragen, wie die Partnerschaft besteht, aber sie müsste offenbar darüber hinausweisen zu jener größeren Liebe zur Schöpfung und zu Gott oder der Einheit, von der Religionen wissen.

Ähnliches gilt für die **Familie** als Lebensinhalt und -sinn. Kinder gebären, sie aufziehen und versorgen und darin aufgehen reicht oft nicht oder trägt nur bis zu deren Auszug aus dem Familiennest. Davon jedenfalls zeugt der Ausdruck Leeres-Nest-Syndrom (ENS = Empty Nest Syndrome), der für eine weitere moderne Depressionsform steht. Sie setzt naturgemäß schon deutlich früher ein als die Rentendepression.

Wenn eine Mutter ihre ganze Lebensenergie in die Familie und insbesondere ihre Kinder investiert, wird sie das meist durchhalten, solange sie gebraucht wird, weil es Sinn macht und sie erfüllt. Aber sie wird zusammenbrechen, sobald das nicht mehr der Fall ist und der Lebenssinn sich in Gestalt der flügge werdenden Kinder ebenfalls verflüchtigt. Dann bleibt ihr unter Umständen nur das schreckliche Gefühl von Leere. Besonders wenn die Kinder, wie heute immer üblicher, (viel) zu lange im Nest hocken geblieben sind und das erst nach ihrem Auszug merken und dann nicht mehr oder für die mütterlichen Bedürfnisse viel zu selten zurückkehren, empfindet sie nur Hoffnungs- und Aussichtslosigkeit, jedenfalls wenn die Kinder ihr »ein und alles« sind. Zwar ist das immer seltener der Fall, und die moderne Tendenz, neben der Mutterrolle noch ein eigenes Leben zu leben, entlastet hier natürlich sehr. Doch auch heute noch rutschen viele Frauen in das Leere-Nest-Syndrom.

Ausgelöst durch das Wegziehen der Kinder, wird dann nur deutlich, wie leer das eigene Leben immer war, wie inhalts- und sinnlos und ohne Hoffnung und Aussicht für sie selbst. Sie hatte all das und damit das Wesentliche auf ihre Kinder projiziert. Wenn sie das nicht rechtzeitig merkt, ergibt sich daraus nicht selten eine völlig verdrehte Argumentation, die sogar die Kinder für deren natürliches Verhalten beschuldigt und dafür, dass sie nicht ständig rückfällig (ins mütterliche Nest) werden.

Meist sind solche Kinder, die zugleich oft Opfer des Overprotection-Syndroms waren, froh, wenn sie endlich den Absprung geschafft haben. Dann liefern sie der Mutter natürlich oft unbewusst Vorwände für weitere Projektionen, etwa wenn sie Weihnachten oder zu anderen vermeintlich wichtigen Familienfesten nicht zur Verfügung stehen. Eine Mutter, die dann keinen eigenen Sinn in sich findet und keine geistig-seelischen Reserven hat, ist reif für Probleme, die von Bore-out bis Depression reichen.

Auch hier liegt der Verdacht nahe, dass die Mutterliebe – als selbstlose, hoch entwickelte Form dieses wundervollen Gefühls – doch wesentlich dazu dient, die höchste Form der Liebe, die zu Gott, zu üben. Wo das versäumt wird, kann das Leere-Nest-Syndrom diesen Mangel aufdecken und die entsprechende Depression ihn anzeigen.

Hausbau und Engagement für das Eigenheim reichen natürlich noch viel weniger als Lebenssinn und -inhalt. Davon zeugt das Häuslebauer-Syndrom, ebenfalls eine zunehmende moderne Depressionsform, die durchaus nicht auf das Schwabenland oder den alemannischen Sprachraum beschränkt bleibt. Es verbindet sich manchmal mit dem Syndrom des leeren Nestes, wenn sich Kinder nicht nur für ihr eigenes Leben, sondern auch für ein eigenes Domizil beziehungsweise gegen das der Eltern entscheiden.

Es war sicher nicht böse, sondern sogar gut gemeint, als der 28-jährige Sohn einer Patientin seinen Eltern beschied, dass sie sich um seinetwillen das Haus nicht weiter vom Mund absparen sollten, er wolle dort sowieso nie einziehen. Die Tatsache, dass er mit fast 30 immer noch bei ihnen wohnte, war eigentlich Symptom genug. Längst überfällig, was den Auszug anging, sagte er damit vor allem, dass er nicht sein ganzes Leben dort *sitzenbleiben* wolle, sondern beabsichtige, sein Leben doch noch in die eigenen Hände zu nehmen – eigentlich eine sehr gute Nachricht für die Eltern.

Einerseits zur Entlastung der Eltern vorgetragen, andererseits wohl auch, um sich selbst Mut zu machen, wurde dieser Befreiungssatz aber zum Rohrkrepierer und führte in eine Doppelkrise. Die Mutter, meine Patientin, rutschte in das Leere-Nest-Syndrom; es entwickelte sich eine handfeste Krise mit Sinnlosigkeitsgefühlen und tiefer Hoffnungslosigkeit. Dazu drifteten die Eltern zusammen in das Häuslebauer-Syndrom. Dabei hätten sie sich eigentlich über einen doch noch flügge werdenden Sohn und das absehbare Ende abzahlungsbedingter materieller Knappheit freuen können.

Die stattdessen ausbrechende Sinnkrise war umfassend. Die neue Inhalts- und Sinnlosigkeit, gepaart mit Hoffnungs- und völliger Perspektivlosigkeit, machte es schwer, zu unterscheiden, ob noch Burn-out oder schon Depression vorlag. Jedenfalls zeichnete sich bei beiden Elternteilen die massive Gefahr eines Seeleninfarkts ab. Tatsächlich sank die Mutter in eine handfeste Depression, und der Vater, den seine Arbeit auch nicht wirklich trug, geriet über Burn-out in den Seeleninfarkt.

Schon lange hatte nur die Sorge für Sohn und Haus sie partnerschaftlich zusammengehalten; ihre Sinnlichkeit war vor Überlastung und Müdigkeit eingeschlafen. Er hatte seine Energie in der Doppelbelastung von Arbeit und Heimwerkerleidenschaft verbraucht; sie hatte sich vor allem um den Haushalt gekümmert, gekocht und sich um alle gesorgt. Dabei hatten es beide immer nur gut gemeint, wie sie glaubhaft versicherten. Das haben sie mit vielen Paaren in ähnlichen Situationen gemein.

Sie haben es zwar gut gemeint, aber in Wahrheit nie ihr eigenes Leben im Auge gehabt, sondern immer auf den Sohn und dessen Zukunft projiziert. Als dieser ihnen nun diesen Projektionsschirm – in guter Absicht – entzog, brachen ihre mangelnde Erfüllung und das eklatante Sinndefizit hervor.

Ihren angestammten Glauben hatten beide schon seit Jahrzehnten nicht mehr ernst genommen. Die Krisen der Kirche gaben sogar Anlass, sich abzuseilen und die Kirchensteuer einzusparen, um schneller das Haus abzuzahlen. Ein anderer Glaube oder eine Lebensphilosophie hatte sich ihnen nicht eröffnet. Das Ergebnis war seelische Leere auf der ganzen Linie.

Die Mutter warf dem Sohn Undankbarkeit vor und konnte ihre Enttäuschung, dass er keine Frau nahm und Anstalten machte, Kinder in die Welt zu setzen, nicht verhehlen. Enkel hätten ihr möglicherweise erlaubt, so weiterzumachen wie bisher. Das ist zwar immer der einfachste Weg, aber oft nicht, was die Seele will und braucht.

Der Vater teilte mit vielen Heimwerkern das Problem, zu werken und zu werken, ohne das Werk je zu vollenden und es selbst genießen zu können. Obwohl er mit der normalen Arbeit eigentlich schon ausgelastet war, kam bei ihm im wahrsten Sinne des Wortes eine zweite Baustelle hinzu. Allein die daraus entstehende Drucksituation ist Burn-out-verdächtig.

Der wegen der guten gemeinsamen Sache entstehende Zeitmangel geht zulasten von Beziehung und Familie und unterminiert – oft unmerklich – die gemeinsame Lebensbasis. Trotzdem wird immer weitergebaut, damit die Illusion nur nicht ende, denn im Fertigwerden droht mit dem Wegfall dieses überwertig gewordenen Zieles dann oft Ernüchterung.

Selbst das Bauen um des Bauens willen könnte ein wundervoller spiritueller Ansatz sein: Tun als Symbol, Dienst an der Welt (Loka sangraha), absichtsloses Tun, Fruchtverzicht (Phala varja) und wie die spirituellen Spezialausdrücke des Ostens dafür auch heißen. Aber dazu ist Bewusstheit not-wendig. Wird sie ins Spiel dieses anstrengenden Lebens gebracht, ist jederzeit eine Wende zum Besseren möglich.

Falls das einzige Ziel aber der Bau des Eigenheims ist oder dessen ständige Verschönerung, wird dahinter oft Ablenkung von der Sinn- und Hoffnungslosigkeit des eigenen Lebens stecken. Solche Rationalisierungen brechen spätestens bei der Fertigstellung oder nach der Abzahlung der letzten Rate zusammen. Daher werden entsprechend Meilensteine in der Lebensgeschichte, die eine Bilanz nach sich ziehen könnten, – unbewusst – oft lange hinausgeschoben. Wenn schließlich doch ein Schlusspunkt erreicht ist, wird dies vielfach zu einem Auslöser von Entwicklungen, die im Seeleninfarkt enden.

Nun spricht natürlich nichts gegen Hausbau an sich. Wird er aber zum beherrschenden Lebensinhalt über Jahrzehnte, was wegen der heute üblichen Abzahlungsmodalitäten leicht passieren kann, droht die Gefahr der Überwertigkeit, etwa wenn Häuslebauer über 20 und 30 Jahre sich ihr Haus vielleicht nicht vom Mund, aber vom Leben absparen. Sobald sie es bewusst für die nächste Generation tun, kann diese Art von Lebenssinn von den Jungen jederzeit ausgelöscht werden, wie der geschilderte Fall illustriert.

Heute rutschen Häuslebauer immer häufiger über Burn- und Bore-out in den Seeleninfarkt, wenn sie ihres Lebensinhalts durch Fertigstellung oder Abzahlung verlustig gegangen sind und das Leben im eigenen Haus nicht genießen können. Diese Gefahr wächst entsprechend der Zeit, in der sie sich für dieses Ziel *krummgelegt* und *verbogen* hatten. Die Ruhe nach dem Sturm wird dann leicht zum Desaster statt zur Erholungs- und Regenerationszeit. Wenn sie sich plötzlich ohne Inhalt und Ziel wiederfinden, tendieren sie zu Burn-out oder Depression und leider nicht zu Freude und Stolz. Sobald dann noch ein Erwachen für den deprimierenden Zustand ihrer Partnerschaft hinzukommt, der über die gemeinsame Arbeit und Anstrengung ebenso kaschiert wurde wie der Mangel an Lebensinhalt, kommt es gar nicht so selten im Ernüchterungsstress zur Scheidung. Das über die Jahrzehnte drei- bis vierfach bezahlte Haus geht dann zum einfachen Preis an die Bank zurück oder wird unter Wert versteigert, und die beiden versinken im Seeleninfarkt.

Natürlich werden solche Krankengeschichten durch außergewöhnlich lange Tilgungszeiten gefördert, die sich viele im wahrsten Sinne des Wortes antun (lassen). In Wirklichkeit ist das Haus natürlich rasch fertig, aber es gehört der Bank, und die Bewohner bleiben eigentlich deren Mieter. Die Miete wird lediglich in Form von Zinszahlungen geleistet, die oft noch über den üblichen Mietpreisen liegen. Das genau wollten die Bauherren eigentlich vermeiden und versuchen nun alles Mögliche, um aus der Falle herauszukommen. Die Bank nutzt diese Situation aber, um sie möglichst lange in der Falle zu halten, denn je länger sie abzahlen, desto teurer wird das Haus und desto höher der Bankgewinn. Sie dienen dann jahrzehntelang der Bank und ihrem Traum von Eigentum und Unabhängigkeit von Miete. Wird das Ziel erreicht, ist die Ent-täuschung häufig groß, weil es als Lebensziel in keinem Fall tragfähig war.

Mangel an sinnstiftenden Instanzen

Eigentlich ist der Sinn des Hausbaus natürlich, das Eigenheim rasch fertigzustellen und abzuzahlen, das Ziel vom Kinderkriegen, dass diese erwachsen werden und ausziehen, die Perspektive der Arbeit, dass sie fertig wird und in der Pension endet und durch diese belohnt wird. In modernen religions- und philosophiefreien Zeiten ohne weiteren und vor allem darüber hinausgehenden tragfähigen Lebenssinn besteht die Gefahr, dass *sie* zuerst das Leere-Nest-Syndrom ereilt und ein paar Jahre später *ihn* die Rentendepression oder der Pensionsschock – falls sie nicht dazwischen noch beide zusammen ein Häuslebauer-Syndrom entwickelt haben. Die andere deprimierende Variante ist die Entwicklung von Krankheitsbildern wie Krebs oder

Bore-out bis zur Depression, je nach Disposition, wenn *sie* allein im Haus zurückbleibt, weil *er* schon vorausgegangen ist. Hier fehlt offensichtlich modernen Menschen gegen Lebensende etwas Grundlegendes, das unsere Vorfahren noch hatten.

Arbeit, Partnerschaft, Familie und Hausbau können zwar lange und auch wirksam tragen oder besser gesagt ablenken vom Eigentlichen und so die Entwicklung von Seeleninfarkten aufschieben. Die beschriebenen Gefahren moderner Depressionsformen machen aber das aufgeschobene und dadurch später ins Leben tretende Dilemma nur noch deutlicher. Es reicht eben nicht, gute Arbeit zu haben und damit gutes Geld zu verdienen. Und es reicht auch nicht, für die Familie zu leben und zu sorgen und ihr ein schönes Nest zu bauen. Es braucht mehr, um ein erfülltes Leben zu leben; offenbar ist eine wesentlich tiefer gehende Sinnsuche mit viel längerer Perspektive gefragt. Die hier als Anlass für Seeleninfarkte angeführten Defizite in wichtigen Lebensthemen zeigen, wie leer das Leben der Betroffenen in der Tiefe immer war, wie inhalts- und sinnlos, ohne Hoffnung und Aussicht für sie selbst.

Nun sind diese Depressionsformen relativ neu. Das wirft die Frage auf, was in unserer Gesellschaft anders geworden ist. Wenn ich die letzten 30 Jahre betrachte, in denen ich als Arzt so viele Patienten und Kursteilnehmer sah, ist für mich das Neue an der Situation, und die logischste Erklärung, die ungeheure Zunahme von Druck und Geschwindigkeit in der Gesellschaft; sie lässt alles Inhaltliche zu kurz kommen. Ein weiterer Faktor ist die immer schlechter, weil industrieller werdende Ernährung.

Diese Veränderungen spiegeln sich nicht nur in den schon beschriebenen Auswirkungen auf die Dauer und Qualität von Arbeitsverhältnissen und Partnerschaften wider, sondern auch im dramatischen Aufschwung der Computerisierung unserer Welt. Hinzu kommt der so wichtige, richtige und überfällige Aufstieg der Frauen aus einer jahrtausendewährenden Unterdrückung, der das bis dahin bestehende ungerechte Kräfteverhältnis verändert hat. Parallel dazu ergab sich der beeindruckende Niedergang der beiden großen christlichen Kirchen. Diese verabschieden sich in einem Ausmaß aus der ehemals so bedeutungsvollen Rolle, dass die fast ebenso rasch wachsende spirituelle Szene das entstandene Vakuum nicht annähernd füllen kann. So ist es wohl vor allem der Krise der christlichen Kirchen geschuldet, die zunehmend als Sinnstifter versagen, wenn heute so viele Menschen ins Bodenlose fallen und Seeleninfarkte erleiden.

Die evangelische Kirche kann ihre Gläubigen schon länger nicht mehr halten, spätestens seit ihre Rolle als politisches Sammelbecken der Unzufriedenen in der DDR vorüber ist, wo sie die Menschen gegen das Regime mobilisierte. Für eine tiefe Sinnstiftung im christlichen Sinn reicht es dagegen offenbar nicht. Es ist wohl auch kein Zufall, dass Deutschland inzwischen politisch fest in den Händen ehemaliger DDR-Pastoren oder deren Kindern ist, die sicher christliche Werte transportieren. Aber ein die Menschen in ihrem tiefsten Innern ansprechender und berührender Glaube ist doch etwas anderes. Diese »evangelische Politik« bietet viel zu wenig religiöse Tiefe, die für Menschen zum Lebensinhalt werden könnte.

Die katholische Kirche ist das späte Opfer eines langen Macht- und Sexualverdrängungsschattens geworden. Sie hat sich nach Kreuzzügen und Inquisition in geradezu absurden und zutiefst unchristlichen Missbrauchsskandalen verfangen und demonstriert ihre Unfähigkeit und, schlimmer noch, Unwilligkeit, aus diesen wiederkehrenden Skandalen der Vergangenheit und Gegenwart zu lernen. Vom eigenen Schatten in dramatischer Weise eingeholt, macht sie nicht die geringsten Anstalten zur Vergangenheitsbewältigung durch Schattenintegration, die allein ihre Glaubwürdigkeit wiederherstellen könnte. Aus dem Zusammentreffen all dieser Tendenzen ergibt sich eine Erklärung für die heutige Situation mit immer dramatischer werdenden Zahlen von Seeleninfarkten.

Die Tatsache, dass Beziehungen und Familien so in Mitleidenschaft gezogen sind, hat sicher auch damit zu tun, dass sich Frauen mehrheitlich nicht mehr so viel gefallen lassen. Moderne Frauen sind kaum mehr bereit, sich erstens durch Kinder und Familienzwänge um jeden Preis zu binden und zweitens alle entstehenden gesellschaftlichen Probleme auf sich zu nehmen und auszubaden. Auch wenn das nicht gern gehört wird, scheitern die meisten Ehen heute, weil Frauen sich nicht mehr dazu hergeben, vieles aufzufangen und auszugleichen. Der Schatten der Emanzipation zeigt sich in Ehen, die unsicherer, und Familien, die instabiler werden. Ehen scheitern natürlich immer an beiden Partnern, aber rein äußerlich heute vor allem an Frauen, die mit Zweidrittelmehrheit, nach manchen Untersuchungen sogar Dreiviertelmehrheit, die Scheidung einreichen. Studien belegen, dass selbst die Gewalt zwischen Frauen und Männern, früher ein rein männliches Monopol, heute mindestens ausgeglichen ist.[27]

Die Suche nach Halt

In Deutschland bekennen sich inzwischen schon deutlich mehr Menschen (28 Millionen) zur Bekenntnislosigkeit als zu einer der beiden Großkirchen (je 25 Millionen). Wenn die eigene angestammte Religion nicht länger trägt und keinen Sinn mehr stiften kann, was bleibt modernen Menschen stattdessen zur Sinnfindung?

Tatsache ist, dass heute weder die Kirchen noch die Familien wie früher üblich als Stabilisatoren fungieren und dass die vorübergehend zum vorrangigen Lebenssinn erkorene Arbeit jetzt gerade vom Erfolg abgelöst wird. In dieser Situation ist ein tieferer, über dieses Leben hinaus weisender Sinn als entscheidendes Bollwerk gegen Seeleninfarkte vonnöten. Die geradezu verzweifelte Sinnsuche, die immer mehr Menschen bei uns umtreibt und die sich längst auf andere Religionen ausweitet, ist unübersehbar, wobei durchaus selbst bei alten Traditionen wie dem Schamanismus Zuflucht genommen wird. All dies bewirkt ein weiteres rasches Anwachsen der spirituellen Szene, denn auch moderne Menschen suchen händeringend nach Sinn für ihr Leben.

Die meisten Sinnsucher bekommen aber offenbar aus diesen Quellen (noch) nicht genug Bedeutung und Tiefe, nicht jenen Lebenssinn, um ihr Leben bis zum Ende trotz Hindernissen und Stolpersteinen durchzustehen. Die Esoterikszene bietet zwar von allem etwas, aber genau das ist auch ihr Problem. Vielen Angeboten fehlen Tiefe und Verbindlichkeit; sie vermitteln nicht die Notwendigkeit völliger Hingabe und tiefer Inbrunst wie Religionen in ihren vitalen Anfangszeiten.

Wir wissen heute, dass tiefe Religiosität Depressionen praktisch vollständig verhindert. Und auch Burn- und Bore-out sind bei tiefre-

27 Siehe Björn T. Leimbach, *Männlichkeit leben. Die Stärkung des Maskulinen*, Ellert & Richter, 3. Aufl. 2010, der sich damit beschäftigt, dass heute vieles anders ist zwischen Frauen und Männern.

ligiösen Menschen so gut wie nicht anzutreffen. In weitgehend intakt gebliebenen traditionellen Religionsgemeinschaften archaischer Völker sind sie völlig unbekannt, was selbstverständlich auch mit deren in der Regel ganz anderer Lebensgeschwindigkeit zusammenhängt. Wo Hochreligionen wie die tibetische oder die hinduistische auf Bali ganze Kulturen verbindlich zusammenhalten, wo der Glaube noch tief in den Menschen wurzelt und sie ihm bedingungslos und voller Inbrunst folgen, sind Seeleninfarkte und die entsprechenden Vorstufen ebenfalls kaum bekannt und stellen keinerlei gesellschaftliches Problem dar.

Der tiefste Sinn des Lebens ist offenbar, sich lebenslang auf ein höheres religiöses, spirituelles Ziel hinzubewegen, so wie es die altehrwürdige Tradition des Hinduismus beschreibt. Demnach teilt sich ein ideales Leben von 84 Jahren in vier Abschnitte von je 21 Jahren. Der erste dient dem Aufwachsen und Lernen, der zweite dem Gründen einer Familie und dem Aufbau eines Hofes oder einer Firma, der dritte deren Konsolidierung und Stabilisierung, sodass sie zurückgelassen werden kann, und der vierte, beginnend mit 63 Jahren, ist der spirituellen Suche und Erfüllung vorbehalten. Der Mensch sollte sich dann, von allem anderen gelöst, auf die Wanderschaft in die heilige Stadt Varanasi begeben. Als weltliche Aufgabe hat er nur noch für genug Brennholz am Lebensende zu sorgen, um den ausgedienten Leib einäschern zu lassen. Natürlich waren Seeleninfarkte in dieser klassischen indischen Gesellschaft unbekannt; im modernen Indien mit westlichem Lebensstil sind bezeichnenderweise Burn-out-Symptome ebenfalls auf dem Vormarsch. Sie sind offensichtlich ein Tribut an die moderne Lebensform, der es an religiöser Tiefe und letztem Sinn fehlt.

Religion, die von Herzen kommt, zu Herzen geht und dort berührt und mit einer spirituellen Lebensperspektive verbunden ist, gilt demnach als ein wirklich (das ganze Leben) umfassender Schutz vor Burn-out und Depression und damit Seeleninfarkt. Hier liegt also der sicherste Weg, nicht auszubrennen und sich nicht restlos zu verausgaben, aber eben doch mit brennendem Herzen auf dem Weg zum Gott der Einheit und zu sich selbst zu sein. Größtes Engagement, ja Inbrunst und völlige Hingabe können nicht so völlig erschöpfen, dass es zum Seeleninfarkt kommt.

Wer erlebt hat, wie Anhänger des Vajrayana-Buddhismus den heiligen Berg Kailash umrunden, indem sie sich bei jedem Schritt niederwerfen, müsste sie in großer Erschöpfungs- und letztlich Burn-out-Gefahr sehen. Sie sind zwar am Ende jedes Tages erschöpft, aber nicht ausgebrannt, denn ihr inneres Feuer speist sich aus einer unerschöpflichen Quelle, die nicht von dieser Welt ist. Ähnliches ließe sich über schiitische Pilger denken, die kilometerweit auf den Knien zum Grabe Alis rutschen. Nur sind das religiöse Ausdrucksformen, an denen wir zwar das heilsame Wesen solcher Hingabe und Inbrunst erkennen können, die uns aber praktisch nicht weiterhelfen. Sie kommen offenbar für moderne westliche Menschen nicht infrage und entsprechen auch in keiner Weise unserem aufgeklärten Bewusstsein.

Was also bleibt uns, die wir ohne Seeleninfarkt mit spiritueller Sehnsucht im Herzen in dieser Welt der Moderne unterwegs sind? Für desillusionierte Menschen unserer Gesellschaft, die ihre Kirche zumindest innerlich verlassen haben oder sich von ihr verlassen fühlen, gibt es heute eine Fülle von Angeboten in der spirituellen Szene, und sie können auch Zuflucht nehmen zu ihrer eigenen Tradition außerhalb der Kirchen. Heute stehen uns praktisch alle Religionen offen. Diese breite Palette an Möglichkeiten macht es jedoch keineswegs leichter. Viele tauchen in die Esoterikszene ein; andere versuchen, in Religionen ferner Kulturen Fuß zu fassen, die sich noch lebendiger, wenn auch seelisch fremd anfühlen. Das allein könnte das Bedürfnis, die Sehnsucht und, im Hinblick auf den Seeleninfarkt, auch die Notwendigkeit zeigen, sich spirituell zu verwurzeln. Was uns offenbar fehlt, ist ein einladender und gangbarer Weg für moderne aufgeklärte, gebildete Menschen zu einer Religiosität, für die sie Feuer und Flamme sein könnten und die ihre Herzen entflammen könnte.

Auch jene modernen Menschen, die in der Rubrik Bekenntnis nichts mehr ankreuzen, haben die Sehnsucht nach tieferem Sinn und brauchen eine über dieses Leben hinaus weisende Perspektive – schon allein um Seeleninfarkte zu vermeiden. Doch in der Politik werden sie ebenfalls keine sinnstiftende moralische Instanz mehr finden. Politiker mit Vorbildcharakter wie Mahatma Gandhi, Václav Havel, Nelson Mandela, Winston Churchill, Franklin D. Roosevelt oder Willy Brandt, die wie Leuchttürme aus der Brandung des alltäglichen Krisenszenarios ragten, sind selten geworden. Nach Markus Väth[28] vertrauen in Europa nur noch 13 Prozent der Menschen

28 Markus Väth, a. a. O., S. 86ff.

ihren Politikern. Schlechtere Werte als Politiker erreichen nur noch Manager. Der Verfall dieser früheren moralischen Instanzen spiegelt sich von den hohen Ebenen der Bischofskonferenzen, Regierungs- und Vorstandsetagen bis hinunter in das Dorfmilieu wider. Waren früher Pfarrer, Doktor und Lehrer das verlässliche Triumvirat der ländlichen Gemeinde, haben die Priester mittlerweile ihren Ruf in den Missbrauchsskandalen verloren; Ärzte sind mehrheitlich zu Schulmedizinern und Handlangern des Pharmakartells geworden; Lehrer schließlich bezahlen wir so schlecht, dass nicht einmal Kinder sie mehr wertschätzen können.

Der angedeutete Verfall der moralisch-ethischen Instanzen, an die man sich früher halten konnte, zeigt die verbreitete Haltlosigkeit und Ungehaltenheit. Menschen suchen Vorbilder mit innerer Haltung und verabscheuen äußere Bestechlichkeit, weil sie das eine selbst anstreben und das andere meist nur zu gut von sich kennen. Das ist Ausdruck des Schattenprinzips.

Diese Entwicklung fördert Resignation und Hoffnungslosigkeit auf der einen und Wutbürger auf der anderen Seite. Letztere suchen immerhin noch nach Schuldigen und lassen projizierend ihre Energie in Form von Wut heraus, Erstere sind dagegen noch stärker Seeleninfarkt-gefährdet.

Eine persönliche Lebensphilosophie und Spiritualität

Damit wird Sinnfindung zur entscheidenden Therapie. Und sie beschäftigt auch jene Zeitgenossen, die sich meilenweit von Religion entfernt haben. Oft ist für moderne Menschen die Sinnfrage schon so weit in die Ferne gerückt wie die des Glaubens. Miriam Meckel beschreibt die typische Situation aus ihrer Sicht einer klugen, philosophisch gebildeten Intellektuellen mit großer Distanz zur Religion: »Im Alltag nach dem Sinn des Lebens zu fragen, ist etwa so passend und mutig, wie im Schlafanzug zu einem Empfang des Bundespräsidenten zu gehen. Der Blick auf das Große und Ganze spielt in unserer Alltagswelt selten eine Rolle. Wir funktionieren.« Bezogen auf sich selbst, schreibt sie: »Dabei scheitern wir meistens schon daran, die Fragen (nach dem Sinn des Lebens) richtig zu stellen. Ich habe früher nie das Empfinden oder Bedürfnis gehabt, nach Antworten auf diese Frage zu suchen. Ich habe sie mir nicht gestellt. Wahrscheinlich war es eher so, dass ich mir gar keine Zeit gelassen habe zu merken, dass es richtig und wichtig wäre, sie zu stellen.«[29] Wenn es versäumt wird, die Frage nach dem Sinn zu stellen, droht jedenfalls der Seeleninfarkt.

Wie wir gesehen haben, können Kinder dem Leben ihrer Eltern nur Sinn (ver-)leihen, bis sie flügge sind. Wenn sie danach noch bleiben, beginnt der Unsinn. Arbeit kann immerhin bis zur Pension Sinn vermitteln. Auch eine sinnstiftende Partnerschaft ist endlich, Religion und spirituelle Suche nach Befreiung können jedoch über den Tod hinaus tragen und die Seele nähren. Insofern sind sie die beste Antwort und liefern zugleich die wirksamste Therapie bezüglich Sinnkrisen wie Burn- und Bore-out. In dieser heil-losen Zeit könnten wir uns bewusstmachen, dass überall dort, wo Religion als Stifterin des Lebenssinns zugunsten von Erfolg und Fun, Geld und Geltungssucht abdanken musste, sich alsbald die Gefahr von Seeleninfarkten abzeichnete.

Religion enthält den lateinischen Wortstamm *re-ligio*, der sich mit Rück-bindung übersetzen lässt. Diese Rückbindung zur eigenen Quelle oder Herkunft fehlt modernen Menschen auf der ganzen Linie. Vielfach haben sie weder einen Draht zu ihren Ahnen noch zu ihrem Schöpfer. Bedürfnis und Notwendigkeit zu dieser Rückbindung bleiben aber unbewusst unvermindert erhalten. In Reinkarnationstherapien und Familienaufstellungen versuchen immer mehr Menschen, so etwas wie Rückendeckung zurückzugewinnen und sich mit ihren Wurzeln auszusöhnen, um freier zu werden für das Hier und Jetzt. Denn nur wenn wir einerseits diese Rückbindung zurückgewinnen und uns andererseits von den unbewussten Bindungen der Vergangenheit lösen, können wir den Augenblick vorbehaltlos genießen.

Dazu wäre es obendrein wundervoll, die bewusste Verbindung zu den Eltern, Groß- und Urgroßeltern zurückzugewinnen und vor allem die zum Schöpfer, zu dem man jederzeit Zuflucht nehmen könnte. Buddhisten nehmen Zuflucht beim Dharma, ihrer Lehre, modernen Menschen fehlt oft jede Zufluchtsmöglichkeit.

Religiöse Inbrunst, ein Wort, das heute geradezu altmodisch klingt, könnte nicht nur Lebenssinn, sondern auch ein Gefühl von

29 Miriam Meckel, a. a. O, S. 88f.

Geborgenheit und Sicherheit vermitteln, das Urvertrauen nahekommt. Wer zudem weiß, dass es keinen Weg gibt, aus Gottes Schöpfung zu fallen, ist sich einerseits der eigenen begrenzten Macht bewusst, was zu heilsamer Demut führt, andererseits ergeben sich daraus starke Zuversicht und Hoffnung.

Nun ist Religion natürlich nicht zu verordnen, schon gar nicht ärztlicherseits als Therapie. Wer den Zugang zur eigenen angestammten Religion verloren hat, findet oft leichter neuen begeisterten Zugang über eine andere Tradition, als zum alten Glauben zurückzukommen. Das ist wohl ähnlich wie bei Partnerschaften, wo es sehr schwer fällt, eine alte Beziehung wiederzubeleben, aber man sich gern voll Begeisterung neu verliebt. Dabei wäre es für die eigene Entwicklung meist sinnvoller, altes abzuschließen, statt ständig neue Fäden aufzunehmen.

Die spirituelle Szene des Westens speist sich aus Menschen, die den Anschluss zu den christlichen Kirchen verloren haben. Sie entwickeln Probleme mit christlichen Ritualen und dem entsprechenden Gedankengut. Manchmal finden sie diesen Zugang erst am Ende einer oft lebenslangen Suche wieder. Und auch das meist nur, wenn sie erkennen, wie es immer und überall um dieselbe Essenz geht. Diese ist das ursprüngliche Anliegen der Esoterik. Aus eigener Erfahrung bin ich heute dankbar, dass mir ein Zen-Mönch auf meinen Wunsch, Buddhist zu werden, sagte: »Spar dir die Zeit, und meditiere!«

Im Laufe einer langen Suche habe ich vieles in der Ferne entdeckt, nur um später erstaunt festzustellen, wie viel näher mir doch die eigene christliche Tradition war. Im indischen Ashram oder bei Indianern im Amazonas zu fasten war interessant, aber im christlichen Rahmen mit wirklich sauberem Wasser ist es noch deutlich besser. Und je länger ich faste, desto lieber gewinne ich die meiner Seele vertrauteren inneren Bilder der eigenen Kultur – und die gewohnte Hygiene als Zugabe.

Einen Heiligen, der mich so berührte wie Franz von Assisi, fand ich in keiner anderen Kultur mehr. Natürlich mutet das franziskanische Christentum mit seinem großen Respekt vor allen fühlenden Wesen ziemlich buddhistisch an, oder ist der Buddhismus ziemlich franziskanisch?

Der Weg zurück zu den eigenen Wurzeln im familiären wie religiösen Sinn ist heilsam, aber selbst in der spirituellen Szene – was die Religion angeht – noch wenig populär. Dabei wäre er keineswegs auf die Institutionen mit all ihren selbst erfundenen und unnötigen Problemen angewiesen. Kaum versuchen wir beispielsweise, einem Fastenkurs einen christlichen Ritualrahmen zu geben, begegnen wir Widerständen. Entscheiden wir uns dagegen für ein schamanisches, buddhistisches oder hinduistisches Ritual, machen alle mit. Erst am Ende wähle ich gern christliche Musik für eine Sitzung mit dem verbundenen Atem, und dabei zeigt sich, wie viel mehr Resonanz diese in westlichen Menschen auslöst und wie viel tiefer sie dringt und berührt. Solche Beispiele mögen unsere moderne Verunsicherung in religiösen Angelegenheiten offenbaren und Auswege andeuten.

In Bezug auf die angestammte Religion gibt es also nur die Möglichkeiten, sie sich zu erhalten, was heute immer weniger gelingt, oder die viel schwierigere, später zu ihr zurückzufinden oder sich ganz neu zu orientieren. Diesbezüglich haben wir es heute hierzulande schwerer als diejenigen, die von allem Anfang an eingebunden in ihre religiöse Tradition aufwachsen und dabei bleiben können, etwa die Menschen archaischer Völker oder auch der in Hochkulturen wie denen des Hinduismus oder Buddhismus.

Meinen Bezug zu Zen bekam ich weniger durch japanische Roshis, von denen ich vor allem gelesen habe, als durch christliche (Zen-)Meister wie Hugo Enomiya-Lassalle und Niklaus Brantschen, beide Jesuiten, die uns Zen vorlebten und dabei durchaus bekennende Christen blieben. Mit über 60 bin ich heute froh, ihrem Weg gefolgt zu sein, wird mir doch die eigene Tradition wieder wichtiger und der Kontakt zu ihr tiefer.

Andererseits sind aus meiner Sicht die buddhistische Tradition und Philosophie besonders geeignet, um in Ermangelung eigener Möglichkeiten »Zuflucht« bei ihren Exerzitien zu suchen. Sie deklariert sich gar nicht als Religion, sondern als Philosophie, was wörtlich Liebe zur Weisheit meint. In der Zen-Tradition geht es dabei fast ausschließlich um die Erfahrung, die tägliche Einübung von Achtsamkeit mit dem Ziel, in das Sein einzutauchen. Dadurch kommen hier gleich zwei wesentliche zentrale Aspekte im Hinblick auf den Seeleninfarkt zusammen: erstens die zur Befreiung führende Lebenskunst, die durchaus als Lebensphilosophie die Rolle der Religion einnehmen kann, und zweitens die dadurch gegebene Chance, möglichst oft in den Augenblick einzutauchen oder das jedenfalls mit Hingabe und ständig sich erneuerndem Engagement zu üben. In dieser Hinsicht halte ich die Zen-Meditation im Sinne des Za-Zen, des Sitzens in Achtsamkeit, sowohl für eine wundervolle Therapie des sich anbahnenden Seeleninfarkts als auch für seine ideale Vorbeugung – insbesondere für moderne Menschen.

Drei Begebenheiten aus meinem eigenen Leben mögen meine Vorliebe für diese Therapie und Lebenseinstellung verdeutlichen: erstens die schon erwähnte Ernüchterung durch den Mönch, der mich auf das Wesentliche hinwies und mich dazu aufforderte, einfach nur zu meditieren. Sie erdete mich augenblicklich und verletzte meine Eitelkeit und mein Ego heilsam und nachhaltig.

Als ich zum anderen als Mitglied der Friedensuniversität einen interreligiösen Gottesdienst in Wien mitorganisiert hatte, stellte ich bestürzt fest, wie langweilig das Ergebnis ausfiel. Eigentlich beeindruckten und berührten mich von den vielen kurzen Vorstellungen verschiedener Religionen nur zwei. Die meisten Vertreter kamen in ihrem typischen eindrucksvollen Ornat und trugen kurze Stücke aus ihrer jeweiligen Liturgie oder Heiligen Schrift vor. Das wurde ehrlich gesagt in der zweiten Stunde recht ermüdend – bis Sogyal Rinpoche für den Vajrayana-Buddhismus auftrat und sich sogleich beim Wort »interreligiöser Gottesdienst« verhaspelte, was ihn selbst zum Lachen brachte. Bei jedem weiteren Versuch musste er noch mehr lachen, und als er nach einigen Minuten äußerst ansteckenden Gelächters aufgab und lachend verkündete, das sei der Beitrag des Vajrayana-Buddhismus gewesen, lachte schließlich die ganze große Kirche. Nur der Vertreter des Zen-Buddhismus beeindruckte mich noch mehr. Im normalen Straßenanzug folgte er auf einen prächtig gewandeten Religionsvertreter und sagte schlicht, der Zen-Buddhismus kenne kein Heiliges Buch, aber alles sei heilig, verbeugte sich und verschwand.

Die dritte Erfahrung, die mich persönlich vom Buddhismus als wundervolle Quelle von Exerzitien für westliche Menschen überzeugte, entstammt unserem eigenen Zen-Fastenkurs »Fasten – Schweigen – Meditieren«. Zusammen mit Nicolaus Klein halte ich ihn nun schon seit über 30 Jahren, und noch nie hat sich ein Vertreter des Buddhismus oder der Zen-Tradition darüber aufgeregt, daran Anstoß genommen oder auch nur Korrektur- oder Verbesserungsvorschläge gemacht, obwohl immer wieder Buddhisten teilnehmen und wir beide keine Zen-Meister sind. Verbesserungsvorschläge und Korrekturen mit erhobenem Zeigefinger kommen höchstens von religiös entwurzelten »Christen«, die sich in den Buddhismus »eingelesen« haben.

Ich finde es faszinierend, ohne äußeren Wirbel praktische Eigenerfahrung so hochzuhalten und einfach jeden einzuladen, sich das Feld der Zen-Meditation zunutze zu machen. Die Achtsamkeit aus der Meditation in den Alltag zu tragen ist eine wundervolle Chance – nicht nur, aber besonders auch für Seeleninfarktkandidaten. Jeder Moment bietet die Chance, in ihn einzutauchen, gleichgültig, was man gerade macht oder erlebt. Schon die empfohlene Methode beim Za-Zen, die Sitzmeditation, spiegelt diese Einfachheit wider: lediglich den Atem beobachten – gleich-gültig, ob im Innern der Nase oder im Heben und Senken der Brust oder der Bauchdecke oder wo auch immer.

Natürlich gibt es auch andere Traditionen, die hilfreich sein können und entsprechend nützliche Übungen und Meditationen bieten. Sobald sie den Moment des Hier und Jetzt als Ziel haben und ihre Anhänger innerlich berühren und auf dem Weg zur Befreiung motivieren, können sie bezüglich der Vorbeugung und Behandlung von Seeleninfarkt hilfreich sein. Selbstverständlich gilt das auch grundsätzlich für das Christentum, wenn es etwa das Rosenkranzgebet neuerlich als bewährte Form anbieten würde, in den Augenblick des Hier und Jetzt einzutauchen. Die Theorie dazu böte die Bibel nicht nur im Gleichnis von den Vögeln, die weder säen noch ernten und doch leben.

Jede Erfahrung der Einheit ist eine enorme Chance und ein Schritt zur religiösen Vertiefung. Wer Gott nicht mehr in personifizierter Form oder in Kirchen – weder Gebäuden noch Institutionen – sucht, sondern in sich selbst, kommt der Lösung und Befreiung näher. Und er ist in Übereinstimmung mit allen Traditionen, auch der eigenen, da Christus ausdrücklich sagt, das Himmelreich Gottes sei in uns. Wenn wir erleben – was Buddhismus und Hinduismus nur anders formulieren –, dass es keine Trennung zwischen Gott und Mensch, ja nicht einmal zwischen Gott und Schöpfung gibt, kommen wir der Essenz aller Religion nahe. Das schwingt im hinduistischen *»tat twam asi«*, das so viel meint wie »Ich bin das« – und das und alles, was immer ich sehe. Es ist dem christlichen »Liebe deinen Nächsten wie dich selbst« so nahe. Die Einheit kann nur erlebt werden; Beschreibungen können das niemals leisten. So wenig, wie das Bild einer Gottheit die Erfahrung der Einheit ersetzen kann, können ein persönliches Bild oder eine Figur, die die Einheit verkörpern, diese ersetzen. Und doch können uns wundervolle Buddha- oder Christusstatuen an das ständige Gebot vollkommener Achtsamkeit und umfassender Liebe erinnern.

Wenn das Leben sein Ziel im dauerhaften Erreichen von Einheitsbewusstsein findet, sind wir in Sicherheit. Mit dem Verwirklichen dieses Zieles lösen sich sowieso alle Probleme und Gefahren im wahrsten Sinne des Wortes in Wohlgefallen auf. Im anderen Fall bleibt das Ziel erhalten – ob wir es Erlösung oder Befreiung, Nirwana oder Himmelreich Gottes nennen. Sich auf diesem Weg zu wissen und mit Erfahrungen der (Nähe der) Einheit beschenken zu lassen setzt eine wundervolle Energie frei.

Die Chance der Neube*sinn*ung

Das Kennenlernen lebendiger religiöser Kulturen oder auch das vielfältige Angebot der spirituellen Szene ist hilfreich, weil es die wesensmäßige Gemeinsamkeit so vieler spiritueller Ansätze zur Befreiung vermitteln kann. Befreiung ist natürlich immer die Lösung, wenn man schon in die Falle geraten ist, und die Suche nach ihr auch eine Chance, gar nicht erst in weitere Fallen zu tappen. Mit Sicherheit ist das besser, als sich das Leben in der Falle etwas bequemer und weniger bedrückend zu gestalten. Letzteres schlagen Schulmediziner vor, die nach dem Seeleninfarkt raten, in derselben Situation zu bleiben und lediglich durch weniger Arbeit und mehr Pausen den Druck zu reduzieren und die eigene Stressresistenz zu verbessern.

Gerade unsere religiöse Entwurzelung bietet uns auch eine große Chance, die wir den in feste Traditionen eingebundenen Menschen voraushaben. Wir könnten – unsere Individualität bewahrend und ohne alle Hörigkeit zu nicht hinterfragten religiösen Autoritäten – die Essenz in aller Religion entdecken und daraus unseren ganz individuellen Weg zur Einheit entwickeln. In seiner Erzählung *Siddharta* lässt Hermann Hesse diese Möglichkeit anklingen. Hier trägt der dornenreiche individuelle Weg den Helden zur Verwirklichung, während die treue Gefolgschaft in der buddhistischen Gemeinschaft seinen Freund nur an die Schwelle bringt. Das ist wohl auch der Grund, weshalb der Buddha von seinen Schülern fordert, ihn zu »erschlagen«, wenn er ihnen in der Meditation erscheinen sollte.

Die gemeinsame Essenz zu finden war letztlich die Idee des inneren Kreises *(esoteros)* der antiken pythagoreischen Schule. Der äußere Kreis *(esoteros)* beschäftigte sich dagegen mit der äußeren Welt. Damit haben wir ein gutes Modell der Differenzierung; es macht es einfach, zu erkennen, wie viel Gefahr droht, sich in der äußeren Welt zu verlieren und im Seeleninfarkt zu versinken, wenn wir uns nur noch um den äußeren Kreis kümmern. Im Laufe unserer westlichen Entwicklung ist genau das passiert. Das heißt, wir müssen zurückfinden zum inneren Kreis, wo es um das Wesen der Dinge und ihre Bedeutung geht.

Das habe ich in der Medizin mit den Krankheitsbilder-Deutungen in *Krankheit als Symbol* versucht. Es müsste aber auf allen Ebenen des Lebens geschehen. So wie der innere Kreis bei Pythagoras sich mit dem Wesen der Zahlen beschäftigte und nicht nur mit ihrem Wert, sollten wir die Qualität des Geldes wiederentdecken und die der Arbeit, der Partnerschaft und so weiter.

Wie könnte der Weg zu diesem inneren Kreis heute verlaufen, da die Erinnerung an die Schule des Pythagoras verblasst? Für viele führt er durch die spirituelle Szene. Sie riskieren die Ächtung durch den religiösen Mainstream und suchen ganz ernsthaft im »Supermarkt der Esoterik« nach Vollwertnahrung für ihre Seele. Und das ist nicht leicht, denn wir haben nie gelernt, spirituelle Angebote auf ihr Qualitätsniveau hin zu prüfen, und verfügen in der Regel über keinerlei »spirituelle Grundausbildung«. Die Versuch-und-Irrtum-Methode ist andererseits zeitaufwendig und gefährlich. Sie kann – im Verein mit jener Konsummentalität, die längst auch in der spirituellen Szene Einzug gehalten hat – zu einer spezifischen Form von Burn-out führen. Seminar-Hopping, bei dem kein Wochenende mehr frei bleibt und die Leute von einer (Erleuchtungs-)Hoffnung zur nächsten hetzen, kann in eine Art spirituelles Ausbrennen münden.

Außerdem ist auch die spirituelle Szene ihrerseits voller Fallstricke. Gerade weil die Befreiung das große Thema ist, tauchen Sekten auf, die nur darauf warten, ihren Mitgliedern neben der Verantwortung auch gleich allen materiellen Besitz abzunehmen, und sie in eine neue Art von Abhängigkeit und damit Falle locken. Wo Licht ist, gibt es immer auch Schatten. Aber die Existenz von Falschgeld widerlegt nicht die Idee echten Geldes, sondern bestätigt diese im Gegenteil. Insofern ist es wichtig, sich gut zu orientieren, also zu

»osten«, und dabei kann uns tatsächlich der Osten mit seinen vielfältigen Angeboten helfen.

Heute erscheint mir die Zeit reif, um im Sinne der *re-ligio*, der Rückverbindung, zu Pythagoras' Idee des inneren Kreises zurückzukehren. Die hermetische Philosophie bietet die Chance, die Essenz der Religionen und Traditionen in geradezu nüchterner und für westliche Menschen gut akzeptabler Weise zu lernen und als Lebensbasis zu entdecken. Im sogenannten *Corpus Hermeticum* waren sieben Gesetze verankert, die sich aber leicht auf vier reduzieren lassen und letztlich sogar auf die beiden wichtigsten: das Polaritäts- und das Resonanzgesetz, in dieser Reihenfolge nach ihrer Wichtigkeit. Sie fassen die Essenz aller großen Religionen in einfacher Weise zusammen und bieten so einen für moderne Menschen idealen Einstieg beziehungsweise eine Rückkehrmöglichkeit in ein religiöses Weltbild, das als Gegenpol zur polaren Welt der Gegensätze ganz natürlich auf die Einheit als Ziel hinausläuft.

Mittels dieser Schicksalsgesetze lässt sich auch das Leben oder Lila, das kosmische Spiel, besser verstehen und bewältigen. Das Verständnis der Gesetze und Spielregeln, des Schattenprinzips und der Ur- oder Lebensprinzipien, macht schließlich reif für den eigenen Weg zur spirituellen Berufung und Erfahrung der Einheit. Über häufiges Eintauchen in den Augenblick des Hier und Jetzt kommen wir ihr immer näher, und das Erlebnis der Einheit wird jeden auf vollkommen individuelle Art und Weise transformieren und zu einem tiefreligiösen Menschen machen, gleichgültig ob mit christlicher oder buddhistischer, jüdischer oder hinduistischer Nuance. Insofern mag an dieser Stelle eine Einführung in dieses Denken an Beispielen der Seeleninfarktthematik in doppelter Weise hilfreich sein.

Hermetische Philosophie als Basis und Hilfe

Die spirituelle Philosophie beruht auf drei Säulen: erstens den Lebens- oder Schicksalsgesetzen, zweitens dem Schattenprinzip und drittens den Ur- oder Lebensprinzipien. Sie bietet in meinen Augen die beste Chance, sowohl Seeleninfarkte zu vermeiden als auch sich aus ihnen wieder zu befreien. Die Basis meiner bisherigen Ausführungen zu Burn-out und Seeleninfarkt bildete bereits diese Philosophie, und ohne dass es vielleicht immer so deutlich zu bemerken war, sind wir dieser Philosophie auf dem Weg durch die polare Welt von Burn- und Bore-out schon ständig begegnet und werden es weiterhin tun. Da ich die Schicksalsgesetze, das Schattenprinzip und die Lebensprinzipien jeweils in eigenen Büchern beschrieben habe, hier nur eine kurze Zusammenfassung im Hinblick auf den Seeleninfarkt sowie Hinweise auf Audioprogramme, die das Ganze leichter in Fleisch und Blut übergehen lassen.[30] Wer diese Thematik längst kennt, ist natürlich eingeladen, die folgenden Kapitel zu überspringen.

Die Ordnung der Welt ergibt sich aus den **Lebens- oder Schicksalsgesetzen**, deren Kenntnis in idealer Weise ermöglicht, den eigenen Weg zu finden. Wer auf seinem ureigenen Weg unterwegs ist, genießt sicheren und nachhaltigen Schutz vor Seeleninfarkten. Die Schicksalsgesetze, die den Entwicklungsrahmen und damit unsere Wirklichkeit bestimmen, führen auf diesen Weg. Wenn wir mit den Schicksalsgesetzen und vor allem auch deren innerer Hierarchie vertraut sind, stehen wir wesentlich sicherer im Leben und kommen besser voran. Wir erkennen Sackgassen früher und wissen besser, wann es Zeit ist, umzukehren. Ent-täuschungen werden als – letztlich erstrebenswertes – Ende von Täuschungen durchschaubar. Einerseits sind wir besser vor ihnen gewappnet, und andererseits können wir besser damit umgehen und sie in Chancen wandeln.

In unserer Welt der Gegensätze stoßen wir zuerst auf die **Polarität.** Sie wird uns immer wieder mit der inhaltlichen Nähe scheinbarer Gegensätze konfrontieren, etwa wenn wir Bore-out als Gegenpol zu Burn-out erkennen. Man kann sich offensichtlich durch Überforderung zu Tode arbeiten; es ist aber auch möglich, sich durch Unterforderung zu Tode zu langweilen.

Das Gesetz der **Resonanz** erklärt dagegen, warum jeder Patient genau sein Symptombild entwickelt, zu dem er die entsprechende Affinität hat. Es ist also kein Zufall, sondern eine Resonanzfrage, ob man einen Herz- oder einen Seeleninfarkt bekommt. Die unterschiedliche Resonanz gilt es jeweils zu klären.

Wer das **Polaritätsgesetz** akzeptiert, durchschaut die Entwicklung zum Seeleninfarkt vom übermächtigen enthusiastischen Engagement des Anfangs über Burn-out-Anzeichen bis schließlich zum Absturz

30 Ausführlich dazu: Dahlke, *Die Schicksalsgesetze*, Dahlke, *Die Lebensprinzipien*, und Dahlke, *Das Schatten-Prinzip* (Literaturverzeichnis).

im Seeleninfarkt. Zuerst ist Überaktivität vorherrschend, und damit steht der männliche Macherpol ganz im Vordergrund. Dann folgt nach eingetretenem Seeleninfarkt der bis dahin verdrängte weibliche Pol in ausgesprochen unerlöster Form. Die Apathie ist ein Schatten der Ruhe, Lethargie der Schatten des Gleichmuts im Sinne des buddhistischen Uppekha.

Wer das **Schattenprinzip** kennt, kann diesen harten Weg durch die Extreme von vornherein vermeiden, indem er von Anfang an weibliche Elemente in erlöster Form wie Pausen und Regenerationszeiten für den Körper und vor allem für die Seele in sein Leben integriert. Ein Mittagsschlaf und besser noch eine Tiefenentspannung sind bereits dann wertvoll, wenn sie noch nicht not-wendig sind. Beide werden nicht nur den Herz-, sondern auch den Seeleninfarkt vermeiden helfen. Ersteres ist wissenschaftlich gesichert, Letzteres offensichtlich.

Wer sich über das Verständnis des Polaritätsgesetzes dem Schattenprinzip öffnet, kann so von Anfang an auch bewusst auf die Schattenseiten (s)eines Berufs und natürlich erst recht (s)eines Jobs und auch auf die (s)einer Partnerschaft und überhaupt jeder Beschäftigung achten.

In den Schattenseiten des Partners und in denen seiner Beschäftigung können wir die eigenen Schattenanteile erkennen und als unsere eigentlichen Schätze wahrnehmen, die es im Laufe des Lebens zu heben gilt. Wen seine Schattenanteile nicht mehr unerwartet heimsuchen oder geradezu überfallen und frustrieren, den kann ihre Annahme und Integration im Gegenteil enorm stärken.[31] So werden aus den Schwächen Stärken.

Wenn wir auf diese Weise den Schatten in unser Leben integrieren und die **Lebensprinzipien** darauf anwenden, sind wir besser vor Seeleninfarkten geschützt, weil wir weniger Fehler machen – und wenn doch, können wir sie rascher als solche erkennen und das Fehlende integrieren. Sobald das (Ur-)Prinzipielle daran erkannt, angenommen und auf eine entwickeltere Ebene transformiert wird, wandeln sich Fehler zu Chancen, vollständiger zu werden. Die Kenntnis des Schattenprinzips wird so zu einem generellen Schutz vor Krankheits-

31 In dem Buch *Das Schatten-Prinzip* (Literaturverzeichnis) ist ein dazu hilfreiches CD-Programm gleich mit enthalten.

bildern, weil diese immer Ausdruck des Unbewussten und damit des Schattens sind. Beim Seeleninfarkt sinkt zuerst der Genuss des Augenblicks in den Schatten, und man gerät in die Verzweiflung der Zeitnot. Und schließlich rutscht der Lebenssinn ins Schattenreich, und das Leben erscheint sinnlos.

Das **Resonanzgesetz** kann helfen, alles, was uns passiert, als nicht zufällig, sondern gesetzmäßig zugefallen zu durchschauen, also auch eine sich abzeichnende Burn-out-Gefahr. Wer in seiner eigenen Persönlichkeitsstruktur die Resonanz zu zeitlicher und energetischer Überforderung von sich und anderen erkennt, vermag damit bereits besser, weil achtsamer umzugehen. Dieser Selbstbezug über Resonanz erleichtert die Akzeptanz auch schwieriger und bedrohlicher Situationen und Gefahren. Auf der anderen Seite ermöglicht das Verständnis des Resonanzgesetzes auch, aktiv einzugreifen und neue Resonanzen zu schaffen, wie die zu Mittagsschlaf oder zu Regenerationspausen nach jeweils 90 Minuten – und sogar zu der Resonanz zum jeweiligen Augenblick als noch viel größerer Chance der Prophylaxe des Seeleninfarkts.

Bei Anerkennung der Oberhoheit des Polaritätsgesetzes ist es gefahrlos möglich, mit Resonanzen zu spielen, und es endet nicht in den typischen Sackgassen, in denen sich Positivdenker mit Affirmationsakrobaten und Wunschaposteln der Esoterikszene treffen.

Das **Gesetz des Anfangs** könnte helfen, den Morgen so zu gestalten, dass vor der Hektik des Arbeitstags eine ruhige Meditation in die eigene Mitte führt und den Augenblick im Hier und Jetzt berührt. Das **Pars-pro-toto-Gesetz** schließlich kann uns ermöglichen, nicht nur in jedem Beginn das Ganze zu sehen, sondern schon in jedem Teil. Wer die Kunst versteht, Formen zu deuten, wird so viel rascher an Inhalte kommen. Wie die Genetik in jeder Zelle die Information für den ganzen Menschen findet, lässt sich in Händen und Füßen die *Sprache der Seele* erkennen und herauslesen, wie jemand sein Leben in den Griff nimmt, wie er zu- und anpackt oder wie er dasteht, welcher Art seine Wurzeln sind.

Achtsamkeit für die Ur- oder Lebensprinzipien

Das Ideal eines rundum zufriedenen, erfüllten Lebens ist erreicht, wenn die Schicksalsgesetze inklusive des Schattenprinzips beachtet und alle Lebensprinzipien – den eigenen Aufgaben entsprechend – ins Leben integriert und gelebt werden und so zu ihrem Recht kommen. Wenn sie alle in unserer Wirklichkeit, gemäß ihrer Wichtigkeit im eigenen Lebensplan, vertreten sind, fühlt sich das vollständig und befriedigend, erfüllend und glücklich an, denn dann fehlt uns nichts (mehr). Natürlich müsste ein Mensch, der die Urprinzipien in ihren erlösten Varianten in seinem Leben verwirklicht, auch nicht mehr krank werden im Sinne des Ausbrennens. Er fände seinen Lebenssinn in der Erfüllung seiner Aufgaben, die sich in seinem Muster widerspiegeln. So fehlte ihm nichts, und das bewusste Annehmen und Verfolgen seiner Lebensthemen oder -prinzipien wird ihn immer wieder in den Augenblick führen. Krankheit entsteht ja, wenn ein nicht verwirklichtes Lebensprinzip sich in seiner unerlösten Form auf der Körperbühne zeigt, weil ihm auf der Lebensbühne kein Platz eingeräumt wird. Wenn zu viele Lebensprinzipien zu kurz kommen, geht der Sinn verloren, und die Gefahr des Seeleninfarkts bahnt sich an.

Der Weg zum Verständnis der Welt in Gestalt der zwölf Lebensprinzipien beginnt – wie alles – in der Einheit, die sich in die Polarität von Yin und Yang, weiblich und männlich, aufspaltet und in unserer Welt als Spiel der Gegensätze zeigt. Davon berichten alle Religionen und seit einigen Jahrzehnten auch die Physiker.[32] Die beiden Pole Yin und Yang teilen sich ihrerseits wieder in die vier Elemente auf: das weibliche Yin in das Wasser- und das Erdelement, das männliche Yang in die Elemente Feuer und Luft. Bei den vier Elementen stehen sich damit zwei passive weibliche und zwei aktive männliche gegenüber.

In der Phase vor dem Seeleninfarkt dominieren die beiden männlichen Elemente das Leben der Burn-out-Kandidaten in Gestalt des Feuers der Begeisterung und luftiger Gedankenwelten. Mit dem Seeleninfarkt geraten die Betroffenen auf den unerlösten weiblichen Pol der Passivität, was sich in Apathie und Depression ausdrückt. Die Stabilität der Erde, das Fließen des Wassers, die Leichtigkeit der Luft und die Begeisterung des Feuers – diese vier Qualitäten sollten uns innerlich zur Verfügung stehen, und sobald wir uns ihrer bedienen,

32 Die CD *Das Polaritätsgesetz* (Literaturverzeichnis) lässt die persönliche Verstrickung in der Welt der Polarität erleben.

werden sie zu einer wunderbaren Vorbeugung vor den Extremen von Burn- und Bore-out.[33]

Zugleich sind die **vier Elemente** die ideale Einführung in die nächste Ebene der Differenzierung, in die Welt der zwölf Lebensprinzipien. Jedes Element, das sich natürlich immer der Polarität von Yin oder Yang zuordnen lässt, kann wieder in drei Lebensprinzipien aufgeteilt werden. Am Beispiel des **Feuerelements**, das das Thema Burn-out mit seinem Brennen bestimmt, heißt das:

- das ursprüngliche oder kardinale lodernde Feuer des Aggressions- oder Widder-Mars-Prinzips, das uns in der ersten Burn-out-Phase des Enthusiasmus begegnet;
- das strahlende mittlere oder fixe Feuer des Löwe-Sonnen-Prinzips, das in der Egodominanz und Übertreibung bei Burn-out-Kandidaten aufscheint und im demonstrativen Verglühen enden kann;
- das weiterentwickelte labile Feuer, die Glut des Schütze-Jupiter-Prinzips. In dieser inneren Glut deutet sich bereits die Notwendigkeit tieferer Sinnfindung an, die aus dem Seeleninfarkt führt, aber auf der Schattenseite auch die Selbstüberschätzung bis hin zum Größenwahn in der Anfangsphase.

Das **Wasserelement** differenziert sich wie folgt:

- das einem stillen Teich ähnliche kardinale Krebs-Mond-Prinzip, das mit Themen wie Geborgenheit, Einfühlung und Familiensinn von Anfang an beim Seeleninfarktanwärter zu kurz kommt oder sogar völlig auf der Strecke bleibt;
- das fixe verschlingende Wasser des Sumpfes im Skorpion-Pluto-Prinzip. Im Moment des Seeleninfarkts ist es dieser Sog, der in die Tiefe zieht, alles bisher Wichtige zurücklässt und in den Abgrund führt und so den Wandel erzwingen will.
- das labile, alles wieder auflösende Fische-Neptun-Prinzip im Meer. Der fortgeschrittene Burn-out-Kandidat kann erleben, wie sich alles, was bisher zählte, um ihn herum auflöst und wie ihm buchstäblich alle Felle davonschwimmen. Allerdings ist es das

---

33 Die CD *Erde – Feuer – Wasser – Luft* (Literaturverzeichnis) macht die seelischen Qualitäten der Elemente erlebbar und hilft, ihre Kraft zur seelischen Entwicklung zu nutzen.

Neptunprinzip, das jenseits des Bisherigen auch wieder das neue Ufer und Leben auftauchen lässt.

Das **Luftelement** zeigt folgende Aspekte:

› die kardinale, leichte Luft des Anfangs des Waage-Venus-Prinzips, bei dem es darum geht, alle Kräfte im Ausgleich zu halten. Hieran scheitert der Burn-out-Gefährdete schon früh mit seiner Tendenz zu einseitiger Betonung archetypisch männlicher Energien;
› die fixe Luft des Wassermann-Uranus-Prinzips, dem es um Originalität und Unterbrechung jeder Form von Kontinuität geht. Der Seeleninfarktkandidat verleugnet meist seine Originalität, indem er immer mehr zum Abziehbild des modernen Erfolgsmenschen wird. Dabei verliert er oft auch noch den ebenfalls zu Uranus gehörenden Humor. Auf unerlöste Art lebt er das Prinzip in seiner Überdrehtheit;
› die labile Luft des Zwillinge-Merkur-Prinzips. Der Auftrag zu Kommunikation, Verbindungen und Kontakten wird vom Seeleninfarktanwärter oft fast gnadenlos übertrieben und nur oberflächlich und zweckgebunden erfüllt. Im modernen Multitasking findet dieses Prinzip seine Karikatur.

Beim **Element Erde** kommen folgende drei Aspekte zum Tragen:

› das kardinale, ursprüngliche Steinbock-Saturn-Prinzip, dem es um Struktur und Pflichtbewusstsein, Beständigkeit und Zuverlässigkeit geht. Hier sind auch die Reduktion auf das Wesentliche und Bescheidenheit zu Hause. Wenn dieses Prinzip nur in unerlöster Weise gelebt wird, etwa durch Starr- und Sturheit, kommt es bei entsprechend Disponierten sehr rasch zum Seeleninfarkt;
› das fixe Stier-Venus-Prinzip. Seine Themen sind Besitz und Bestand, aber auch der Genuss. Letzterer bleibt bei Burn-out-Kandidaten meist frühzeitig auf der Strecke. Die Lust auf Besitz kann allerdings eine wesentliche Triebfeder sein;
› die labile Qualität des Jungfrau-Merkur-Prinzips. Dieses Prinzip von Systematik und Sicherheit strebt nach vollkommener Ordnung, gepaart mit einem enormen Effizienzanspruch. Der damit verbundene Drang, alles perfekt und überschaubar zu machen, kann eine entscheidende Stufe auf dem Weg zum Seeleninfarkt sein.

Auf dieser Grundlage der Aufgliederung der vier Elemente in zwölf Lebensprinzipien lässt sich die Welt einerseits besser verstehen.[34] Darüber hinaus ist damit leicht festzustellen, wo etwas zur Vollständigkeit und damit zu Gesundheit und Heilsein fehlt. Auf einen Seeleninfarkt Zusteuernde könnten so schon frühzeitig merken, wie einseitig sie zum männlichen Archetyp tendieren und sich fast nur auf das Feuer- und das Luftelement einlassen.

Ein Schnelldurchgang durch alle **zwölf Lebensprinzipien**, wie sie im Tier- oder Entwicklungskreis aufeinanderfolgen, kann die Stolpersteine der Seeleninfarktanwärter noch deutlicher machen.

Alle kommen in jedem Leben vor und wollen von jedem von uns – mehr oder weniger gut – beherrscht und ausgedrückt werden.

1. **Widder-Mars- oder Aggressionsprinzip:** Menschen wollen und sollen ihren Mut und ihre Abenteuerlust (er-)leben. Dieses Prinzip kommt in der ersten Phase der Entwicklung des Seeleninfarkts zum Zuge, wenn mit ganzem Einsatz und brennendem Enthusiasmus für ein Ziel gekämpft wird. Das ist also noch völlig in Ordnung, und es wird überall gern gesehen, wenn jemand mit *Biss* sein Thema *in Angriff nimmt.*

2. **Stier-Venus-Prinzip:** Nach der Eroberung haben Menschen aber auch ein Bedürfnis nach Sicherheit und Schutz, das sie gern im eigenen Heim bei gutem Essen befriedigen und dabei das Erreichte genießen. Hier zeigt sich die Notwendigkeit für den Burn-out-Anwärter, schon von Anfang an auch Genusspausen zu machen, wieder zu sich zu kommen und sich Lebensgenuss im Augenblick des Hier und Jetzt zu gönnen. Bei Seeleninfarktkandidaten fällt diese Phase meist dem Streben nach immer mehr Besitz zum Opfer und wird erst wieder von Therapeuten ins Spiel gebracht, wenn der Infarkt droht oder bereits eingetreten ist.

3. **Zwillinge-Merkur-Prinzip:** Wir brauchen aber auch Kontakt und Verbindungen zu anderen, wollen uns austauschen und das Zoon

34 Mein zusammen mit Bruno Blum herausgegebenes Bilderbuch *Die Kraft der vier Elemente* (Literaturverzeichnis) macht die Elemente auch sicht- und damit leichter fassbar.

politikon, das Gemeinschaftswesen, leben, als das wir angelegt sind. Diese Phase kommt im Anfangsstadium des sich anbahnenden Seeleninfarkts voll zum Tragen. Viele Gefährdete sind mit Gott und der Welt in Verbindung, wobei Gott bei ihnen zu weltlich verstanden wird und sich meist auf die Vorgesetztenebene bezieht. Eine echte Verbindung zu Gott im Herzen ist ein Anker, der vor dem Absturz in den Seeleninfarkt bewahren könnte. Im Übrigen entwickelt sich hier schon das Problem, mit zu vielen Ebenen im Sinne des Multitaskings auf einmal verbunden zu sein.

4. **Krebs-Mond-Prinzip:** Menschen brauchen außerdem ein (Familien-) Nest, in dem sie sich wohl-, behaglich und geborgen fühlen, wo Familiensinn und Regenerationsbedürfnis ausgelebt werden und man es sich gemütlich machen kann. Dieses Prinzip bleibt im Laufe des sich entwickelnden Seeleninfarkts meist zuerst auf der Strecke, da Regeneration Zeit braucht und diese den Getriebenen fehlt. Die Familie kommt im sich anbahnenden Burn-out praktisch immer zu kurz.

5. **Löwe-Sonnen-Prinzip:** Als Nächstes geht es darum, Ausstrahlung zu entwickeln, auf andere zu wirken, im Mittelpunkt zu stehen und ganz im Augenblick zu leben. Das ist der Anspruch von Seeleninfarktkandidaten, den sie durch ihren enormen Einsatz und oft Ehrgeiz zu verwirklichen suchen. Solange sie dabei erfolgreich sind, lassen sich die bereits aufgetretenen Defizite bei den archetypisch weiblichen Prinzipien meist noch kompensieren. Wir haben es mit einem für unser Thema zentralen Lebensprinzip zu tun, da das Geheimnis des Augenblicks hier zu lüften ist.

6. **Jungfrau-Merkur-Prinzip:** Das Bedürfnis, zu planen und Vorsorge zu treffen, um die Angst vor der Zukunft in den Griff zu bekommen, setzt auf dem Weg in den Seeleninfarkt den Betreffenden häufig extrem unter Druck. Selbst wenn in der Firma nur der kurzfristige Erfolg zählt, verlangt dieses Prinzip auch Zeit für eigene Lebensplanung und -absicherung. So kommt es hier in unserem Zusammenhang zu Mehrfachbelastungen.

7. **Waage-Venus-Prinzip:** Menschen brauchen auch Liebe und Frieden und gegebenenfalls Versöhnung, genauso Schönheit, Harmonie

und Liebesbeziehungen. Dafür aber bleibt dem Anwärter auf den Seeleninfarkt schon zu Beginn der Entwicklung zu wenig Zeit und später meist zu wenig Energie. Themen des Venusprinzips werden zunehmend eingespart.

Auf dem Weg in den Seeleninfarkt bleiben von der ersten Hälfte der Entwicklungskreises alle archetypisch weiblichen Prinzipien auf der Strecke. Die zweite Hälfte des Entwicklungskreises ab dem Waage-Venus-Prinzip wird fast gar nicht bearbeitet und setzt sich, im Sinne von *Krankheit als Symbol*, in der unerlösten Form von Krankheitssymbolik durch. So kommt etwa die Ausgewogenheit, die das Waage-Venus-Prinzip fordert, nach der überdrehten Phase durch die dem Seeleninfarkt folgende Apathie ins Spiel.

8. **Skorpion-Pluto-Prinzip:** Die Aufforderung, sich den Wurzeln der Probleme zu stellen und die Tiefe des Lebens und der Polarität auszuloten, wird im tiefen Fall in den Seeleninfarkt unübersehbar. Die Betroffenen stürzen auf unerlöste Weise in das Hier und Jetzt, in die unergründliche Tiefe jenes Abgrunds, den die spirituelle Philosophie Abyssos nennt und der die grundlegendste Wandlung ermöglichen kann. Goethes »Stirb und werde«, das zu diesem Prinzip gehört, wird hier als große Chance jenseits des Seeleninfarkts deutlich. Im Übrigen werden in der Hoffnungs- und Antriebslosigkeit der Depression mit ihren Sinnlosigkeitsgefühlen und Selbstzerstörungstendenzen die unerlösten Seiten des Pluto- und auch des Saturnprinzips überdeutlich und bedrohlich. Selbstmordgedanken sind der dunkle Pol des Plutoprinzips und zeigen, wie notwendig der Wandel ist.

9. **Schütze-Jupiter-Prinzip:** Der Wunsch nach großen Reisen im Konkreten wie Übertragenen wird durch den sich über Burn-out ankündigenden Schritt in den Seeleninfarkt, der eine ganz andere Dimension eröffnet, sehr unerlöst verwirklicht. Die hierher ebenfalls gehörige Sehnsucht nach Sinn, Philosophie, Weisheit und Religion sowie das Bedürfnis zu wachsen werden nur als Schattenthemen deutlich. Im völligen Innehalten, das der Seeleninfarkt erzwingt, ergibt sich immerhin die Chance, wie Phönix aus der Asche aufzuerstehen, zu neuen Ufern zu gelangen und wieder Kontakt zum Urgrund im Sinne von Religion und zu Weisheit zu entwickeln. Wieder Sinn zu finden, darin liegt die größte Chance beim Seeleninfarkt.

10. **Steinbock-Saturn-Prinzip**: Die Themen Disziplin, Pflicht, Struktur und der Wunsch, das Wesentliche im Leben zu verwirklichen, kommen beim Seeleninfarkt als Schatten zum Ausdruck. In der Burn-out-Phase schleppen sich die Betroffenen durchs Leben, verrichten das Notwendigste mit dem Gefühl von Müdigkeit und Mühsal – alles unerlöste Aspekte dieses Prinzips. Im Seeleninfarkt brechen Disziplin und gewohnte Ordnung völlig zusammen, Strukturen lösen sich auf. Andererseits eröffnet der Seeleninfarkt im Totalzusammenbruch und der völligen Auflösung des bisherigen Lebens die Chance, zum Wesentlichen zurückzufinden, zum Sinn und zum Augenblick des Hier und Jetzt.

11. **Wassermann-Uranus-Prinzip**: Menschen brauchen zu einem runden Leben auch Humor, Witz, und Originalität. Überraschungen und unerwartete Wendungen geben ihrem Leben Würze. Schon in der Anbahnungsphase des Seeleninfarkts, wenn sich erste Burn-out-Symptome zeigen, bleiben diese Eigenschaften auf der Strecke; nach dem Seeleninfarkt sind sie völlig verschwunden. Das uranische Prinzip führt aber auch dazu, dass im Idealfall der Seelenweg nach überstandenem Seeleninfarkt eine ganz andere Richtung nimmt.

12. **Fische-Neptun-Prinzip**: Zu einem insgesamt stimmigen Leben gehört schließlich noch die Sehnsucht nach Transzendenz, nach dem Numinosen, Jenseitigen. Dafür hat der Seeleninfarktanwärter schon in der ersten enthusiastischen »Was-kostet-die-Welt?«-Phase meist weder Sinn noch Zeit. Es besteht aber die gute Chance, dass nach dem Zusammenbruch dieses Lebensprinzip wie aus dem Nichts auftaucht und zum Thema wird. Wenn alles andere sinnlos geworden und weggefallen ist, bleibt oft nur das Letzte.

Zusammenfassend zeigt sich, dass Menschen, die schon auf der ersten Hälfte des Lebenswegs nur zu (arche-)typisch männlichen Prinzipien Zugang finden und die (arche-)typisch weiblichen ignorieren, im Hinblick auf den Seeleninfarkt hochgefährdet sind. Wer obendrein allen Prinzipien der zweiten Hälfte des Entwicklungskreises nicht mehr gerecht wird, ist immer gefährdet und bekommt mit großer Sicherheit Probleme.

So rutschen auf dem Weg in den Seeleninfarkt tatsächlich alle weiblichen und immerhin auch noch die Hälfte aller männlichen Prinzipien in den Schatten des Unerlösten. Die Themen des dritten und vierten Viertels des Entwicklungskreises, die auf das erste körperliche und zweite seelische Viertel folgen und die Begegnung mit dem Du und dem Überpersönlichen repräsentieren, fallen praktisch ganz weg. Das aber kann niemand auf Dauer ertragen.

Gerecht werden die Seeleninfarktanwärter nur den archetypisch männlichen Aspekten des ersten Viertels, bei dem es um den Körper geht, und dem zweiten der Seele, wobei hier schon die beiden weiblichen Aspekte nicht mehr gelingen, dafür das Egothema der Sonne umso besser, allerdings ohne dessen zentralen Aspekt des erlösten Hier und Jetzt.

Von dieser Ebene betrachtet, wäre es eine ideale Burn-out- und Seeleninfarktprophylaxe, sich bewusst mit allen Lebensprinzipien einzulassen und auszusöhnen.[35] Wer sie beherrscht, dem eröffnet sich die Welt der 10000 Dinge, wie die Daoisten sagen, wenn sie die ganze Welt meinen.

Aus der das Ganze überblickenden Position des Entwicklungskreises lässt sich alles in dieser unglaublich vielfältigen Welt über die Lebensprinzipien auch wieder den Elementen und von dort der Polarität von Yin und Yang zuordnen. Ist man in dieser Ordnung einmal verankert, kann man nicht mehr verloren gehen. Wer sie in seiner Innen- und Außenwelt erkennt, wird wissen, was ihm selbst noch fehlt zur Vollkommenheit und was folglich zur Verwirklichung ansteht.

Mittels der zwölf Lebensprinzipien ergibt sich so auch die beste, weil umfassendste Diagnosemöglichkeit. Ob alles Wichtige im Leben Raum und Ausdruck bekommt, wird offenbar. Je besser das gewährleistet ist, desto sicherer sind wir davor geschützt, uns auf Nebenschauplätzen zu verbrennen im Sinne von Burn-out oder in Sackgassen zu Tode zu langweilen wie beim Bore-out.

Die Integration des Weltbilds der hermetischen Philosophie ist ein wundervoller Einstieg in den Umstieg in ein erfülltes, weil vollständiges Leben. Es schließt aus sich heraus den Augenblick des Hier und Jetzt ein, vermittelt Zugang zum Lebenssinn und lässt das höchste

35 Die CDs des *Lebensprinzipien-Sets* (Literaturverzeichnis) ermöglichen ein persönliches Erleben aller zwölf Lebensräume.

Ziel als Endpunkt einer langen Entwicklungsreise erkennen.[36] Doch ist die Beschäftigung mit diesen spirituell-philosophischen Zusammenhängen bisher nicht nur wesentlich eine Sache der Bildung und Bildungswilligkeit, sondern auch des Geschlechts. Frauen tendieren bei uns traditionell wesentlich häufiger zu diesem zeitlosen Wissen als Männer. Aber gerade für diese wäre es so deutlich notwendiger, sind sie doch nach offiziellen Angaben viel öfter Burn-out-gefährdet und von Seeleninfarkten bedroht.

Die Kraft der Hoffnung

Solange die Hoffnung auf das höchste Ziel der Einheit erhalten bleibt, ist alles in Ordnung. Somit wird die Hoffnung auf Verwirklichung dieses höchsten Lebenssinns zu einem zentralen Thema. Wo die Hoffnung früher stirbt – wie in den Vorphasen des Seeleninfarkts, dem Burn- und Bore-out, oder erst recht im Zusammenbruch –, geht auch die Seele unter. So gilt es, alles daranzusetzen, die Hoffnung auf die Verwirklichung des letzten Lebenssinns wachzuhalten. Das geschieht am besten, indem wir immer wieder Erfahrungen machen, die uns dem Ziel dieser Hoffnung nahe bringen. Das aber ist gleichbedeutend mit dem Eintauchen in den Augenblick des Hier und Jetzt, womit sich der Kreis schließt.

Sobald die Hoffnung nur eine kleine Chance bekommt, kann sie sich erneuern. Bekommt sie aber nicht die geringste Nahrung, wird sie rasch sterben. Diese Erfahrung ist mir in meiner Studentenzeit an einer Beobachtung deutlich geworden. Jeder Morgen unseres Portugalurlaubs war getrübt durch einige ertrunkene Eidechsen im Pool. Tagsüber behielt ich das Geschehen im Auge und konnte so einige Eidechsen retten. Einmal war ich herzlos genug, zu beobachten, wie lange eine schwimmen konnte. Nach etwa zehn Minuten ging sie unter. Sofort kam ich ihr mit dem Köcher zu Hilfe, an dem sie sich festhalten konnte. Sie ließ aber wieder los, und siehe da, sie konnte wieder fast zehn Minuten schwimmen, bis sie wieder aufhörte und unterging. Sooft ich ihr nur für einen winzigen Moment einen Stroh-

36 Das hermetische Weltbild kann über die Buchtrilogie *Die Schicksalsgesetze*, *Das Schatten-Prinzip* und *Die Lebensprinzipien* und die zugehörigen CD-Programme oder an den acht Wochenendseminaren der A-P-L-Reihe (Angewandte Prinzipien des Lebens, Info im Anhang) erlernt und erlebt werden.

halm bot, der ihr Hoffnung machte, konnte sie erneut weitere zehn Minuten aushalten, bevor sie offensichtlich aufgab. So stellte sich heraus, dass Eidechsen sehr lange schwimmen können und jedenfalls über eine Stunde lang, sofern sie alle zehn Minuten einen winzigen Moment der Hoffnung bekommen. Ohne diesen geben sie sich und ihr Leben rasch auf.

In den vielen Jahren meines Arztseins fand ich diese Erfahrung bei meinen Patienten bestätigt. Solange die Hoffnung lebt, ist alles möglich. Deshalb habe ich es auch immer als meine ärztliche Aufgabe gesehen, den Funken Hoffnung am Leben zu halten und jeden noch vorhandenen Hoffnungsschimmer zu nähren, zu hegen und zu pflegen: mit wahren Geschichten, die heilen, mit kleinen Hinweisen, die helfen, und mit entsprechenden Impulsen, die auf dem eigenen Weg voranbringen.

BURN-OUT-VERSTÄRKER

Neben den drei großen Themen, dem Verlust von Erfahrungen des Augenblicks, dem Sinndefizit in Arbeit und Beziehung und dem Mangel an einer über dieses Leben hinausreichender Perspektive, gibt es einige wichtige Bereiche, von denen wir heute – zum Teil wissenschaftlich belegt – wissen, wie sehr sie Burn-out und letztlich den Seeleninfarkt fördern.

Dabei stellt sich natürlich die Frage, inwieweit es überhaupt vertretbar ist, mit Veränderungen im Tagesablauf den Seeleninfarkt aufzuschieben, denn mehr als ein Hinauszögern ist damit nicht möglich, wenn die drei großen Themen weiter im Argen liegen. Obendrein müsste sich unter diesem Aspekt ein Arzt oder Therapeut fragen, ob es vertretbar ist, einen Burn-out-Patienten wieder schnell fit zu machen, damit er so bald wie möglich seine unter Umständen menschenverachtende und schlimmstenfalls auch noch schädigende Arbeit erneut unter Hochdruck leistet und auf den Rückfall zulebt. Hier kann die Beratung eigentlich nur darauf abzielen, sich von solch einem Job und Himmelfahrtskommando für die Seele definitiv zu verabschieden, die eigene Seele um Verzeihung zu bitten und eine Beschäftigung zu finden, die Sinn macht und die Seele nährt und befriedigt. Ärztlicherseits ist auf der anderen Seite natürlich jede Linderung und Besserung anzustreben, auch wenn die großen Themen unberührt bleiben.

Eine Umorientierung ist unter dem Strich betrachtet übrigens auch für die Firma besser, denn letztlich bekommen Menschen am falschen Platz dem Betriebsklima nie. Das Wissen um Bewusstseinsfelder lässt es wenig sinnvoll erscheinen, jemanden, der an einem Feld bereits einmal gescheitert ist, in diesem mit allen möglichen Tricks zu stabilisieren. Er wird eher – durch Resonanz – andere anstecken, als sich innerlich zu regenerieren. Wenn viele Mitarbeiter an Burn-out scheitern, wäre von einer sensiblen Firmenführung auch der Frage nachzugehen, warum ihr Feld so viele Seelen unbefriedigt lässt und zum Aufgeben zwingt.

Für die Gesellschaft ist eine Beratung mit der Tendenz zur Neuausrichtung schon deshalb zwingend, weil sie die Betroffenen aus teuren Sackgassen herausführt. Eine weitere Zunahme der Fälle von Burn-out- und Depression in dem Ausmaß der letzten fünf Jahre können sind nicht einmal so reiche Länder wie die deutschsprachigen auf längere Sicht leisten. Würde die Suche entsprechend angeleitet, könnte damit die gesellschaftsschädigende Geldvernichtung aufhören, und die Betroffenen werden wieder wertschöpfende Mitglieder der Gemeinschaft, statt ihr ständig auf der Tasche zu liegen. Zur Burn-out-Vorbeugung sind die genannten Bereiche darüber hinaus bei allen Menschen von Bedeutung.

Äußere Einflüsse

Ernährung

In Ernährungsfragen haben wir die wichtigste und erschreckendste wissenschaftliche Entdeckung gerade erst hinter uns. Wir wissen heute durch eine große Zahl von Studien mit hohen Teilnehmerzahlen, dass tierisches Eiweiß nicht nur Gefäßprobleme wie Herzinfarkt fördert, sondern auch Krebs und viele der bedrohlichsten Krankheitsbilder der Moderne wie Allergien, Diabetes und Osteoporose bis zu Alterskrankheiten wie Demenz und Alzheimer und selbst den enorm zunehmenden Autismus. Tierisches Protein gehört also keinesfalls zu einer gesunden Ernährung. Nicht nur Fleisch, sondern auch Fisch, Eier und vor allem Milch(produkte) sind der eigenen Gesundheit, aber auch den hungernden Menschen der armen Länder, den Tieren, der Ökologie und der Erde zuliebe zu meiden. Das mag ein Schock und ein großer Schritt für viele Seeleninfarktanwärter sein; eine entsprechende Nahrungsumstellung ist jedoch zwingend zur Vermeidung von Seeleninfarkten.

Die nüchternen Zahlen einiger Studien im Hinblick auf das Infarktgeschehen der verschiedenen Ebenen sprechen für sich.[37] Eine französische Studie belegt, dass wir 48 Prozent aller Gifte mit Fleisch aufnehmen und 34 Prozent mit Milch(produkten), das heißt, insgesamt 82 Prozent aller Gifte stammen aus Fleisch und Milch. Wer also bei veganer Ernährung auch noch Fisch und Eier weglässt und auf vollwertige Produkte setzt, ist hinsichtlich einer giftfreien Nahrung auf der sicheren Seite. Das wäre für Burn-out-Kandidaten besonders wichtig, da sie sich zusätzliche Belastungen nicht leisten können.

Professor Otmar Wiestler, Chef des Deutschen Krebsforschungszentrums in Heidelberg, verweist darauf, dass in Zukunft Übergewicht die Hauptursache von Tumoren sein werde. Übergewicht kommt aber wesentlich durch Kompensation mangelnder (Selbst-) Liebe zustande. Weil man so wenig Gutes erfährt, versucht man, sich essend etwas vermeintlich Gutes zu tun. Statt innerer Erfüllung setzen Betroffene auf äußere Fülle und landen in der Falle. Fettleibige Pflanzenesser sind die absolute Ausnahme.

In Bezug auf Bluthochdruck, die gefährliche Basis von Herzinfarkten, ergibt eine Studie der renommierten Harvard University an knapp 30 000 Frauen aus Heilberufen eine direkte Korrelation zwischen täglichem Fleischkonsum und Bluthochdruck. Je mehr Fleischmahlzeiten, desto höher steigt der Bluthochdruck. Epidemiologische Studien zeigen, dass Finnland mit dem höchsten Milchkonsum auch die höchste Infarktrate pro Kopf hat, wohingegen Griechenland mit dem geringsten Milchkonsum die geringste aufweist. Eine schwedische Studie macht Hoffnung: Von 26 Bluthochdruckpatienten, die auf pflanzliche Ernährung umstiegen, waren innerhalb eines Jahres 22 (85 Prozent) beschwerdefrei, und die übrigen vier deutlich gebessert; 20 Patienten (80 Prozent) konnten alle Blutdruckmedikamente weglassen. Der renommierte US-Schulmediziner Caldwell Esselstyn konnte sogar mit Röntgenaufnahmen dokumentieren, wie

37 Genaue Angaben dazu wie auch eine Vielzahl weiterer Studien auf *www.peacefood.de* und in dem Buch *Peace-Food* (Literaturverzeichnis).

sich schon verschlossene Herzkranzgefäße unter tierproteinfreier Ernährung wieder öffneten.

Es spricht alles dafür, dass tierisches Eiweiß und Fett nicht nur dem Herz-, sondern auch dem Seeleninfarkt Vorschub leisten. Einer der Gründe dürfte darin liegen, dass Tiereiweiß zu Übersäuerung führt und die Gefäße belastet bis hin zu Verschlüssen. Letzteres steigert den Blutdruck und bringt das Herz unter Druck. Mehr Druck ist aber das Letzte, was Burn-out-Anwärter brauchen. Die Übersäuerung führt noch weiter in den archetypisch männlichen Pol, in den sich die Betroffenen sowieso schon viel zu weit vorgewagt haben. Insgesamt ist es eines ihrer Hauptprobleme, dem Konkurrenzprinzip und der modernen Ellbogenmentalität zu viel an (Mit-)Gefühl und Lebenssinn geopfert zu haben; sie haben sich vom weiblichen Pol der Hingabe und des Loslassens zu weit entfernt. Auf der Ebene der Körperchemie entspricht dem wie gesagt die Übersäuerung. Dass sie heute ein beinahe die ganze Gesellschaft betreffendes Problem ist, zeigt, wie weit wir uns kollektiv in die archetypisch männliche und damit in die Burn-out-Richtung bewegt haben.

Es gibt in meinen – durch die Arbeit am Buch *Peace-Food* – geschärften Augen obendrein einen weiteren scheußlichen Zusammenhang: Immer mehr Menschen essen immer mehr Tiere, die ein kurzes, elendes Leben in der Lethargie von Massenställen verbracht haben, bevor sie unter entsetzlichen Umständen im Großschlachthof enden. Ihr Fleisch ist nicht nur von Angst- und Stresshormonen durchtränkt, sondern auch von den Schwingungen ihrer in Apathie und Qual verbrachten Aufzucht. Es hat sich inzwischen herumgesprochen, dass wir die Angst der Schlachttiere in Form von Hormonen mitessen, die sie kurz vor ihrer Tötung ins Blut und damit ins Fleisch entlassen, wenn sie zuschauen müssen, wie ihre Artgenossen getötet werden. So kennen wir Panikattacken erst, seit es diese unsägliche Massenproduktion und vor allem -schlachtung gibt.

Das bringt uns zum in meinen Augen schrecklichsten Punkt für Burn-out-Anwärter. Die Flut der Stresshormone ist in deren gestresster Lebenssituation schon belastend genug, aber damit ist es bei Weitem nicht getan. Wir haben allen Grund zu befürchten, dass östliche Weisheitslehrer wie Thich Nhat Hanh recht haben. Sie warnen davor, dass wir beim Fleischessen aufnehmen, was diese Tiere erlebt haben. Und sagen wir nicht auch von uns und spüren es, dass eine

Reise oder Strapaze uns noch in den Knochen stecke? Einer meiner Patienten ist in einer einzigen Nacht ergraut, vor einem Grauen, das sich offensichtlich in seinem Organismus niedergeschlagen hat.

Es könnte an so vielem deutlich werden, dass wir in Lebensmitteln enthaltene Schwingungen aufnehmen. Weinkennern ist klar, dass sie mit dem edlen Tropfen auch die Schwingungen der entsprechenden Weinregion und der darin gespeicherten Sonne aufnehmen. Wieso aber selbst Weinkenner so edle Getränke zu Fleisch trinken, das voller Schwingungen vom dumpfem Elend, tiefer Apathie und hoffnungsloser Lethargie ist, bleibt mir rätselhaft, von gebildeten Menschen mit humanistischen Ansprüchen, sogar angeblichen Tierfreunden und Umweltschützern ganz zu schweigen.

Bei den heutigen Tierfabriken, den modernen Produktionsstätten des Fleisches, handelt es sich um eine schreckliche Art von Tier-Zuchthäusern in des Wortes Doppelsinn. Den darin zu Tausenden gequälten Kreaturen, die in künstlichem Licht auf kleinstem Raum dahinvegetieren, bleibt nichts als Wahnsinn oder Apathie und Lethargie. Sie dämmern in ihren grausam kleinen Gefängnissen dahin, liegen im eigenen Kot, leiden vielfach große Schmerzen, bis sie plötzlich – wiederum brutal und grausam – aus der Lethargie gerissen, in Transporter gepfercht und zu ihrer Hinrichtung getrieben werden.

Wer diese Energien in sich aufnimmt, muss sich eigentlich nicht wundern, wenn er erst voller Angst und Stress durchs Leben hetzt, um anschließend in Apathie und Lethargie zu versinken. Die bemitleidenswerten Schlachttiere verbringen ihr ganzes kurzes Leben, ohne die Sonne zu sehen oder den Wind zu spüren. Sie sehen nie Schönes, Harmonisches, sondern lediglich die Gitter und Wände ihrer engen Gefängnisse. Sie erleben nie die Freude von Austausch oder gar Sexualität, sondern sind so eng zusammengepfercht, dass sie sich zu erbarmungslosen Konkurrenten ums Überleben entwickeln. Um daran nicht zu früh zugrunde zu gehen, werden sie über das Futter mit Medikamenten vollgestopft, die dafür nie vorgesehen waren. All das führt anfangs zu Ausbruchsversuchen und Verzweiflungsausbrüchen – tatsächlich gibt es Berichte von weinenden Kälbern und wahnsinnig gewordenen Schweinen. Ganz zum Schluss kommt dann der lange, entsetzliche Stress von selbst gesetzlich unzumutbaren Transportwegen, meist ohne Futter und Wasser, bevor solch ein Schreckensleben in der Todespanik des Großschlachthofs endet.

Diese kurze Zusammenfassung mag schon als Zumutung empfunden werden, aber die Wirklichkeit ist wesentlich entsetzlicher. Das wird besonders derjenige empfinden, der in den geschilderten Situationen Ähnlichkeiten zum eigenen Leben entdeckt. Wer tagaus, tagein nur mehr Hässliches sieht und Schönes schon nicht mehr vermisst, kaum die Sonne sieht und nur noch selten den Wind auf seiner Haut spürt, wer in (zu) engen Verhältnissen lebt und die Mitmenschen nur noch als Konkurrenten erfährt, wer mit zunehmend härteren Bandagen ums Überleben kämpft, wer Medikamente braucht, um das Ganze überhaupt durchzuhalten, Medikamente, von denen er ahnt, dass sie ihm und seiner Seele nicht guttun, die ihn aber diese entsetzlich druckvolle Zeit überstehen lassen, dem könnte allmählich ein Licht aufgehen über Zusammenhänge, die offensichtlich sind, wenn man nur die Augen öffnet.

Die Karriere von Seeleninfarktpatienten zeigt anfangs viel von der beschriebenen Aggressionsenergie, dem harten Kampf ums Überleben in einem knallharten System. Dann kommen oft Verzweiflungsschübe hinzu und Versuche, aus dem »ganzen Wahnsinn« auszubrechen, die aber meist in der Resignation angeblicher Aussichtslosigkeit solcher Unterfangen enden. Im Zusammenbruch des Seeleninfarkts zeigt sich schließlich das volle Bild von Apathie und Lethargie. Manche Boreout-Patienten treten bereits nach wenigen gescheiterten Versuchen, das Steuer ihres Lebensschiffs herumzureißen, und damit viel früher in die Lethargiephase ein. Wieder andere versuchen nicht einmal, auszubrechen und zu entkommen.

Nach so viel Unzumutbarem kann einen dann gar nichts mehr berühren. Lange genug hat man alles ertragen und ignoriert, hat sich nichts mehr unter die Haut gehen lassen, sondern sich abgeschottet und gepanzert – und doch vieles in sich hineingefressen. Irgendwann lässt man nichts mehr an sich heran und zu sich herein. Nun kann man gar nichts mehr ertragen und trägt auch nichts mehr, weder Verantwortung noch Fassung. Es kann einem jetzt aber auch gar nichts mehr passieren. Den Gegenpol bildet der rechtzeitige Ausstieg aus dem täglichen Wahnsinn, der sich beim Ernährungsthema am sinnvollsten im Umstieg auf pflanzliche Kost ausdrückt.[38]

38 Alles Wissenswerte dazu in: Dahlke, *Peace-Food*, und Dahlke, *Richtig essen* (Literaturverzeichnis).

Heute durchleidet ein Drittel unserer Bevölkerung eine Psychose im Leben und lernt so den Wahnsinn aus eigener Erfahrung kennen. Alle Burn- und Bore-out-Patienten und obendrein Millionen Depressive geraten in Lethargie und Apathie. Es sollte doch auffallen, dass Allesesser ständig Tiere zu sich nehmen, die genau diese elenden Erfahrungen ebenfalls machen mussten. Von den 60 Millionen Schweinen, die die Deutschen pro Jahr verspeisen, stammen über 98 Prozent aus unsäglicher Massentierhaltung. Wie lange wir brauchen, daraus die fälligen Konsequenzen zu ziehen, zeigt, wie sehr wir in Bewusstseinsfeldern gefangen sind, die, selbst wenn Aussagen so falsch sind, wie »Fleisch gibt Kraft« und »Milch stärkt die Knochen«, große Macht über uns haben. In Wahrheit und wissenschaftlich gut belegt ist es genau umgekehrt: Fleisch bringt Krebs und fördert Herzinfarkte, und Milch tut das ebenso und schwächt obendrein die Knochen wie nichts sonst. Hier werden wir Opfer des Schattenprinzips.

Das Gute vom Schlechten ist: Die daraus folgende Konsequenz rein pflanzlicher Ernährung verhindert nicht nur das Schlimmste, sondern bringt obendrein eine Fülle von Vorteilen bei keiner nennenswerten Einschränkung – ganz besonders für Burn-out-Anwärter. Nichts anderes kann von Ernährungsseite der Übersäuerung so radikal begegnen wie die Umstellung auf pflanzliche Kost. Der Druck auf die Gefäße lässt dadurch ebenso nach wie der im ganzen Leben.

Die Zeichen stehen hier auf Hoffnung. Inzwischen bricht der Fleischkonsum in den USA dramatisch ein und sinkt aufgrund der in jeder Hinsicht harten Fakten der erwähnten Studien schon wieder auf den Stand der Siebzigerjahre des letzten Jahrhunderts. Solch einen dramatischen Rückgang könnten wir in Europa ebenfalls schaffen, vor allem uns selbst zuliebe. Alle fühlenden Wesen auf diesem Planeten würden natürlich mit profitieren – vor allem aber Millionen von Seeleninfarktkandidaten.

Mobilfunk und andere elektromagnetische Felder

Dem Einfluss von Mobilfunkmasten und anderen Strahlungsquellen zu entkommen wird immer unmöglicher. In einer Stadt lässt sich WLAN-Feldern nicht mehr entfliehen. Für viele der im Zentrum der IT- und Multitasking-Welle agierenden Seeleninfarktkandidaten ist es noch wichtiger als für die übrige Bevölkerung, sich über das brisante und noch immer von der Politik ignorierte Thema der Schädigung durch elektromagnetische Felder (EMF) zu informieren, denn durch die seelischen Vorschäden sind sie dafür noch empfänglicher.

Wie impotent Schwingungen von Radargeräten machen, weiß die Medizinwissenschaft, und dass die EMF der Handymasten oder Handys langfristig krank machen, ist nun auch belegt. Diesbezüglich werden wir gerade Zeugen eines gigantisch großen Selbstversuchs, an dem praktisch alle Burn-out-Gefährdeten und -Patienten als Handybenutzer teilnehmen.

Das Problem ist alles andere als neu. Bereits im Jahr 1932 berichtete Professor Dr. E. Schliephake in der *Deutschen Medizinischen Wochenschrift* über die sogenannte Funkfrequenzkrankheit: »Personen, die sich längere Zeit in der Nähe elektrisch schlecht abgeschirmter Sender aufhalten, zeigen Symptome einer typischen vegetativen Störung (Kopfschmerz, Übelkeit, Schlafstörung, Depressionen und anderes).«[39]

Seitdem gibt es eine Fülle von wissenschaftlichen Studien, die vor allem die Gefahr der sogenannten Handystrahlung belegen, die sowohl von den Sendemasten als auch von den Geräten ausgeht. Die wenigen, nicht einmal gut manipulierten Gegengutachten der Industrie halten ernsthafter Prüfung dagegen nicht stand. Aber Wissenschaft wird offensichtlich nur dann ernst genommen, wenn sie den wirtschaftlichen Interessen dient. Wo das nicht der Fall ist, wird sie, wie das Beispiel EMF zeigt, auch über Jahrzehnte und trotz massiver Schäden ignoriert. Der Organismus kann die objektiv messbaren Auswirkungen aber nicht ignorieren und erkrankt. So müssen wir heute davon ausgehen, dass EMF einen erheblichen Anteil an der Burn-out-Lawine haben, die uns derzeit überrollt.

Hier nur eine kleine Auswahl aus den mittlerweile zahlreichen Studien. Die Fachzeitschrift *Umwelt, Medizin, Gesundheit* veröffentlichte 2011 das Ergebnis der Rimbach-Studie.[40] Es handelt sich dabei um eine Untersuchung an 60 Personen über einen Zeitraum von eineinhalb Jahren nach Installation eines Mobilfunksenders in Rimbach (Bayern). Das Ergebnis zeigte eine signifikante Verringerung von Se-

---

39 E. Schliephake, in: *Deutsche Medizinische Wochenschrift*, 5.8.1932, S. 1235 ff.; zitiert in: Reinhold Reiter, *Meteorobiologie und Elektrizität der Atmosphäre*, Akademische Verlagsgesellschaft Geest & Portig, 1960.

40 www.mobilfunkstudien.org/assets/umg_buchner-eger_rimbach-studie.pdf

rotonin und ein ebenso signifikantes Ansteigen der Stresshormone Adrenalin und Noradrenalin. Beides ist Gift für Burn-out-Kandidaten, die sowieso schon einen hohen Stresspegel aufweisen und sich so unwohlfühlen, wie es typisch für Serotoninmangel ist. Die Autoren der Studie betonen dann auch, dass unter dieser Situation von Dauerstress durch Mobilfunk je nach Konstitution und Vorbelastung nach einer gewissen Zeit das biologische System des Menschen erschöpft und ausgebrannt sein muss.

Das ECOLOG-Institut nahm schon vor mehr als zehn Jahren im Auftrag der Telekom eine umfangreiche Risikobewertung weltweiter Forschungsergebnisse vor und kam zu dem Ergebnis: »Beeinträchtigungen des Immunsystems sind vielfach nachgewiesen. Es ist nicht auszuschließen, dass Mobilfunkfelder krebsfördernde Wirkung haben, also dass Krebs sich im Einfluss der Felder schneller entwickelt und fataler verläuft als normalerweise. Es wurde nachgewiesen, dass vermehrt Stresshormone ausgeschüttet werden mit allen entsprechenden Konsequenzen. Es gibt Störungen vieler Zellfunktionen, was besonders bedenklich stimmt. Die Auswirkung, die das alles auf den Organismus hat, können wir noch gar nicht abschätzen.«[41] Den nachgewiesenen Anstieg der Stresshormone können wir aber sehr wohl als zusätzliche Gefährdung von Seeleninfarktkandidaten einschätzen.

Die sogenannte REFLEX-Studie, durchgeführt in sieben EU-Staaten an zwölf verschiedenen Forschungseinrichtungen, wies die Gentoxizität von EMF nach. Dieser Studie entstammt folgendes Zitat zum Thema Stress: »Nach ersten Ergebnissen wissen wir sicher, dass es unter Einfluss von Magnet- oder Hochfrequenzfeldern zu Schäden an der DNA kommt und dass Stressproteine produziert werden.«[42]

Professor Karl Hecht, ehemaliger Leiter des Pathologischen Instituts der Berliner Charité und Direktor des Instituts für Stressforschung, wurde 1996 vom Bundesinstitut für Telekommunikation (heute Bundesnetzagentur) beauftragt, die umfangreiche russisch-

---

41 ECOLOG-Institut, Dr. H. P. Neitzke, umfangreichste Risikobewertung weltweiter Forschungsergebnisse im Telekom-Auftrag; ARD-Fernsehsendung Plusminus, Mai 2001, siehe S. 19 von: *www.maes.de/7 HANDYS/maes.de ZITATE HANDY.PDF.*

42 Prof. Dr. Hans-Albert Kolb, Leiter des Instituts für Biophysik an der Universität Hannover, März 2003; *www.diagnose-funk.org/aktuell/zitate/zitate-zu-gesundheit/index.php.*

sprachige Fachliteratur der Jahre 1960 bis 1996 zur Thematik »Biologische Wirkungen elektromagnetischer Felder im Frequenzbereich 0–3 GHz auf den Menschen« auszuwerten. Aus dem Forschungsmaterial der ehemaligen UdSSR gibt es zahlreiche wissenschaftliche Studien und Aufzeichnungen über die gesundheitliche Entwicklung von Menschen, die beruflich im Einfluss von EMF arbeiteten. Jedes Jahr mussten sich diese einer genauen Gesundheitskontrolle unterziehen. Auch gab es seit Ende des Zweiten Weltkriegs Langzeituntersuchungen an exponierten Personen. Die Forscher um Professor Hecht fanden nach einer Expositionszeit von mehr als fünf Jahren bei vielen Menschen ein Erschöpfungssyndrom; heute nennen wir es Burn-out.[43] Die alarmierenden Ergebnisse dieser Studie wurden von der Bundesregierung aber nicht mehr veröffentlicht, denn der Ausbau der Mobilfunknetze war bereits in vollem Gang. Die Gesundheit der Bevölkerung musste offenbar einmal mehr zurückstehen.

Inzwischen gibt es zahlreiche Studien, die Störungen im für unser Wohlbefinden und unseren Schlaf so wichtigen Serotonin-Melatonin-System nachweisen. Sowohl der Mangel am Wohlfühlhormon Serotonin als auch der an Melatonin, dem Hormon der Nacht und des Schlafes, sind für Burn-out-Anwärter besonders problematisch. Schon seit 1980 belegen internationale Studien, dass unter dem Einfluss von Mobilfunkstrahlung sich Melatonin sowohl bei Tieren als auch bei Menschen dramatisch verringert.[44] Der deutsche Zoologe Peter Semm wies bereits 1980 mit einer Arbeitsgruppe der Universität Mainz die schädlichen Auswirkungen von Magnetfeldern auf die Zellen der Zirbeldrüse, unserer inneren Uhr, nach.

Da Melatonin eine so zentrale Rolle im Organismus spielt, kann es zu den unter der Bezeichnung Mikrowellensyndrom bekannten Leiden – wie Schlafstörungen, Beeinträchtigung der REM-Phasen, übermäßige Tagesschläfrigkeit, Zunahme des chronischen Müdigkeitssyndroms, vorzeitiges Altern – auch zu psychischen Störungen

---

43 Prof. Dr. med. Karl Hecht, *Warum Grenzwerte schädigen, nicht schützen – aber aufrechterhalten werden. Beweise eines wissenschaftlichen Skandals; Wirkungen des Mobil- und Kommunikationsfunks*, in: Eine Schriftenreihe der Kompetenzinitiative zum Schutz von Mensch, Umwelt und Demokratie e.V., 2009, Heft 4, S. 16f. *(www.kompetenzinitiative.net/assets/broschuerenreihe_heft4_prospekt-lp.pdf)*

44 Dr. med. H.-C. u. A. Scheiner, *Mobilfunk, die verkaufte Gesundheit*. Michaels 2006, S. 132ff.

kommen.[45] Beim Mikrowellensyndrom findet man aber zusätzlich noch Gedächtnisstörungen, Störungen des Immunsystems, Abwehrschwäche, Herz-Kreislauf-Störungen, Bluthochdruck, Schlaganfälle, Störungen des kindlichen Wachstums besonders im Säuglingsalter, DNA-Schädigungen, Zunahme von Krebserkrankungen.

Beim gesunden Menschen ist eine Verminderung von Melatonin mit einer Erhöhung von Serotonin verbunden. Bei Menschen, die chronisch Mobilfunk ausgesetzt sind, ist jedoch eine zeitgleiche massive Verringerung auch von Serotonin zu beobachten.[46] Wenn aber dieses für die Lebensstimmung entscheidende Hormon sinkt, verliert der Mensch an Lebensfreude, Antriebskraft und Lust. Genau das können sich Seeleninfarktanwärter am wenigsten leisten, verstärkt es doch ihre sich bereits abzeichnenden Schwierigkeiten.

Studien bei Betroffenen vor Ort zeigen dasselbe deprimierende Ergebnis. Nach Installation eines neuen Mobilfunksenders im bayerischen Percha im Jahr 2001 nahmen 25 Personen, darunter acht Kinder und Jugendliche von 5 bis 14 Jahren, an einer Untersuchung teil. Dreieinhalb Monate nach Einschalten des Senders zeigten 80 Prozent der Teilnehmer eine signifikante Verringerung des Melatoninspiegels von durchschnittlich 36,7 Prozent. Ein zwölfjähriges Mädchen wies die höchste Melatoninreduktion auf: 95,5 Prozent![47]

Die Erhebung zu Melatonin- und Serotoninwerten in der Gemeinde Vogt bei Ravensburg aus dem Jahr 2004 untersuchte die Exposition durch verschiedene im Turm der katholischen Kirche verborgene Sender. Bereits vor der Inbetriebnahme einer zusätzlichen vierten Sendeanlage in einem Wohngebiet lagen die Melatoninwerte im pathologischen Bereich und verschlechterten sich vier Monate nach Inbetriebnahme des neuen Senders noch weiter.[48]

In Kempten (Allgäu) ergaben entsprechende Untersuchungen in den Jahren 2006 bis 2007[49] noch *deut*lichere Ergebnisse, da bereits vor Inbetriebnahme des Mobilfunksenders untersucht wurde. Vor Inbetriebnahme sowie fünf und elf Monate danach wurden Untersu-

45 Dr. med. H.-C. u. A. Scheiner, a. a. O., S. 125 ff.

46 Siehe zum Beispiel: J. B. Burch u. a., *Melatonin Metabolite Excretion among Cellular Telephone Users*, in: *Int. J. Radiat. Biolg.* 2002, Vol. 78 (11), S. 1029–1036.

47 Dr. med. H.-C. u. A. Scheiner, a. a. O., S. 140 f.

48 Dr. med. H.-C. u. A. Scheiner, a. a. O., S. 142 ff.

49 *www.umg-verlag.de/umwelt-medizin-gesellschaft/407_mag1.html*; Strodl, Ewald (2011) in: *Naturheilpraxis* 2011, Heft 7, S. 819 ff.

chungen der Melatonin- und Serotoninwerte anhand von Urin- und Blutproben durchgeführt. Sie erbrachten signifikante negative Veränderungen des Melatonin- und Serotoninhaushalts bei der zweiten Untersuchung nach Einschaltung des Senders. Nachgewiesen wurden hohe Melatoninwerte im Morgenurin, wo sie fehl am Platz sind, denn sie führen dazu, dass die Betroffenen müde und wie gerädert aufstehen. Bei 84 Prozent der Teilnehmer fiel der Serotoninspiegel um durchschnittlich 46,3 Prozent. Die dritte Untersuchung bestätigte die Ergebnisse der zweiten.[50] Diese Ergebnisse wurden in drei Fachzeitschriften veröffentlicht, nur die Verantwortlichen der Stadt Kempten und das zuständige Gesundheitsamt waren daran nicht interessiert.

Wo immer seriös untersucht wird, sind die Resultate erschreckend. Das *Deutsche Ärzteblatt*, zentrale Zeitung deutscher Schulmediziner, brachte Ende 2010 den Artikel »Zerebrale Angiopathien als Ursache von ischämischen Schlaganfällen im Kindesalter«.[51] Er berichtete über die Zunahme von Schlaganfällen bei Kindern und Jugendlichen. Der Leserbrief einer Gruppe von Ärzten an das *Deutsche Ärzteblatt*, der auf den Zusammenhang zwischen der erheblichen Zunahme kindlicher Schlaganfälle und dem flächendeckenden Ausbau der Mobilfunkanlagen hinwies, war wohl unerwünscht und wurde jedenfalls nicht abgedruckt. Die österreichische Ärzteschaft warnt dagegen ziemlich geschlossen und im Gegensatz zu deutschen Schulmedizinern dringend vor den Auswirkungen von Mobilfunkstrahlung. In ihren Leitlinien vom März 2012 wird das sehr deutlich.

Doch wurde im *Deutschen Ärzteblatt* 2008 erstaunlicherweise das Ergebnis einer von Handyherstellern in Auftrag gegebenen Studie veröffentlicht.[52] Sie ergab, dass die Verwendung des Mobiltelefons vor dem Schlafengehen die Qualität des Schlafes beeinträchtigen und Kopfschmerzen, Konzentrationsstörungen sowie Depressionen auslösen kann. Die der Strahlung ausgesetzten Studienteilnehmer brauchten länger, um in die erste Tiefschlafphase zu gelangen, und sie

---

50 Ewald Strodl in: *Der Heilpraktiker & Volksheilkunde*, 2010, Oktoberheft; S. 14 ff.

51 *Deutsches Ärzteblatt*, 48, 3.12.2010, S. 851 ff.

52 Der Auftraggeber, Mobile Manufacturers Forum (Organisation namhafter Handyhersteller), ließ am Karolinska-Institut und der Universität Uppsala in Schweden gemeinsam mit der Wayne State University in Michigan, USA, forschen, siehe *www.aerzteblatt.de/archiv/59105/Studie-Handystrahlung-verursacht-Schlafstoerungen.*

blieben kürzer in der tiefsten Phase. Die Forscher vermuteten, dass die Strahlung das Stresssystem des Gehirns aktiviert. Da wir wissen, wie nahe sich Depression und Burn-out sind und wie sie in dieselbe Konsequenz des Seeleninfarkts münden, muss uns diese Studie hellhörig machen – genauso wie die Arbeit des französischen Wissenschaftlers Professor Roger Santini. Er untersuchte 2003 die gesundheitlichen Auswirkungen der Mobilfunkstrahlung auf Anwohner um verschiedene Sendemasten in Frankreich. Als Hauptsymptome fand er Müdigkeit und Schlafstörungen.[53] Wie wichtig der Schlaf besonders für Burn-out-Kandidaten ist, liegt auf der Hand. Durch EMF wird er jedenfalls nachweislich und massiv beeinträchtigt.

Ein ganz besonders problematischer Punkt ist die Öffnung der Blut-Hirn-Schranke durch die Handystrahlung.[54] Diese Schranke hat die Funktion, unser Gehirn vor dem Eindringen schädlicher Substanzen zu schützen. Schon ganz zu Beginn der Mobilfunknutzung fanden 1977 die US-Forscher K. J. Oscar und T. D. Hawkins »signifikante Undichtigkeiten der Blut-Hirn-Schranke« bei Intensitäten, die typisch für Handytelefonate sind. Im September 1999 ging es weltweit durch die Presse: Mikrowellen schädigen das Gehirn, öffnen die Blut-Hirn-Schranke, machen es aufnahmefähig für Gifte. Die schwedischen Wissenschaftler Professor Arne Brun, Dr. Bertil Perssion und Professor Leif Salford bestätigten vorangegangene Studien aus Schweden und den USA. Im Oktober 2000 fanden Wissenschaftler um Professor B. Schirmacher die Öffnung der Blut-Hirn-Schranke im Einfluss der gepulsten Mikrowellenintensität alltagstypischer 2-Watt-Handys. Im Juni 2001 untermauerten Professor Johannes Goeke, Physiker an der Fachhochschule Köln, und Dr. Florian Stögbauer, Oberarzt der Neurologie an der Universitätsklinik Münster, die Ergebnisse. Je länger jeweils die Blut-Hirn-Schranke mit gepulsten Mikrowellen bestrahlt wurde, desto durchlässiger wurde sie. Auch Professor Roger Santini bestätigte die Öffnung der Blut-Hirn-Schranke und warnt vor vielen hirndegenerativen Erkrankungen als Folge. Nach einer Auswertung von Forschungsberichten in Bezug auf die Öffnung der Blut-Hirn-Schranke durch Mobilfunkstrahlung befürchtete im Januar 2001 die

---

53 R. Santini u. a., *Study of the Health of People Living in the Vicinity of Mobile Phone Base Stations*; In: *Pathol. Biol.*, Vol. 50, S. 369–73.

54 Siehe zu den in diesem Abschnitt zitierten Untersuchungen: Wolfgang Maes, *Stress durch Strom und Strahlung*, Neubeuern 2005, S. 214–217.

Physikerin Dr. Brigitte Lange: »In 20 Jahren sind wir ein Volk von Demenzkranken.«[55]

Das Dramatische an diesen Untersuchungen ist, dass sie erstens belegen, wie Mobilfunkstrahlung die Wirkung der heutigen Umweltgifte potenziert, weil sie ihnen durch Aufbrechen der Blut-Hirn-Schranke den Übergang ins Gehirn ermöglicht. Und zweitens, dass sie von der Politik seit Jahrzehnten konsequent ignoriert werden. Somit wird diese Strahlung in einer ständig giftiger werdenden Umwelt immer gefährlicher für uns. Das gilt wieder besonders für Burn-out-Kandidaten, die sehr viel zum Mobiltelefon greifen und in der Regel in einer IT-Multitasking-Welt leben und darben.

Das Deprimierendste in diesem Zusammenhang sind die Untersuchungen zum Gehirntumorrisiko durch Handynutzung. Seit 1998 wurden in Australien rapide zunehmende Erkrankungen registriert; die Nutzung von Handys ließ die Zahl von Gehirntumoren sprunghaft ansteigen. Im Bundesstaat Western Australia ist die Gehirntumorrate bei Männern um 50 Prozent gestiegen, bei Frauen um 62,5 Prozent.[56] Das britische Office of National Statistics fand im Zeitraum von 1999 bis 2009 einen um 50 Prozent erhöhten Anstieg von Stirn- und Schläfenlappentumoren bei Kindern, und die Wissenschaftler führen dies auf die Strahlung zurück, der die Kinder beim mobilen Telefonieren ausgesetzt sind.[57]

1999 untersuchte der schwedische Mediziner Dr. Lennart Hardell 233 handytelefonierende Gehirntumorpatienten aus den Regionen Stockholm und Uppsala: Linkstelefonierer entwickeln vorwiegend auf der linken Kopfseite einen Tumor; die Rechtstelefonierer hatten ihn meist auf der rechten Seite. Bekannt ist, dass Handystrahlen bei Erwachsenen neun Zentimeter tief in das Gehirn eindringen, bei Kindern noch tiefer. Der kindliche Kopf wird folglich komplett durchstrahlt. Außerdem ergab eine groß angelegte Studie in den USA im Auftrag der Telefonindustrie, die die Daten von 70 Millionen Handybesitzern nutzte, dass Neurozytome, eine relativ seltene Gehirntumorart, bei Handytelefonierern dreimal so häufig auftreten wie bei Nichtnutzern. Im September 2001 belegten dann Dr. Lennart

55 Wolfgang Maes, a. a. O., S. 217.
56 Wolfgang Maes, a. a. O., S. 213.
57 Sylvia Booth Hubbard, *Do Cellphones Damage Your Health?*, in: *Newsmax Health*, 6.5.2012 (*www.newsmaxhealth.com*).

Hardell und Dr. Kjell Hansson, dass das Risiko, durch Handykonsum an einem Gehirntumor zu erkranken, nach mehr als fünf Jahren regelmäßigen Telefonierens um 26 Prozent steigt, nach mehr als zehn Jahren sogar um 77 Prozent.[58]

Im März 2003 berichtete der Onkologe Dr. Alba Brandes aus Padua auf der internationalen Konferenz für Neurobiologie, in Europa und den USA seien Gehirntumorerkrankungen in den letzten 20 Jahren um 40 Prozent gestiegen. Die internationale Wissenschaftlergruppe BioInitiative warnte 2007: Wer als Jugendlicher anfängt, mit dem Handy oder einem schnurlosen Gerät zu telefonieren, hat ein achtfach erhöhtes Risiko, mit Mitte 20 an einem Gehirntumor zu erkranken. Als Arzt, der sich den Luxus leistet, ohne Handy zu leben, lese ich mit Schrecken, dass – laut Zwischenergebnis einer noch weiterlaufenden Studie – bereits regelmäßiges Handytelefonieren von täglich nur 30 Minuten am ungeschützten Ohr über einen Zeitraum von nur fünf Jahren die Wahrscheinlichkeit, an Gehirntumor zu erkranken, verdoppelt.

Im Übrigen hemmen Handystrahlen die Produktion des Nukleotids ATP und damit die Energieproduktion; sie behindern den existenziell wichtigen Ionentransport an der Zellmembran und verändern die elektrische Gehirnaktivität. Selbst Studien der Telekom bestätigen das. Diese Wirkung reicht bedenklicherweise zeitlich weit über die konkrete Handynutzung hinaus. Die Dunkelfeldmikroskopie, eine in der Naturheilkunde verbreitete Untersuchungsform des lebendigen Blutes, findet bei Handynutzern eine Verklumpung der roten Blutkörperchen in der typischen Geldrollenform, was als deutliche Belastung der Vitalität interpretiert wird.

Weder kann eine weitere Reduzierung der Lebensenergie noch eine Belastung des Gehirns im Interesse von Seeleninfarktkandidaten sein, die sowieso schon an einer Überlastung ihrer Zentrale leiden und hinsichtlich der Lebenskraft nicht selten von der Substanz leben. Keine Bevölkerungsgruppe außer den Kindern dürfte deshalb mehr unter den Auswirkungen der EMF leiden, und keine ist ihnen wohl auch nur annähernd so viel ausgesetzt. Insgesamt aber tickt hier eine Zeitbombe für die ganze Bevölkerung.

---

58 Wolfgang Maes, a. a. O., S. 213f.

Professor Hyland von der Universität Warwick schreibt in einem Papier des Europäischen Parlaments (2001): »Gegenwärtig ist der vom Menschen verursachte ›Elektrosmog‹ eine wesentliche Bedrohung für die öffentliche Gesundheit. Die Strahlung ist insofern heimtückisch, als sie sich der Erkennbarkeit unserer Sinne entzieht – ein Umstand, der eine eher sorglose Herangehensweise in Bezug auf den eigenen Schutz fördert. Man darf vermutlich mit Fug und Recht sagen, dass – träfe ein neues Medikament oder Lebensmittel auf denselben Mangel an Konsens und gleich starke Bedenken – es niemals zugelassen würde.«[59]

Das alles mögen für viele und besonders im Multitasking-Dschungel versunkene Seeleninfarktkandidaten schlechte, weil angstauslösende Nachrichten sein, aber auch hier liegt der Schatz im Schatten. Wir könnten daraus auch eine ganz neue Freiheit und Unabhängigkeit gewinnen, indem wir einfach etwas lassen, das zwar kurzfristig Vorteile hat, aber langfristig zu großen Problemen führt. Natürlich kann man die Handybenutzung minimieren und sich das gefährliche Teil im Ernstfall der Benutzung weit von Kopf und Leib weghalten. Das würde man mit gefährlichen Dingen intuitiv tun. Wir nehmen ja auch mehrheitlich kein Kokain, obwohl es kurzfristig enorm fit und faszinierend macht und Wettbewerbsvorteile bringt. Aber im Wissen um die Langzeitwirkung lassen wir es doch lieber.

Der Verzicht auf Tierprotein sei für ihn noch leichter als der auf das Handy, teilte mir ein gestresster Seeleninfarktkandidat mit, verzichtete auf beiderlei Verzicht und landete zielsicher im Burn-out. Auf der notwendig gewordenen Kur, die er mit einem einschlägigen CD-Programm in dem in diesem Buch beschriebenen Stil vertiefte, kam er langsam wieder zu sich selbst und fand Sinn für sein Leben. Anschließend war es – typischerweise – leicht, zuerst auf Tierprotein zu verzichten und die Handybenutzung auf Notfälle zu beschränken.

---

59 Wolfgang Maes, Baubiologieexperte und Sachverständiger des kritischen Verbrauchermagazins *Öko-Test*, fasst in seinem bereits mehrfach zitierten Buch *Stress durch Strom und Strahlung* in dem Kapitel »Stress durch elektromagnetische Funkwellen« den Stand des Wissens zum Thema Mobilfunk zusammen. Wer sich weiter und ganz aktuell informieren will, sei auf das Portal *www.kompetenzinitiative.de* hingewiesen, eine von dem deutschen Arzt Dr. Markus Kern und seiner Frau Anke Kern gegründete Initiative, die sich im Bereich EMF-Aufklärung engagiert und der ich viele Informationen verdanke.

Störzonen

In dem Kapitel über Multitasking und Mobiltelefone wurde schon deutlich, wie sehr wir heute durch ständige Unterbrechungen in unserem Lebensfluss gestört werden. Zusätzlich haben wir das Gefühl für objektive Störzonen verloren. Unsere Ignoranz der Auswirkung von Störzonen und die Sorglosigkeit, mit der wir uns die scheinbar so faszinierend praktischen Mobiltelefone gern und lange direkt an den Kopf und damit an das Gehirn halten, wird einmal als jener Wahnsinn erkannt werden, der heute schon belegbar ist. Dessen bin ich mir so sicher, weil ich schon öfter ähnliche Situationen miterlebt habe: als Kind das sorglose Röntgen bei der Schuhanprobe oder später die Reihenuntersuchungen, bei denen Millionen von Schülern mit Röntgenstrahlen minutenlang durchstrahlt wurden, als Arzt die flächendeckenden Hormongaben für Frauen im Wechsel, die zwei Jahrzehnte des Stillverbots, die routinemäßigen Gebärmutterentfernungen und so weiter. Aber bis die Schulmedizin Störphänomene wie Handystrahlen und Reiz- oder Störzonen auf breiter Basis anerkennt, dürfte es leider für viele schon (zu) spät sein. Zu fragen ist überhaupt, wie es möglich ist, dass eine so große Zahl von Menschen und insbesondere Seeleninfarktkandidaten nicht nur diese, sondern auch andere Warnungen konsequent in den Wind schlägt. Es hat sicher damit zu tun, dass es (fast) alle tun und was alle machen nicht falsch sein kann – eines der Hauptprobleme bei der Aufklärung bezüglich Burn- und Bore-out.

Dabei wissen wir, dass der lebendige Organismus ein offenes System ist, das durch ständige Regulation unter Energieverbrauch ein Gleichgewicht zwischen Innen- und Außenwelt aufrechterhält. Folglich ist die Anpassung des Individuums an seine jeweilige Umwelt ein entscheidendes Kriterium für Gesundheit. Erfahrungen zeigen, wie solche Regulationsvorgänge sowohl im Hinblick auf die physischen als auch auf die seelischen Funktionen des Menschen über Schwingung geschehen. Ein gesunder Organismus verharrt nie starr, sondern ist immer in Bewegung und pendelt um ein Optimum.

Inzwischen hat sich herumgesprochen, dass eine kranke Natur und Umwelt Menschen und Tiere krank machen. Dies war allerdings schon Paracelsus bekannt, der davon ausging, dass sich von der Umgebung eines Menschen auf seine Krankheitsbilder und von diesen auf die Umgebung schließen lasse. Wir können jedoch auch aktiv mit den kraftvollen Schwingungen unserer Umgebung in Resonanz gehen. So zieht es heute viele in das Herz berührende Kulturlandschaften wie die Toskana oder in einsame Naturlandschaften. Industrielandschaften locken wenige an; dorthin fährt man auch nicht in Urlaub. Wer aus seinem Krankenzimmer auf graue Fabrikgebäude schaut, braucht nachweislich für die Gesundung länger als jemand, der auf grüne Naturlandschaften blickt.

Früher baute man Häuser nur auf gute, das heißt zumindest ungestörte Plätze, heute ist das US-amerikanische Schachbrettmuster zur Ausnutzung jedes Quadratmeters längst bestimmend. Dabei wissen wir inzwischen auch diesbezüglich wissenschaftlich viel besser Bescheid und hätten allen Grund, geopathische Belastungen ernst zu nehmen. Sie mögen nicht das störende Ausmaß von Mobilfunkstrahlungen haben, aber sie kommen bei einer gestörten Grundsituation, wie sie beim Seeleninfarktkandidaten gegeben ist, spürbar hinzu und werden noch immer unterschätzt. Außerdem haben wir heute die Möglichkeit, gezielt positive Schwingungsmuster zu nutzen. Davon könnten besonders bereits angeschlagene und gefährdete Personen wie etwa Burn-out-Anwärter profitieren.

Das Phänomen des krank machenden Ortes und insbesondere Schlaf- aber auch Arbeitsplatzes ist mir in drei Jahrzehnten ärztlicher Praxis häufig begegnet. Wir wären gut beraten, auf den Spuren der chinesischen Feng-Shui- und indischen Vastu-Lehre mehr Augenmerk auf die Raumqualität zu legen, zumal wenn es mit Schreibtisch und im Bett um Plätze geht, wo wir sehr viel Zeit verbringen.

Das Wissen um schädliche Orte und förderliche Kraftplätze ist uralt. Die Vermeidung belasteter Plätze war in vorwissenschaftlichen Zeiten offenbar Routine, sonst würden alte Häuser nicht fast immer auf unproblematischen Zonen stehen. Erst die moderne Zeit hat solche Erfahrungen wirtschaftlichen Interessen untergeordnet, was zusammen mit der wesentlich dichteren Besiedelung zu der heute gehäuft auftauchenden Problematik von Störzonen führt. Vorgeschädigte Menschen wie Seeleninfarktanwärter sind dafür besonders empfänglich und können sich andererseits Störungen etwa des Schlafes am wenigsten leisten. Westliche Wissenschaftler sind dem Phänomen der Störung des Raumes und seiner Entstörung jedoch auf der Spur und können beides mit objektiven Methoden bis hin zu Doppelblindstudien belegen.

Am Übergang von der Volksmedizin zur Wissenschaft steht eine Dissertation im Fachbereich Architektur aus dem Jahr 1982 des österreichischen Ingenieurs Jörg Purner mit dem Titel *Orte der Kraft – radiästhetische Untersuchungen an Kirchen und Kultstätten*. Darin belegte Purner, dass alte Kultplätze konsequent auf energetisch besonderen Plätzen stehen und energetischen Mustern gehorchen. Als späterer Architekturprofessor blieb er diesem Wissen verpflichtet und kann heute als Vater der modernen wissenschaftlichen Erforschung des Phänomens von Störfeldern gelten.

Der Erste, der im heutigen wissenschaftlichen Sinne Reizzonen untersuchte, war wahrscheinlich Dr. Otto Bergsmann.[60] Reaktionen des menschlichen Organismus auf Störfelder belegte er sehr überzeugend. Von 25 erprobten Messverfahren fand er 17 hilfreich zu ihrem Nachweis, wobei bereits eine Methode ausgereicht hätte, die signifikante Ergebnisse liefert. Bioelektrische Untersuchungen der Haut, sogenannte Leitwertuntersuchungen, ergaben ebenso signifikante Ergebnisse wie Kreislaufuntersuchungen, bei denen Herzfrequenzreaktionen mittels EKG bestimmt wurden. Auch die Untersuchungen aller drei getesteten Immunglobuline brachten »deutliche Reaktionen auf die Standortbelastung, die zum Teil hochsignifikant waren«. Bei den Neurotransmittern war von den sechs untersuchten Substanzen auf der Störzone Serotonin hochsignifikant vermindert, jener Stoff, an dessen Mangel heute so viele und besonders kritisch Seeleninfarktanwärter leiden. Bergsmann fand Beeinträchtigungen bei allen Versuchspersonen; aber vor allem Kranke und Vorbelastete sprachen auf die Reizzonen intensiv an, ein deutlicher Hinweis, dass Seeleninfarktanwärter davor besonders zu schützen sind.

Zehn Jahre später erbrachte eine an den Landeskliniken Salzburg und Wien bereits prospektiv doppelblind durchgeführte interdisziplinäre Studie, die lösungsorientiert an Störzonen heranging, eindeutige Ergebnisse. Mittels Untersuchung der Herzfrequenzvariabilität konnte belegt werden, dass es bei längerem Aufenthalt auf geopathischen Zonen zu einer Störung der Regulationsvorgänge und autonomen Rhythmen kommt, wodurch chronische Belastungssyndrome

60 Otto Bergsmann, *Risikofaktor Standort. Rutengängerzone und Mensch. Wissenschaftliche Untersuchung zum Problem der Standorteinflüsse auf den Menschen*, Facultas, 2. Aufl. 1992.

beim Menschen entstehen.[61] Die Untersuchung bestätigte auch, dass wirksame Ausgleichsmaßnahmen möglich sind, und zwar mit der *Welle* von Geonado, einem Instrument zur Entstörung und Harmonisierung von Räumen.[62]

2005 veröffentlichte der Medizinbiologe Gerhard W. Hacker eine Studie, die in 135000 Einzelmessungen an den Fingerkuppenabstrahlungen nachwies, dass geopathische Zonen verschiedene, auch intensive Stressphänomene im menschlichen Körper auslösen, etwa im Immunsystem und an der Zirbeldrüse im Hinblick auf die Melatoninproduktion. Andererseits konnte auch er auf höchstem Signifikanzniveau ($p < 0,0001$) zeigen, dass diese Effekte mit jener *Welle* von Geonado kompensiert werden konnten, auf die ich noch zurückkommen werde.

Wissenschaftlich verlässliche Fakten sprechen für sich: Wer sich lange auf inzwischen in ihren Konsequenzen für den Organismus messbaren Reiz- oder Störzonen aufhält, erleidet körperlich messbare Auswirkungen. Dazu gehört unter anderem eine Verschiebung seiner nervlichen Ausgangslage in sympathikotone Richtung, das heißt, Puls und Blutdruck steigen, die Fließfähigkeit des Blutes verschlechtert sich. Kurz gesagt, der Mensch ist gestresst. Für den Moment ist so etwas kaum relevant, aber längerfristig wird ein gestörter Arbeits- oder Schlafplatz zu einem nicht zu unterschätzenden Faktor. Ein Mensch in einer idealen Lebenssituation wird möglicherweise solche Reize und Störungen seiner Befindlichkeit wegstecken. Das gelingt ihm aber nicht, wenn er schon gesundheitlich angeschlagen ist wie etwa bei starker Übersäuerung oder bei extremem sozialem Stress, der auf Seeleninfarktgefährdung hindeutet. So können geopathische Zonen durchaus am Zusammenbruch im Seeleninfarkt maßgeblich beteiligt sein und auch verhindern, dass Bore-out-Patienten zu ihrer Kraft und Energie finden.

Der naturheilkundlichen Szene ist inzwischen bekannt, wie häufig Krebspatienten auf Störfeldern schlafen. Im Sinne von *Krankheit als Symbol* sind sie erstens psychisch nicht auf ihrem eigenen Weg, zweitens körperlich übersäuert, weil in der Regel Fleischesser,

61 Siehe dazu Hermann Jell, *Was das Herz bedrückt. Der Einfluss von geopathogenen Zonen auf das autonome Nervensystem; in: Hagia Chora,* Bd. 18. 2004.

62 Siehe *www.geonado.at.*

und das dürfte schon ausreichen, sie besonders anfällig für die Auswirkungen von Reizzonen und Störfeldern zu machen. Nach dem Resonanzgesetz suchen sie sich diese dann geradezu gezielt aus. Vieles spricht dafür, dass auch ständig unter Hochspannung stehende Burn-out-Patienten nach dem Resonanzgesetz dazu tendieren, für sie gefährliche Orte zu wählen, die ihr nur noch mühsam aufrechterhaltenes System leicht zum Kippen bringen.

Die Beachtung von Störzonen und ihre Vermeidung und vor allem die Möglichkeit der Neutralisierung beziehungsweise Harmonisierung hat für die meisten Menschen rasch spürbare Effekte. In unserem Seminar-Zentrum TamanGa, in dessen Planung und Ausstattung dieses Wissen eingeflossen ist, können wir und unsere Gäste spüren, dass es mit den Methoden der Schwingungsmedizin möglich ist, über die Neutralisierung hinaus förderliche Felder zu schaffen, zu nutzen und zu genießen.

Beeindruckend bei den neueren und teilweise hier schon zitierten Studien ist, wie effektiv sich Störeinflüsse mit der einfachen Form einer Welle und entsprechenden Magnetwirkungen wieder ausgleichen lassen. Tatsächlich wissen wir inzwischen aus Beachtung der Baukunst anderer Kulturen einiges über den Einfluss von Formen auf unser Befinden. Rudolf Steiner hatte für unsere Kultur darauf hingewiesen, wie viel förderlicher organisch fließende Formen sind als die rechtwinkligen der technischen Welt.

Als Abbild des Flusses, der als Flow die Glücksforschung bestimmt, hat die *Welle* des österreichischen Exbauunternehmers und Energieforschers Adolf Wiebecke[63] inzwischen sogar in wissenschaftlichen Kreisen Anerkennung gefunden. Verschiedene Studien belegen, wie ihr Einsatz nicht nur Störfelder und Reizzonen energetisch eliminiert, sondern auch die Lebenssituationen von Menschen signifikant verbessert. Kinder in einem Heim in Salzburg wachten früher auf, waren danach aktiver und lebendiger, beim Spielverhalten wirkten sie aufgeweckter und waren konzentrierter, das heißt, sie blieben länger bei einem Spiel, ihr Schlaf verbesserte sich, und vor allem gingen die Fälle von Bettnässen um 75 Prozent zurück.

Offenbar bringt uns die *Welle* in Resonanz mit dem gesunden Feld des Flusses und gleicht so zahlreiche negative Schwingungs-

63 Siehe Dahlke/Wiebecke, *Leben ist Resonanz* (Literaturverzeichnis).

einflüsse aus. Persönlich habe ich sie – nach anfänglich erheblicher Skepsis – inzwischen auf jedem Wochenseminar dabei und hänge sie als Erstes unter die Saaldecke. In unserem Zentrum hängt sie nicht nur in jedem Saal, sondern auch in jedem Unterkunfts- und Wohnhaus. Da sie von ästhetischem Design und überaus einfach anzubringen ist, spricht vieles für solch eine Verbesserung der Raumsituation auf Schwingungsebene. Neben wissenschaftlichen Studien bestätigen positive Erfahrungen in Seminaren ihren Einsatz.

Es ist also möglich, nicht nur durch gute, konstruktive Stimmung, sondern auch durch Formen und Schwingungen positive Entwicklungsfelder zu schaffen. Wir erleben es an Kraftplätzen, wenn wir eine Antenne dafür haben. Die *Welle* erzeugt unter sich offenbar eine Art Kraftplatz, weshalb es Sinn macht, sie im Giebel des Hauses aufzuhängen. Sowohl für Burn- als auch Bore-out-Patienten wäre es im Hinblick auf den Arbeits- und Schlafplatz von Vorteil, in Feldern aufbauender Energie zu leben. Die *Welle* hat in dieser Hinsicht auch vorbeugende Wirkung und kann allerdings so auch ge- und damit missbraucht werden, um noch mehr Leistung aus sich herauszuholen.

In diesem Bereich der Schwingungstherapien wird uns in Zukunft noch einiges an positiven Überraschungen ins Haus stehen. Schon heute ist es möglich, nicht nur die Schwingungen von Kraftplätzen auf sogenannte Chips zu übertragen, sondern auch die von Heilquellen auf normales Wasser. Ähnlich, wie heute bereits riesige Datenmengen auf kleinsten Magnetstreifen gespeichert und für Checkkarten und Ausweise genutzt werden, lassen sich harmonisierende Energieinformationen über Magnetchips auch auf Matratzen und Schuhsohlen, auf Parkettböden und sogar auf Salben und Kosmetika übertragen. Besonders Menschen, die schwingungsmäßig »durch den Wind« und vom Seeleninfarkt bedroht sind, könnten von solchen Erfindungen profitieren wie heute schon viele von der *Welle*.

Innere Einflüsse

Angst

Angustus ist das lateinische Wort für eng, und Enge macht Angst, und Angst macht eng. Trotzdem machen wir es uns immer noch enger in den modernen Lebensräumen, sowohl im sozialen Bereich als auch ganz konkret beim Wohnen im Zuge der Verstädterung. So entsteht ein Teufelskreis im Sinne einer Spirale, die uns in die Niederungen von Burn-out und Seeleninfarkten hinabzieht. Schon der Volksmund weiß, dass Angst ein schlechter Ratgeber ist.

Die Angst wird in unserer Gesellschaft geradezu gezüchtet. Mediziner machen über Angst Patienten gefügig für ihre Therapien und vor allem für ihre als Prophylaxe ausgegebene Früherkennung. Journalisten schüren die Angst – wahrscheinlich im Auftrag der Pharmaindustrie – im Hinblick auf »apokalyptische« Seuchen wie Vogel- oder Schweinegrippe. Politiker bemühen Angstszenarien, um Menschen zu immer mehr Opfern (an Geld) und Einschränkungen (ihrer Freiheit) zu nötigen und um sie für unpopuläre Maßnahmen gefügig zu machen: »Die Lichter werden ausgehen, wenn ihr nicht der Atomkraft zustimmt!« Lehrer machen Schülern Angst, Eltern ihren Kindern und Partner einander. In der globalisierten Welt leben Firmen in Gestalt ihrer Bosse mit der Angst vor Übernahmen, die Angestellten und Arbeiter in der Angst vor Arbeitsplatzverlust, und das alles macht Druck. Die Angst vor ständigen Kontrollen, auch durch Behörden, kommt hinzu. Obendrein essen wir auch noch Angst in Gestalt der Angst- und Stresshormone der Schlachttiere. Chronisch gewordene Angst führt nachweislich zu Depressionen und folglich zu Seeleninfarkten.

Die Lösung liegt hier (ur-)prinzipiell im Bereich des Saturnprinzips, das heißt in der Reduktion auf das Wesentliche. Und wir brauchen verlässliche Strukturen vonseiten des Staates und Disziplin von uns selbst, um mit Konsequenz und Achtsamkeit die großen anstehenden Probleme zu lösen. Eine andere Möglichkeit ist die Haltung vom Gegenpol des Jupiterprinzips, die mit Großzügigkeit Weite schafft. In meiner Wahlheimat Österreich drückt dieses jovische Prinzip sich im (arche-)typischen »Passt schon« aus. Wenn wir es uns gegenseitig leichtmachen, reduziert das die Angst und schafft Vertrauen. So altmodische Themen wie Freundschaft, Füreinandereinstehen, Nachbarschaftshilfe und gegenseitige Achtung gedeihen auf solcher Basis.

Mobbing

Alle Menschen brauchen Anerkennung und bekommen sie neben der materiellen Ebene des Geldes durch Lob und Wertschätzung.

Das ist zum Beispiel der Grund, warum die deutsche Politik der Ein-Euro-Jobs von Anfang an nicht funktionieren konnte, da in der Entlohnung eine Herabsetzung enthalten ist. Hier wäre ehrenamtliche Arbeit sogar noch vorzuziehen, denn der eine Euro beleidigt die Seele nur. Sie braucht aber im Gegenteil Anerkennung und Achtung.

Mobbing ist das genaue Gegenteil von Anerkennung und Wertschätzung. Man versucht, sich jemand mittels Verleumdung, übler Nachrede und Rufmord aus dem Weg zu schaffen. Solch charakterloses Verhalten gab es wohl schon immer, aber es ist heute zur Seuche geworden, ungefähr zeitgleich mit Burn-out. Allein mangelnde Anerkennung erhöht schon die Burn-out-Gefahr. Gezielte Herabsetzung ist noch viel fataler. Potenzielle Burn-out-Kandidaten sind für ihr übergroßes Engagement zudem besonders abhängig von Anerkennung. Allerdings beschweren sich Opfer von Mobbing sehr rasch und klagen über ihre Situation – im Gegensatz zu Burn-out-Kandidaten, die ihr Elend meist nicht fassen können, bis es sie voll im Griff hat.

Den einzigen mir bekannten sicheren Weg aus der Rolle des Mobbing-Opfers weist das Resonanzgesetz. Gemobbte Menschen wollen in der Regel Hilfe gegen die Mobber, denen soll das schändliche Handwerk gelegt werden. Die Lösung sieht aber ganz anders aus und ist – theoretisch – viel einfacher: Die Opfer von Mobbing müssten selbst aufhören, sowohl über andere schlecht zu sprechen als auch sogar schlecht zu denken. Dann ist es eine reine Zeitfrage, bis das Mobbing sich totläuft und aufhört. Aber diese einfache und sichere Lösung begeistert Mobbing-Opfer in der Regel wenig. Das ließ mich schon oft vermuten, sie wollten selbst weiterlästern und nur Schutz vor den Lästereien der anderen haben. Das aber funktioniert nie. Hier gilt die bekannte Spruchweisheit und volkstümliche Formulierung des Resonanzgesetzes: »Wie du in den Wald hineinrufst, so schallt es zurück.«

Dieser einfache Ausstieg wird nicht nur die Mobbing-Situation beenden, sondern das eigene Leben verändern. Schlecht über andere zu reden und zu denken ist eine energetische Dummheit, die sich nur wenige leisten können. Seeleninfarktkandidaten gehören jedenfalls nicht dazu, denn sie steuern auch so schon auf den energetischen Offenbarungseid zu.

Für den bewussten Umgang mit Negativem, Schuldzuweisungen und Ausgrenzung können wir von dem ursprünglichen Sündenbockmodell lernen. Statt Schuld auf alle möglichen Menschen der Umgebung zu verteilen, was zu nachtragendem, beleidigtem Verhalten führt, wählten sich die historischen jüdischen Stämme einen (Schaf- oder Ziegen-)Bock aus, auf den sie ganz bewusst ein Jahr lang alle Schuld abwälzen konnten. Nach einem Jahr opferten sie den Sündenbock Gott Jahwe, und das Böse war ver- und entsorgt. Unsere moderne Sündenbockpolitik, die bis zu Mobbing geht, ist dagegen problematisch. Heute werden überall Menschen zu Sündenböcken in Belegschaften, Abteilungen, Klassen und Schulen. Wer das »Schuld-Abonnement« hat, bekommt alles ab, was sonst niemand will. Wenn die Opfer dann krankheitsbedingt ausfallen, wird meist ein neuer Sündenbock gesucht, oder die Schuld verteilt sich kurzfristig auf alle, was Stimmung und Energieniveau insgesamt senkt.

Energielöcher, emotionale Problemfelder
Missstimmungen in der persönlichen Beziehung, aber auch unter Berufskollegen oder in geschäftlichen Beziehungen, also ungelöste, schwelende Konflikte sind die häufigsten energieraubenden Fallen und Irrtümer. Außerdem kann ein chronischer Konflikt im Sinne von *Krankheit als Symbol* auch in den Körper sinken und als Herd in medizinischer Hinsicht Energie abziehen. Insgesamt neigen wir wegen der generellen Überbetonung des Materieaspekts dazu, schwarze Löcher auf materieller Ebene zu überschätzen und solche auf seelischem Niveau zu unterschätzen.

Natürlich sind auch körperliche Problemfelder zu sanieren. Wenn wir das nachhaltig tun wollen, müssen wir jedoch auch hier den seelischen Hintergrund mitbeachten. So finden wir hinter chronischen Entzündungsherden langfristig schwelende, nicht zu Ende geführte Auseinandersetzungen und Konflikte. Diese zu sanieren ist die mit Abstand wichtigste Aufgabe, um Energielöcher zu stopfen.

Eine der energetisch belastendsten Situationen entsteht, wenn wir über lange Zeit nachtragend sind. Es führt zu einer kräftezehrenden Schlepperei, die im wahrsten Sinne des Wortes Beschwerden macht, weil solche Lasten mit der Zeit kaum leichter werden. Schon das Wort macht klar, was geschieht: Man selbst trägt die emotionale Last; der »Gegner« bleibt davon weitgehend verschont. Die Übersetzung auf die körperliche Ebene verdeutlicht es: Wer jemandem ein Paket nachträgt, belastet sich und entlastet den anderen. Das Durchschauen allein dieses Denkfehlers, man könne jemandem schaden, indem man ihm etwas nachträgt, sollte genügen, um die Unsitte des Nachtragens zu beenden. Ein ähnlicher Zusammenhang wird beim Beleidigtsein und dem damit verbundenen Leid deutlich. Der Beleidigte hat das Leid, und das kann keineswegs in seinem Sinne sein. Hier ist ein ähnlicher Erkenntnisschritt wie beim Nachtragen not-wendig.

Wirkliche Veränderungen lassen sich in beiden Situationen am einfachsten auf der Seelen-Bilder-Ebene verwirklichen (siehe die entsprechenden Übungen im zweiten Teil des Buches). Folglich ist es sinnvoll, sich Zeit zu nehmen, um herauszufinden, wem man in dieser großen weiten Welt was nachträgt oder weswegen man beleidigt ist. Dabei wird in der Regel der Widersinn solch beschwerlicher Aktionen deutlich.

Schuldzuweisungen und Projektionen erschweren oft die richtigen Schlüsse und leichten Auswege. Wer der Meinung ist, der andere schulde ihm noch etwas, sollte sich Gedanken machen, wie realistisch die Durchsetzung dieser Forderung ist – nicht, wie gerecht sie ist, sondern nur, wie realistisch. Entweder sollte er sich dafür entscheiden und bei deren Durchsetzung Gas geben oder sie aufgeben. Denn je länger sich solch ein Prozess in des Wortes Doppelsinn hinzieht, desto mehr Energie verbraucht er. Wer sich klarmacht, dass zu jedem juristischen immer auch ein seelischer Prozess gehört, der meist mindestens genauso viel Energie kostet wie der juristische, wird beim Prozessieren deutlich zurückhaltender.

Mit Klagen in des Wortes Doppelsinn wird vor Gericht wie auch im täglichen Leben ebenfalls enorm viel Energie vernichtet. Den Hintergrund bilden immer Beschwerden – bei Gericht, bei (Geschäfts-) Partnern, beim Universum und bei Gott. Solche Beschwerden führen allerdings über kurz oder lang zu Beschwerden in seelischer Hinsicht, und wenn sie dort nicht beachtet werden, sinken sie in den Körper. Dafür steht die Psychosomatik (gerade).

Die »Klage-Gesellschaft« ist diesbezüglich auf einem Weg der Energieverschwendung, die ihr auch in anderer Hinsicht so vertraut ist. Natürlich wird eine Gemeinschaft, die konkret so unglaublich viel Energie verprasst wie die moderne, das auch auf analogen Ebenen tun. Deutlich erkennbar wird dies an der US-Gesellschaft, die nicht nur in unverantwortlicher Weise Raubbau an den Ressourcen unserer Welt treibt, sondern auch eine beispiellose Klage- und Prozesskultur hervorgebracht hat. Sie blockiert sich längst in ihren besten Möglichkeiten selbst. Dort bekam ich zum Beispiel schon zur Begrüßung von einem befreundeten Kollegen gesagt, ich solle an einem Unfallort keineswegs anhalten und ärztlich helfen, das führe nur zu Klagen, die kaum zu gewinnen seien. Außerdem reiche meine europäische Haftpflichtversicherung dazu niemals aus. Was für eine schreckliche Einstellung und Haltung, wenn sich Ärzte so verhalten würden und – aus Angst vor Klagen – in einem Notfall nicht mehr helfen würden!

Allerdings sind wir gerade – jedenfalls in Europa – auf einigen Ebenen dabei, dies zu durchschauen und die Energieverschwendung zu stoppen. Immer mehr Menschen verstehen, dass wir nicht länger mit den Ressourcen der Erde dermaßen gedankenlos umgehen dürfen. Auf der medizinischen Ebene zeigt uns die Burn-out-Welle dasselbe für den menschlichen Bereich. Wenn wir nicht lernen, mit Energien und Ressourcen hauszuhalten, werden wir auf vielen Ebenen Mangelsituationen ernten. Wir steuern jedenfalls bereits deutlich darauf zu. Energiemangelzustände im Sinne von Burn-out sind im Mikrokosmos des Körpers und im Makrokosmos der Welt gefährlich.

Klagen macht schwach, da es auf allen Ebenen Energie kostet. Es zeigt, dass wir uns schlecht und ungerecht behandelt fühlen und Resonanz zu Menschen und Situationen haben, die wir unmöglich finden. Das Gesetz der Anziehung stellt obendrein klar, dass wir dieses »unmögliche Verhalten« oder diese »schreckliche Art« unbewusst und unerkannt auch in uns tragen müssen. Da immer mehr Menschen inzwischen mit den Schicksalsgesetzen und folglich auch mit dem Resonanzgesetz vertraut sind, werden diese Zusammenhänge glücklicherweise zunehmend aufgedeckt und wahrgenommen.

Im Widerstand mit sich und der Welt leben

Letztlich zeigt man mit Klagen, dass man im Widerstand zu etwas oder jemandem ist. Widerstand aber verbraucht immer Energie, ob es sich nun um Reibungswiderstand in der Technik handelt oder um juristischen oder um seelischen. Sicher ist Widerstand manchmal not-wendig, wenn einem etwas wirklich widersteht, etwa bei

Diktatoren in Politik, Wirtschaft oder Partnerschaft. Energetisch betrachtet, ist es dann empfehlenswert, ganz in den Widerstand hineinzugehen und den Kampf möglichst mutig und rasch zu Ende zu bringen. Aber man sollte es sich jeweils gut überlegen, wie viel Zeit und Energie man in bewussten Widerstand und folglich Krieg investiert. Blitzkriege sind im Vergleich zu Stellungskriegen noch das kleinere Übel, genauso wie akute Infektionen im Vergleich zu chronischen. Auch kurze, heftige Auseinandersetzungen sind in dieser Hinsicht erträglicher als lange schwelende Vorwurfssituationen und damit verbundene Missstimmungen. Sich über lange Zeit hinziehender Widerstand kostet in jedem Fall entsetzlich viel Kraft und entspricht einem Ausbluten.

Den Gegenpol zu Widerstand bietet der für unser Thema entscheidend wichtige Augenblick des Hier und Jetzt. In einer Einheitserfahrung, wenn die Zeit stillsteht, verschwindet aller Widerstand. Die verschiedenen Traditionen beschreiben die unterschiedlichsten Wege und Exerzitien, die zu solchen Erfahrungen führen, in Worten wie Satori, Samadhi, Nirwana, Befreiungserlebnis, Christus- oder Erleuchtungserfahrung. Nur eines ist immer gleich und wird überall deutlich: Der Widerstand, der sonst unser Leben ausmacht, ist während der Einheitserfahrung verschwunden. Der Umkehrschluss besagt nichts weniger, als dass wir im Widerstand sind, wenn wir gerade keine Einheitserfahrung machen; folglich sind wir es die meiste Zeit unseres Lebens.

Was uns am Abend müde sein lässt, ist vor allem Widerstand. Kleine Kinder, die den Tag spielend im Augenblick verbringen, sind deshalb am Abend nicht selten frischer als ihre Eltern. Es ist auch Widerstand, der uns in Partnerschaft und Beruf extrem viel Kraft kostet und deshalb dem Zustand des Ausgebranntseins am meisten Vorschub leistet. Je weniger Widerstand wir leisten, desto besser ist es für uns und unser Energieniveau. Falls Widerstand wirklich einmal notwendig ist, dann sollten wir ihn wie empfohlen schnell und entschlossen, mutig und tatkräftig leisten.

Menschen mit Burn-out und erst recht mit Bore-out befinden sich sehr im Widerstand, allerdings meist ohne das bewusst zu erkennen oder gar zu äußern. Das beginnt oft schon mit ihrem Widerstand beziehungsweise dem ihrer Seele gegen den Job und seine Umstände. Bore-out-Betroffene neigen eher als Burn-out-Kandidaten zum

Ausdrücken ihres Widerstands: Das geschieht allerdings oft durch klagen und jammern. Ihnen ist zu raten, ihren Widerstand klar und deutlich zu artikulieren und sich auf einen entschiedenen, schlagkräftigen Kampf für die Verbesserung der Verhältnisse einzulassen. Falls Widerstand geäußert werden muss, ist es am heilsamsten, es bewusst zu tun.

TEIL II

PRAKTISCHE SCHRITTE IN EIN ERFÜLLTES LEBEN

KONVENTIONELLE HILFSMASSNAHMEN UND SYMPTOMKOSMETIK

Die moderne Industriegesellschaft, die den Fleiß (lat. *industria*) unter Druck so übertrieben hat, verfügt – nach meinen Erfahrungen – leider über keine wirklich wirksamen, dem Burn-out-Problem an seinen Wurzeln begegnende Maßnahmen. Solche sind auch nicht zu erwarten, weil sie die Grundannahmen des Wirtschaftssystems infrage stellen würden. Aus dem System heraus gibt es natürlich inzwischen verschiedene, auch wirtschaftlich relevante Reaktionen auf das Problem. Man könnte geradezu von einer Art Burn-out-Industrie sprechen.

DIE WELLNESSOASEN-WIRTSCHAFT

In den Hotels der Oberklasse hat sich ein breiter Trend zur Einrichtung von Wellnessoasen durchgesetzt. Mit enormem finanziellem Aufwand wurden fantastische Bade- und Saunalandschaften geschaffen, doch typisch für unsere Zeit und Gesellschaft hat man dabei die Inhalte vergessen. Was sollen die Gestressten, Überforderten, Burn-out-Gefährdeten, die auf den endgültigen Seeleninfarkt zusteuern, bloß in den Wellnesstempeln machen, außer ausruhen? Fitnesstrainer allein bringen kein Leben in die schönsten Wellnessanlagen und auch nicht in ausgebrannte Menschen, die es so sehr brauchen würden. Hier wird weder Spaß noch Lebensfreude vermittelt, wenn auch vieles wunderschön gestaltet ist. Wo aber soll Wohlfühlen herkommen, wenn man es kaum noch kennt?

Meist haben jene Begüterten, für die diese Hotels rein preislich gedacht, gebaut und reserviert sind, auch gar keine Zeit für Erfahrungen von Ausruhen, Loslassen und Genießen. Ohne Muße gibt es aber kein echtes Wohlgefühl. In dieser Situation wird sogar die traditionelle Sauna zur Gefahr und zu einem weiteren Stressfaktor für gestresste Managerleiber.

Wer schnell noch in einer sowieso schon zu kurzen Pause in die Wellnessoase hechtet, weil er weiß, dass er zu lange nichts mehr für sich getan hat, und er noch rasch die wärmstens empfohlene exklusive Anlage ausnutzen will, landet in einer geradezu (arche-)typischen Situation. Ohne Zeit zur Orientierung und weil sie ihm oft als einzige vertraut ist, strebt er der finnischen Sauna zu, von der er weiß, dass dort sogar er etwas spürt. Weil er gewohnt ist, rasch Ergebnisse zu produzieren, freut er sich, wenn ihm – ob der verrückten 95 Grad Hitze – sofort der Schweiß ausbricht und in Bächen über seinen Bauchansatz rinnt. »Da tut sich wirklich was«, meint der Wellnesssuchende, die Frage ist nur, von welcher Qualität. Bei einem solcherart in Stress versetzten Organismus bricht natürlich der körperliche Angstschweiß aus. Es ist mehr eine Panikreaktion als ein Zeichen der Regeneration. Nun sitzt er auf der obersten Sprosse und treibt dieses Panik-Schwitzen so lange, wie es die Sanduhr vorgibt. Für das im Anschluss empfohlene Verweilen im wunderschönen Ruheraum fehlt ihm leider die Zeit. Stattdessen wird kurzerhand eine Schocktherapie gewählt: die Schwalldusche oder, noch schlimmer, das eiskalte Tauchbecken. Anschließend folgt des Dramas zweiter Akt in einem erneuten Saunagang.

Den Gesichtern sich solcherart für die eigene Gesundheit quälender Leistungsträger sieht man das Martyrium anschließend im Seminar an, dabei haben sie selbst den Eindruck, endlich wieder mal etwas für sich getan zu haben. Eine Mittagsruhe mit Schlaf oder eine geführte Meditation hätte ihrer Gesundheit wesentlich besser gedient.

WORK-LIFE-BALANCE(-SEMINARE)

Große Firmen bieten ihren Mitarbeitern seit Längerem Work-Life-Balance-Seminare an. Das Problem scheint also erkannt zu sein, dass ständige Druckerhöhung und immer kürzere Taktung am Arbeitsplatz zu einer erheblichen Verbreitung von Burn-out geführt haben. Vor allem weil gute Mitarbeiter dadurch für lange Zeit, wenn nicht sogar für immer ausfallen, ist man auf Lösungen aus. Auch wird im wahrsten Sinne des Wortes als kontraproduktiv wahrgenommen, dass Burn-out-Betroffene, falls sie überhaupt wieder an ihren Arbeitsplatz zurückkommen, nicht mehr die gewünschte und geforderte Leistung bringen (dürfen).

Würde man nun als Seminartrainer mehr Leben, Genuss und Gemütlichkeit in den druckvollen Arbeitsprozess bringen, liefe das den für viel Geld durchgedrückten Maßnahmen der Rationalisierungsfirmen genau entgegen; es kann also nicht das gewünschte Firmenziel sein. Immer hat es den gleichen Inhalt: einen möglichst hohen Gewinn bei möglichst geringen Kosten zu erwirtschaften. Burn-out ist ein unangenehmer Kostenfaktor geworden, den es auszuschalten oder wenigstens zu minimieren gilt, am besten, ohne Umsatz und Profit zu gefährden.

Folglich geht es bei diesen Seminaren auch nicht darum, eine echte Balance zwischen Arbeit und Leben zu finden. Das Ziel ist hier, die Freizeit oder sowieso nicht zu verhindernde Pausen der Mitarbeiter noch besser für Regeneration und Entspannung zu nutzen, um ihr Abrutschen in Seeleninfarkte zu verhindern und ihre Leistung eher noch zu erhöhen. So ist dann manchmal durchaus ein Entspannungs- und Regenerationsraum drin, wird eine Verbesserung des Mittagessens mitgetragen und ein moderates Bewegungsprogramm unterstützt, das aber möglichst in der Freizeit stattfindet. Kleine Firmen, bei denen der Chef mitmacht und selbst in der Betroffenheitszone agiert, steigen manchmal tiefer ein und zeigen, dass es geht. Da kann sich dann geradezu eine Mittagsschlafkultur entwickeln. Kleine Pausen – am besten jeweils nach 90 Minuten – werden für Bewusstseinsgymnastik oder Jonglieren eingeführt und konterkarieren das wirtschaftliche Effizienzprogramm nicht wirklich. Aus Shareholder-Sicht läuft das alles unter Kosten, und die Hoffnung ist, damit krankheitsbedingte Unkosten zu minimieren.

Wollte man wirklich Work-Life-Balance, müsste man nur die sieben Tage der Woche halbieren und den Mitarbeitern schon ab Donnerstagmittag freigeben und sie mit besten Regenerationswünschen in ein sehr langes Wochenende verabschieden. So einfach wäre Balance zu schaffen, aber das ist natürlich nicht beabsichtigt. Doch lassen sich durch eine Sanierung der Essens-, Schlaf-, Bewegungs- und Pausensituationen tatsächlich kleine Erfolge im Kampf gegen Burnout erzielen, in dem Sinne, dass dessen Eintritt hinausgezögert wird.

So können manchmal Kompensationsmöglichkeiten Betroffener verbessert werden. Demnach wären sogar Partnerschaftsberatungen und -seminare zielführend, weil auch sie Kompensationsmöglichkeiten fördern und sich daher für Firmen durchaus auszahlen.

Nachdem die Burn-out-erzeugenden Nebenwirkungen von Controlling bekannt sind in Gestalt von zunehmendem Druck, Arbeitsunterbrechung und Angst, ließe sich hier systematisch gegensteuern. Ein Konzept wie Lean-Management führt zu mehr Selbstverantwortung der Arbeitnehmer. Gleitende Arbeitszeit und die lange Leine bewähren sich bereits in vielen Situationen. Gerade im IT-Bereich arbeiten manche fest angestellten Genies schon ganz zu Hause, gleichsam völlig selbstständig.

Vertrauen statt Stechuhr, so könnte die Devise lauten, die durchaus schon Erfolge vorweisen kann. Kontrolle drückt Misstrauen aus, Vertrauen motiviert. Sobald die Menschen selbst mehr Kontrolle über ihr Leben bekommen, statt sich kontrolliert zu fühlen, geht es ihnen besser, wie Studien belegen. Ein diesbezüglich beeindruckender Großversuch ist die Schweiz. Die Menschen können in einer Art Basisdemokratie, die schon auf Gemeindeebene beginnt, alles ständig mitentscheiden und mitbestimmen. Die meisten tun es gar nicht, aber sie könnten es, und allein diese Möglichkeit fühlt sich offenbar verblüffend gut an. Jedenfalls sind die Bürger damit sehr zufrieden. Selbst das Steuerwesen baut weitgehend auf Vertrauen auf. Und warum sollte ein Schweizer bei mehrheitlich moderaten Steuern und großzügigen Pauschalen sein Gewissen belasten und sich selbst durch Betrug Angst vor Entdeckung verschaffen?

Statt ständig das operative Ergebnis im Auge zu haben, könnten Firmen eine andere Zeitkultur begründen helfen – einfach weil der Tempokult wegen der Nebenwirkungen auf Dauer zu teuer wird und zu wenig bringt. Allerdings hätten sie dann Work-Life-Balance ernster zu nehmen und tiefer zu begreifen. Im Grunde müssen die meisten Menschen heute Muße und Freizeit erst wieder genießen lernen. Die Spaßgesellschaft ist keine Lösung, denn der von ihr inszenierte Fun an den Wochenenden stellt den Arbeitsstress oft noch in den Schatten. Der neue Trend zu so alten Methoden wie Meditation und Kontemplation bietet hier eher Lösungen.

Viele hilfreiche Strategien sind also denkbar. Diese Maßnahmen sollten nur nicht dazu verleiten, die eigentlich entscheidenden

Lösungen zu versäumen, denn dadurch würden sie die drohende Gefahr letztlich noch verschärfen. Schlimmstenfalls könnten sich heillose Irrwege ergeben und Betroffene über längere Zeit in einem Vor-Burn-out-Zustand stabilisiert werden. Immerhin lässt sich so oft ein vollständiges Abgleiten in den Seeleninfarkt verhindern, was Betroffene und Firmen gleichermaßen beruhigt.

Genauer betrachtet, zeigen alle oberflächlichen Bearbeitungsversuche das Problem mehr, als es zu lösen. Die voll ausgebildete Symptomatik zielt auf Umkehr und Lösung der heillosen Situation. Jemanden an der Kante zum Absturz in den Seeleninfarkt für längere Zeit zu halten kann nicht im Interesse von dessen Seele liegen. Aus einer spirituellen Perspektive lässt es sich noch deutlicher formulieren: Der Seeleninfarkt bringt Betroffene in die schrecklich unerlöste Erfahrung des Augenblicks. Tendenziell ergibt sich daraus die Chance, von der unerlösten auf die bewusste Seite zu wechseln und die Lösung im Hier und Jetzt zu suchen.

So gesehen, bringen die gängigen Anstrengungen von Work-Life-Balance die Betroffenen oft nur noch weiter weg von ihrer Lösung. Statt Seeleninfarktkandidaten im Spannungsfeld der Dualität zu stabilisieren, liegt die wirkliche (Er-)Lösung einzig in der Erfahrung von Einheit – dem Einswerden mit der Arbeit, dem Partner und der Welt. Statt sich also weiter in der Welt der Polarität zu verbrennen oder gar verheizen zu lassen, geht es darum, Frieden im Augenblick in der eigenen Mitte und im Hier und Jetzt zu finden.

Die Work-Life-Balance-Idee der Firmen kann im Kampf gegen den Seeleninfarkt bestenfalls ein Kompromiss sein, schlimmstenfalls aber auch eine perfide Strategie mit dem Ziel der Selbstentfremdung des berufstätigen Menschen von seinem eigentlichen Ziel, nämlich seiner Bestimmung. Er bleibt damit eher seinem Job verhaftet, statt ganz aus der Situation herauszutreten und dadurch vielleicht seinen Ruf zu hören, der ihn zur Berufung bringt und in einen Beruf mündet.

Aus spiritueller Sicht gilt es, die Polarität letztlich in jedem Fall zu überwinden. Die Burn-out-Anzeichen und erst recht der voll entwickelte Seeleninfarkt wollen im Sinne von *Krankheit als Symbol* zurück auf den eigen(tlich)en Weg führen. Sie sind Wegweiser auf dem Pfad der Individuation. Aus dieser Perspektive erscheint alles, was auf dem Weg festhält und den Fortschritt behindert, als kontraproduktiv.

Andererseits will jeder Mensch Linderung seiner Beschwerden, und diese vermitteln Work-Life-Balance-Seminare manchmal erfolgreich. Sie lassen sich natürlich eingedenk der Chancen, die im Augenblick des Hier und Jetzt liegen, und mit entsprechendem spirituellem Hintergrund auch zu einem Anstoß zu tief gehender Neuorientierung und Orientierung auf dem Weg der Selbstverwirklichung nutzen.

DIE BURN-OUT-INDUSTRIE

Obwohl Medizin und Psychologie keine tragfähige Definition für Burn-out haben und bei dessen Erforschung nicht recht weiterkommen, gibt es inzwischen eine geradezu florierende Burn-out-Industrie. Diese profitiert davon, dass die oberflächlichen Versuche der Gegensteuerung, etwa im Wellnessbereich, praktisch zu wenig bringen. Inzwischen haben sich ungezählte Therapeuten auf das Thema spezialisiert und bieten Einzelnen und Firmen ihre Hilfe an. Das im Niedergang begriffene Kurklinikgewerbe findet hier eine neue Chance.

Die besseren Sanatorien, wie man diese Einrichtungen ruhig wieder nennen könnte, vermitteln vor allem Zeit, die natürlich die Betroffenen mitbringen müssen. Dort nimmt man den Patienten ihre Lieblings- und Gewohnheitsspielzeuge wie Laptop und Zeitung, Radio und Fernsehen weg und lässt sie auf sich selbst zurückfallen, indem man sie dazu zwingt, einmal nichts zu tun. Loslassen ist jetzt das Zauberwort, runter- und ankommen, wieder Ruhe ertragen und erleben lernen, die erzwungene Passivität schließlich genießen lernen, zum Zeugen des eigenen Lebens werden und sich aus tiefstem Herzen umbesinnen. Tatsächlich sind die Sinne dabei wichtig, und auch das Herz muss mit und zurück ins Spiel (des Lebens) kommen. Auf der Zeitebene sollte das Ergebnis eine Um- und Neuverteilung sein, bei der die Arbeitszeit schrumpfen und die Zeit des L(i)ebens zunehmen muss.

Als äußere funktionale Maßnahme aber greift dieses Programm nicht; die Neuorientierung muss als Erkenntnis im eigenen Herzen geboren werden. Einzig aus dem Nichts-Tun, der tiefen Entspannung des Loslassens, entwickelt sich im Idealfall jene Innenschau, aus der die großen Fragen des Lebens aufsteigen können: *Wer bin ich, und wozu (bin ich da)? Was ist der Sinn meines Lebens? Was wird und soll bleiben von mir?*

Aber letztlich kann in noch so engagierter Nachsorge nicht die wirklich befriedigende Lösung liegen. Diese ist im gesamtgesellschaftlichen und wirtschaftlichen Zusammenhang und sogar noch tiefer in den von der Zeitqualität bestimmten Mustern zu entdecken. Erst dahinter ergeben sich jene tiefen Lösungen, die dem Einzelnen vorbeugend gerecht werden und daher auch der Gesellschaft am besten dienen würden.

Eine Grundfrage für moderne Seeleninfarktanwärter ist: »Wollen Sie wirklich heraus aus der Gefahr oder nur Symptomkosmetik, um länger in gefahrvoller Lage aushalten zu können?« In der Polarität unserer Welt stehen uns auch in anderen Situationen diese beiden Möglichkeiten offen. So können wir gute Beziehungen nutzen, um den Wahnsinn der Arbeitssituation länger zu ertragen. Wir können sogar aus einer wahnwitzig kranken Beziehung in die Ablenkung einer (über-)fordernden Arbeit fliehen. Wir können uns gesund ernähren, den Schlaf verbessern, um noch länger in der Firma durchzuhalten – *oder wir können an einem neuen Feld für unser eigenes Leben bauen und versuchen, andere in Resonanz dazu zu bringen.* Dies versuchen im Wesentlichen auch Klostergemeinschaften und Ashrams, spirituelle Gemeinschaften wie Auroville oder Findhorn, alternative Lebensmodelle wie Tamera, Vierlinden und nun auch TamanGa.

UMKEHR UND LÖSUNG EINER HEILLOSEN SITUATION: MEINE THERAPIEEMPFEHLUNGEN

Wenn Sie in einer für Sie sinnstiftenden Arbeit aufgehen und Ihrer Berufung folgen, eine erfüllte, glückliche Beziehung voller traumhafter Augenblicke leben dürfen und in Ihrem Umfeld weder Druck noch Stress ausgesetzt sind, brauchen Sie keine Angst vor Burn-out oder Bore-out zu haben. Selbst wenn Sie einmal heftigem Stress ausgesetzt sind, könnten Sie ihn gut und lange ertragen und gleichsam wegstecken, weil der Sinn stimmt und Sie immer wieder im Augenblick zwischenlanden können. Wenn Sie an der Entstehung solcher Bedingungen arbeiten, sind Sie bezüglich Burn- und Bore-out auf dem richtigen Weg.

Dafür gibt es viele Ansatzmöglichkeiten. Es beginnt bei Eigenakzeptanz und Selbstliebe und der Möglichkeit, die eigene Entwicklung im körperlichen, seelischen und spirituellen Bereich zu fördern und entsprechende Fortschritte in Richtung Mitte und innerer Stille zu machen. Wenn Sie dabei den Augenblick des Hier und Jetzt und den Sinn Ihres Lebens im Auge behalten, sind Sie gut auf Ihrem Weg unterwegs und in guter Resonanz mit sich.

In der Beziehung zu Lebens- und zu Arbeitspartnern ist die Verwirklichung eines liebevollen zwischenmenschlichen Umgangsstils ein wesentlicher Schritt in Richtung soziales Feld. Daraus könnte zum Beispiel relativ leicht mithilfe Gleichgesinnter ein Feld von gemeinsamen Essensritualen (etwa in der Kantine) wachsen mit einem gesundheitlich, gesellschaftlich, ökologisch und humanitär vertretbaren Essen. Es könnten sich Hobbys ergeben, die in der jeweiligen Arbeit Fehlendes auf spielerische Weise ins Leben integrieren. Das alles lässt sich im Verbund mit anderen so viel leichter umsetzen, und es kann so viel mehr für alle bringen, weil es das Feld stärkt und ausbaut.

Würden solche Inseln der Natürlichkeit allmählich normal und sich miteinander verbinden, nicht auszudenken, was alles möglich wäre! Wir alle sollten uns der Kraft der Resonanz bewusst werden und mit Bewusstheit an neuen Feldern bauen. Es war nie dringender, und die Möglichkeiten waren nie besser, denn Widersprüche und Leidensdruck wachsen immer stärker, und es gibt heute das Internet, um Informationen rasch und günstig auszubreiten, was extrem wichtig für die Entstehung neuer Felder ist.

DIE DREI HAUPTPROBLEME AN DER WURZEL PACKEN

Hinter den meisten Seeleninfarkten verbirgt sich, wie wir gesehen haben, ein doppeltes und oft sogar dreifaches Problem: Aufgrund des ständig wachsenden Drucks leben Sie als Gefährdete(r) erstens viel zu wenig im Augenblick und werden deshalb über die Symptome ins Hier und Jetzt gezwungen. Zweitens tun Sie zu viel von dem, was für Sie zu wenig Sinn macht, und drittens fehlt es Ihnen an befriedigenden Lebensinhalten.

Die Lösung für alle drei Ebenen ist theoretisch einfach: nur noch sinnvolle Tätigkeiten auszuüben, die es Ihnen erlauben, ohne Druck in den Augenblick einzutauchen. Diesbezüglich vorbildlich ist die alte benediktinische Ordensregel »*Ora et labora*« (»Bete und arbeite«). Wer bewusst arbeitend einer einfachen Tätigkeit nachgeht, die er wie einen Gottesdienst oder ein Gebet in Bewegung ausführen kann, ist nicht gefährdet, in den Seeleninfarkt zu rutschen. Die Absicht, die Mönche zu einfachen, den Geist nicht strapazierenden alltäglichen Verrichtungen anzuhalten, bei denen sie sich des Augenblicks bewusst bleiben können, gehört auch zur Tradition östlicher Spiritualität. Letztlich ist Arbeit im Hier und Jetzt, um Seelenfrieden in der eigenen Mitte und Zugang zur zeitlosen Gegenwart zu finden, das große Ziel aller spirituellen Traditionen. Insofern wundert es auch nicht, wenn in östlichen wie westlichen Klöstern ähnliche Übungen und Arbeiten empfohlen werden.

In jedem Moment in ihrer Sinnhaftigkeit durchschaubare Gartenarbeit gehört auch zu dieser Art von Meditation, etwa im bunten Biogarten einer Permakultur, wo in bewusster Arbeit gute, vollwertige Lebensmittel herangezogen werden. Von Wichtigkeit und Sinn der eigenen Arbeit überzeugt und erfüllt von der Vorstellung, mit Herzblut das Richtige zu tun, kann man sich solcher Arbeitsmeditation bereitwillig hingeben. Auf dem unübersehbar großen, monotonen Feld einer Agrarindustrie, wo Leistungs- und Kosteneffizienz bestimmend sind, ist das sicher anders. Wer aus finanziellen Gründen zu monotoner Arbeit gezwungen und obendrein unter Zeitdruck gesetzt wird, ist natürlich Seeleninfarkt-gefährdeter als derjenige, der seine Tätigkeit als Arbeitsmeditation gestaltet. Mit dem Überforderungsstress des Multitaskings für die moderne Arbeitswelt noch typischere Situationen sind im Hinblick auf Seeleninfarkte natürlich noch wesentlich gefährlicher.

Damit ist Stressminimierung ein wichtiges Thema in unserem Zusammenhang. Studien haben gezeigt, dass es auch in modernen Zeiten viel effizienter und erfolgreicher ist, Aufgaben nacheinander zu lösen, statt zu versuchen, sie parallel und alle auf einmal anzugehen. Das überlädt lediglich den Geist und überfordert seine Kapazität. Die eigenartige Vorstellung, vieles gleichzeitig bewältigen zu können, stammt aus der Computerbranche, wo man immer schneller immer mehr wollte.

Als Autor kam ich nie auf die Idee, auf Multitasking zu setzen. Wenn ich mich beim Nachdenken über ein Buch und seine Themen ständig mit anderen Aufgaben behelligen lasse, hält das auf und verhindert spürbar den Fortschritt meines eigentlichen Themas. Insofern erlaube ich auch wie gesagt meinem Laptop nicht, mir eingehende Mails anzuzeigen, verwende kein Handy und lasse mich nicht von jedem jederzeit unterbrechen. Es kostet – inzwischen wissenschaftlich belegt – zu viel Zeit, um nach einer Störung wieder in das ursprüngliche Geschehen zurückzufinden.

Von zentraler und vorrangiger Wichtigkeit ist, Erfahrungen des Eintauchens in den Augenblick mit Sinnfindung und im Idealfall spiritueller Suche zu kombinieren. Wo tiefer Sinn das Leben beherrscht und über es hinausweist und die Seele immer wieder in den Augenblick des Hier und Jetzt eintauchen kann, bleiben Seeleninfarkte fern. Beides findet sich in idealer Weise in gelebter Spiritualität. Sie hat Befreiung als Sinn und Ziel des Lebens im Auge und strebt mit ihren Übungen, Meditationen und Exerzitien auf den Augenblick des Hier und Jetzt zu. Einheitserfahrungen sind folglich die beste Therapie, wenn es schon zum Seeleninfarkt gekommen ist, und zugleich seine ideale Vorbeugung.

Ideal eines vom Seeleninfarkt nicht bedrohten Lebens

- Wenn Sie Ihren Platz im Leben gefunden haben, Ihrem Glauben anhängen und an dessen Verwirklichung arbeiten dürfen, werden Sie das Ziel vielleicht (in diesem Leben) nicht erreichen, aber Sie werden sich auf dem richtigen Weg fühlen.
- Wenn Sie Ihre Arbeit, die Sie ruft und erfüllt und Ihnen folglich Berufung ist, mit Hingabe erledigen können, werden Sie sie vielleicht nicht jeden Tag schaffen und oft nicht damit fertig werden, aber Sie werden selbst nicht erledigt und fertig sein.
- Wenn Sie sich in Ihrer Partnerschaft geborgen und verstanden fühlen, in ihr wirklich angekommen sind und immer wieder neu (an-)kommen können, werden Sie vielleicht nicht immer glücklich und zufrieden sein, aber Sie werden nicht in Ungeborgenheit und Fremde verloren gehen.
- Wenn Sie in Ihren eigenen vier Wänden leben dürfen, die Ihnen nicht nur gehören, sondern vor allem am richtigen Platz stehen – in der Stadt oder auf dem Land, je nachdem, ob Ihnen Kultur oder Natur wichtiger ist, in dem Staat, dem Sie sich zugehörig fühlen und für den Sie sogar einstehen können –, werden Sie sich nicht fremd fühlen.

Je mehr Abstriche Sie bei diesen Punkten machen müssen, desto größer ist die Gefahr des Seeleninfarkts.

Auch das Ausmaß eigener Fremdenfeindlichkeit ist ein Hinweis für diese Gefährdung. Ausländerfeindlichkeit entsteht, wenn eigene Fremdheit auf andere, eben Fremde, projiziert wird. Wenn Sie zu Hause sind, wo immer Sie gerade sind, kennen Sie so etwas nicht. Und zu Hause sind Sie im Idealfall natürlich nicht nur in Ihrem eigenen Haus und Land, sondern auch in Ihrem Glauben, Ihrem Beruf und Ihrer Beziehung und in Ihrem Körper.

Ein fast schon archetypischer Fall

Ein engagierter Mitarbeiter, sozial gut integriert, nach eigenen Aussagen glücklich verheiratet und Vater zweier Kinder, bekommt im Zuge einer Neuordnung in der Firma mehr Verantwortung bei fast gleichbleibenden Bezügen. Letzteres enttäuscht ihn, gleichzeitig macht ihn der Aufstieg stolz, auch weil es andere viel schlechter getroffen haben. Er arbeitet abends unmerklich länger und verkürzt die Mittagspause etwas, um Herr der Dinge zu bleiben. Als sich ein innerbetriebliches Problem nicht rasch lösen lässt und sich auf seinem Schreibtisch staut, versucht er, es mit mehr zeitlichem Engagement zu lösen, was aber nicht recht gelingt. Das Problem schwelt vor sich hin und zwingt ihn, anderes zu vernachlässigen, vor allem sich selbst und seine Familie. Dies wird in ähnlichen Situationen dem Betroffenen selbst kaum und oft erst durch die Beschwerden vom Lebenspartner bewusst, der oder die meist rasch durchschaut und brandmarkt, dass nun weniger Freizeit bei kaum mehr Verdienst zur Verfügung steht.

Bald gehen unserem Mann die kritischen Bemerkungen seiner Frau auf die Nerven, besonders da er ahnt, wie recht sie hat. Gerade das lässt ihn die Vorwürfe immer vehementer zurückweisen. Er selbst ist mit der Situation unzufrieden und weiß im Innersten, dass er nicht nur seine Frau und ihr gemeinsames Liebesleben, sondern auch seine Kinder und überhaupt sein Familienleben vernachlässigt. Dies erhöht seinen inneren Druck noch weiter, was ihn veranlasst, Arbeit mit nach Hause zu nehmen. Doch es ist keine Lösung, sondern führt im Gegenteil dazu, in die Falle der Projektion zu tappen und nicht nur die Partnerin, sondern auch die Kinder als Störenfriede zu erleben. Dabei findet er schon längst keinen wirklichen Frieden mehr, was er sich in der Regel nicht eingesteht. Die »Heimarbeit« bringt ihn beruflich nicht wirklich weiter; sie verdirbt aber mit Sicherheit das Privatleben am Wochenende.

Als verantwortlicher »Leistungsträger« verschiebt er nun seine Hoffnungen, bei der Familie alles wiedergutzumachen, auf den Sommerurlaub. Immer krampfhafter versucht er, den Stapeln auf seinem Schreibtisch rechtzeitig Herr zu werden. Er scheitert aber an dem weiterhin ungelösten Ausgangsproblem, was zusätzlich sein Verhältnis zu den Kollegen strapaziert.

Der so vorbelastete und mit guten Vorsätzen überfrachtete Urlaub hat kaum Chancen, ein Erfolg zu werden. Typischerweise nimmt er sich viel zu viel vor. Die Liebe zur Partnerin kommt nicht so recht und schon gar nicht schnell in Schwung, weil beider gestaute emotionale Ladungen und Verletzungen mit in die Ferien fahren. Auch bei den Kindern ist es nicht so leicht, all die versäumte Zuwendung rasch aufzuholen und im Handumdrehen wiedergutzumachen, was vorher lange schiefgegangen ist.

Solchermaßen frustriert, vernachlässigt er sein eigentlich fest eingeplantes Sportprogramm und büßt in der Folge weiter und immer spürbarer an Fitness ein. So wird plötzlich als Überforderung erlebt, was früher problemlos ging und Freude machte. Von sich selbst enttäuscht, bewegt er sich noch weniger und isst dafür mehr – ein Teufelskreis, bald auch sichtbar auf den Hüften und als Bauch, den er vor sich herschiebt. Ein derart »outgesourcter« Verdauungstrakt macht deutlich, wie wenig das Leben noch verdaut wird. Er weiß es längst, möchte es aber nicht hören und schon gar nicht von seiner Frau.

In den Morgenstunden arbeitet er an liegengebliebenen Papieren, die er (heimlich) mitgenommenen hat. Ein Streit mit der frustrierten, sich in Shopping-Aktivitäten flüchtenden Frau kostet ebenfalls Urlaubszeit und bringt alte Vorwürfe in verblüffender Frische ins immer belastendere Urlaubsleben. Schließlich ist er froh, den Urlaub überstanden zu haben, ohne sich einzugestehen, wie wenig er sich erholen konnte.

Im Büro geht er das alte Problem »mit neuem Schwung« an – wie er sagt und hofft. Er kommt aber, da es sich weitgehend außerhalb seines Einflussbereichs entwickelt, wiederum kaum weiter. Nun beginnt er, wie viele andere Seeleninfarktkandidaten, immer reizbarer zu reagieren und krampfhaft zu versuchen, Zeit zu gewinnen, etwa durch Einsparen von Freizeitaktivitäten wie Sport, Kegelabende und andere gesellige Unternehmungen. Diesen Rückzug versucht er damit zu rechtfertigen, dass er den sowieso nur nervenden Fragen der Freunde aus dem Weg gehen will. So übersieht er, wie ungesellig er schon längst ist. Da das Verhältnis zu den Kollegen sehr gelitten hat, mag er die Mittagspause gern ausfallen lassen. Alle Versuche, dem Dilemma zu entkommen, bleiben quantitativ und ändern nichts an der Qualität der Situation.

In diesem Stadium reichen minimale Anlässe wie ein kleiner Autounfall aus Konzentrationsmangel, um den Seeleninfarktanwärter in Tränen der Verzweiflung ausbrechen zu lassen, was ihn meist selbst schockiert. Nun kommen meist auch körperliche Symptome hinzu, zum Beispiel ein bei Anspannung schlimmer werdender Druck auf der Brust, der ihn zwar beunruhigt, den er typischerweise aber bestreitet.

Nicht selten ist es die besorgte Ehefrau, die zuerst Angst bekommt und zum Arztbesuch drängt und schließlich nötigt. Ein typischer Hausarzt wird nach anfänglicher Herzinfarktdiagnostik, EKG und anderen Untersuchungen, die nichts ergeben, durchaus berufliche Überlastung und Regenerationsmangel als Probleme diagnostizieren und schlimmstenfalls eines der gängigen Beruhigungsmittel verschreiben, bestenfalls eine Woche Ausspannen.

Da nun Ruhe verschrieben ist, geht er sogar spazieren, hat dabei aber ein schlechtes Gewissen und Angst, gesehen zu werden. Er empfindet sich nun als Versager oder sogar als Drückeberger und weiß, dass die liegengebliebene Arbeit und die neu angefallenen Aufgaben weiter warten. Sie gehen ihm auch beim Spaziergang nicht aus dem Kopf.

Auf seinem Schreibtisch findet er nach seiner Rückkehr noch höhere Stapel vor – und das weiterhin ungelöste Problem. Jetzt hält er in der Regel nicht mehr lange durch, und der Hausarzt könnte bereits Burn-out diagnostizieren und ihn länger »krankschreiben« oder eine Kur ins Spiel bringen. Aber auch diese medizinischen Ratschläge bleiben typischerweise im quantitativen Bereich – viel weniger arbeiten, viel mehr ausruhen – und zielen nicht auf die Qualität seiner Arbeit oder gar seines Lebensgefühls und den Lebenssinn ab.

Krankgeschrieben, fängt er nun wirklich an, sich krank zu fühlen. Eigentlich könnte ihm nun auch bewusst werden, wie wenig Lust und Freude ihm die Arbeit seit seinem Aufstieg bereitet und mit wie viel Grauen er daran denkt. Die Arbeitssituation wird durch seine Ausfälle und eine längere Kur keineswegs einfacher, denn nun fühlt er sich möglicherweise nicht mehr für voll genommen. Ein Kollege wird seinen Bereich übernehmen (müssen) und möglicherweise durch die entstandene Aufmerksamkeit für die Problematik Hilfe von Vorgesetzten oder der Firmenleitung bekommen, die ihm selbst versagt geblieben war. So ergibt sich immerhin Entlastung bezüglich seines Hauptproblems. Aber da der Kollege auch die Anerkennung für die Lösung bekommt, empfindet er ihn weniger als Entlastung denn als Konkurrenz. (Arche-)Typisch Mann, wird er versuchen, seine alte Position zurückzuerobern – und in das alte Muster verfallen.

Durchaus gut gemeinte Hinweise seines Vorgesetzten, (s)ein Burnout nicht zu unterschätzen, berühren ihn unangenehm und werden als Abwertung erlebt. Dass ihn seine Frau jetzt als Kranken und Gefährdeten sieht, der er natürlich auch ist, schadet seinem männlichen Selbstwertgefühl, und dass sie ihm die Kinder aus Sorge vermehrt vom Hals hält, macht ihn noch einsamer. Das ist die Situation, die häufig über Frustration und Lustlosigkeit in die Lethargie und dann in das Vollbild des Seeleninfarkts führt, trotz der eher seltenen frühzeitigen und obendrein richtigen Diagnose.

Eine überfällige Beratung würde aufdecken, dass ihn seine Arbeit schon lange nicht mehr innerlich berührt hat und er keinen Sinn in ihr sieht. Wahrscheinlich wurde sie aus Karriereambitionen statt aus innerem Anliegen gewählt, und er könnte nun darüber nachdenken, was diese Arbeit anderen und der Gesellschaft bringt. Jetzt dürfte auch deutlich werden, wie sehr er sich um seine Partnerschaft sorgt, ja Angst hat, seine Frau zu verlieren und die Kinder mit ihr, und wie ihm die schönen Momente im Leben fehlen. Ein Gespräch mit seiner Frau ergibt wahrscheinlich, wie begründet seine Angst ist. Trotz ihrer Bemühung und Sorge tut sie sich schwer, in ihm jenen Mann zu erkennen, in den sie sich vor langer Zeit verliebt hat. Er ist nun ihr Patient und drittes Kind geworden, und als solches nimmt sie ihn als Partner nicht mehr für voll. Meist spürt sie früher und klarer als er, wenn das Liebesleben zur Routine verkommt.

Wirklich helfen kann in dieser Situation eine grundsätzliche, zur Not auch radikale Neubesinnung im plutonischen Sinn, die zu einer Ausrichtung des Lebens führt, die die Seele nährt. Diese Umorientierung auf dem Boden der im ersten Buchteil besprochenen hermetischen Philosophie umfasst viele Bereiche von der Arbeit (Saturnprinzip) über Beziehung (Venusprinzip), Freundschaften (Uranusprinzip) und Familie (Mondprinzip) und beinhaltet ein spirituelles Ziel (Neptunprinzip).[64]

---

64 Mehr Informationen zu archetypischen Mustern und Aufgaben in: Dahlke, *Die Lebensprinzipien* (Literaturverzeichnis).

TEST: BIN ICH BURN-OUT-GEFÄHRDET?

Beantworten Sie die folgende Fragen spontan mit Ja oder Nein oder, wenn nicht anders möglich, mit Jein:

1. Lieben Sie Ihre Arbeit?
2. Erkennen Sie spontan den Sinn Ihrer Arbeit?
3. Lässt sich Ihr tägliches Pensum schaffen?
4. Gönnen Sie sich ein regelmäßiges Eintauchen in den Augenblick?
5. Sind Sie mit dem Menschen zusammen, den Sie lieben?
6. Leben Sie an dem Ort, wo Sie leben wollen und glücklich sein können?
7. Wenn morgen alles vorbei wäre, könnten Sie gehen, ohne viel versäumt zu haben? Oder anders ausgedrückt, haben Sie auf Ihrem Entwicklungsweg Fortschritte gemacht, und sind Sie Ihrem spirituellen Ziel näher gekommen?

Je öfter Sie mit Ja geantwortet haben, desto sicherer sind Sie vor dem Seeleninfarkt, je öfter mit Nein, desto gefährdeter. Antworten mit Jein fallen einfach heraus und zählen nicht mit.

Sobald Sie überwiegend, also mindestens viermal mit Ja antworten konnten, und besonders wenn es die Fragen 1, 2, 4 und 5 betrifft, ist die Gefahr gering. Falls Sie aber überwiegend, also mindestens viermal mit Nein geantwortet haben, und vor allem wenn es die Antworten 1, 2, 4 und 5 betrifft, ist die Gefahr eines Burn-outs im Verzug.

Falls Sie oft mit Jein geantwortet haben, kann das erhebliche Gefährdung mehr verbergen als ausdrücken, etwa wenn Sie Jein gewählt haben, weil Sie Ihre Arbeit früher einmal sehr wohl geliebt haben und sie damals auch für sinnvoll hielten, wenn sich Ihr Arbeitspensum bis vor Kurzem noch gut schaffen ließ und Sie sich bis dahin auch regelmäßige Auszeiten gegönnt haben, wenn Sie Ihrem Partner anfangs sehr nah waren und auch den Ort früher einmal mochten, an dem Sie jetzt wohnen, wenn Sie in der Vergangenheit viel erlebt haben und nur in letzter Zeit vieles versäumen. Ehrlich betrachtet, haben Sie eigentlich siebenmal mit Nein geantwortet und sind damit in großer Gefahr, denn Ihr Leben hat sich in die für Sie falsche Richtung entwickelt, obwohl alles so gut begonnen hat.

Auswege aus dem arbeitsbedingten Seeleninfarkt

Sobald eine berufliche Tätigkeit dem Ruf der Seele entspricht und Berufung ist, die Seele nährt und ihr Sinn vermittelt, der sie durchs Leben trägt, kann man von Beruf sprechen. Wenn das nicht oder nicht mehr der Fall ist, handelt es sich zunehmend um einen Job. Es kann also durchaus aus einem Beruf ein Job werden, wenn das Gefühl für den Sinn darin auf dem Lebensweg verloren geht, ähnlich wie aus einer großen Liebe eine langweilige, unbefriedigende Beziehung werden kann. Umgekehrt lässt sich aus einem Job eine Berufung machen, wenn es gelingt, in den jeweiligen Augenblick der Tätigkeit einzutauchen und darin Erfüllung zu finden, wie es das Beispiel vom Immobilienmakler aus dem ersten Buchteil zeigte.

Bei der Differenzierung zwischen Job und Beruf kann folgender Trick helfen: Wenn Sie Ihren Kindern die eigene Arbeit nicht mehr erklären können oder das jedenfalls keine Freude macht, ist das ein Verdachtsmoment Richtung Job. Falls Sie dagegen Ihre tägliche Arbeit aus eigenem Antrieb gern erledigen, ist das als gutes Zeichen zu deuten, vor allem wenn ein Gefühl von Stolz und Zufriedenheit dabei aufkommt. Ein gutes Zeichen ist auch, wenn Sie Ihr Gehalt mit gutem Gefühl zum Gehalt der geleisteten Arbeit entgegennehmen. Wenn Sie sich auf die Fortsetzung der Arbeit am nächsten Tag oder in der nächsten Woche freuen, dürfen Sie ebenfalls davon ausgehen, dass diese Aufgabe Ihre Seele wirklich meint. Wenn Sie dagegen am Montagmorgen schon den Montagabend und eigentlich sogar den Freitagabend herbeisehnen, sich im Januar schon auf die Sommerferien im August freuen müssen, um die Zeit bis dahin zu ertragen, können Sie von einem Job ausgehen und sollten darüber nachdenken, wie Sie ihm entkommen und sich weiterentwickeln können.

Auch wenn Sie sehr viele Hobbys haben, könnten Sie daraus den Schluss ziehen, mit ihnen möglicherweise größeren Mangel im Job zu kompensieren. Im Hinblick auf die Burn-out-Gefahr und in vieler anderer Hinsicht wäre zu überlegen, wie Sie eines Ihrer Hobbys, am besten natürlich das Ihnen wichtigste, zum Beruf machen könnten. Den Job in einen Beruf umzuwandeln oder wenigstens in einen Job zu wechseln, dem die eigene Seele mehr Sinn und Inhalt abgewinnen kann, ist immer besser, als zu bleiben und zu ertragen.

Folgende Fragen erleichtern die Analyse der eigenen Beschäftigung und Arbeitsumwelt in Bezug auf die Seeleninfarktgefährdung:

- Wem nützt meine Arbeit, wem schadet sie? Bei solcher Art von Frage ist immer mit der Polarität zu rechnen. Alles, was nützt, schadet auch irgendwo. Mein eigenes Beispiel mag das erhellen. Wer Bücher schreibt, will damit in aller Regel viele Menschen erreichen, umso mehr, wenn es sich um wichtige Themen handelt, wie ich es für mich in Anspruch nehme. Das ein- oder uneingestandene Ziel ist also ein Bestseller, und verwirklicht es sich, bin ich als Autor zumindest zufrieden, wenn nicht gar glücklich. Aber niemand ist nur Autor. Ich bin eben auch noch Partner und Meditierender, Arzt und Umweltschützer, Tier- und Naturfreund und vieles andere. Für den Partner und die Meditationspraxis ist jeder Bestseller von Nachteil, weil er viele Zuschriften heraufbeschwört und noch mehr Vorträge nach sich zieht. Das kostet Zeit, und sie fehlt dann woanders, zum Beispiel im Zusammenleben oder beim Meditieren. Ein besonderer Nachteil entwickelt sich aus jedem Bestseller für den Umweltschützer in mir, denn Papierherstellung verbraucht Holz. Je mehr Bücher gedruckt werden, desto mehr Bäume müssen dafür sterben. Nun kann ich bei so vielen Bestsellern in vielen Sprachen sicher mit dem Bäumepflanzen nicht mehr nachkommen, obwohl ich schon Tausende habe pflanzen lassen. Wo Nutzen ist, muss sich nach dem Polaritätsgesetz auch Schatten und damit Schaden ergeben. Das wissend, kann ich mir immerhin und bestenfalls schon im Vorfeld überlegen, ob das Buch sein Papier wert sein wird und unter dem Strich mehr nützt als schadet.
- Was bringt meine Arbeit meiner Seele? Nützt oder schadet sie ihr? Denke ich gern an sie und ihre Ergebnisse? Erfüllt sie mich mit Stolz?
- Was kommt dabei heraus? An Produkten, Dienstleistungen, Lohn? Kann ich dazu stehen, oder genieße ich es sogar, dafür mitverantwortlich zu sein?
- Was wäre, wenn diese Arbeit komplett verschwinden würde? Was würde mir fehlen? Wem würde was fehlen?
- Ist meine Arbeit in Balance mit meinem Leben in familiärer, spiritueller oder wie auch immer gearteter Hinsicht? Gibt es neben der Arbeit noch genug anderes, das mein Leben erfüllt?

- Wirkliche Work-Life-Balance ist von Firmen nicht zu erwarten. Aber jeder Einzelne kann und sollte sich für sich selbst darum kümmern. Daraus ergibt sich die Frage: Empfinde ich mich als ausgeglichen, und kann ich bei meiner Arbeit in meiner Mitte bleiben?
- Erlaubt mir meine Arbeit, immer wieder in den Augenblick einzutauchen und ganz bei mir zu sein?

Um diese Selbsteinschätzung und Standortbestimmung abzurunden, lohnt es sich, auch noch einmal den Fragenkatalog zum Thema »Was ist meine Arbeit wert?« auf Seite 92 heranzuziehen.

Die Be-Deutung erkennen

Der Seeleninfarkt ist ein typischer unbewusster Ausweg aus einer Falle, aus einer Sackgasse des Lebens. Seine Symptome sagen Ihnen, dass es für Sie so nicht weitergehen kann. Sie müssen am Status quo etwas ändern, sonst versinken Sie mit allen Konsequenzen im Burnout und später in der Depression.

Viel deutlicher als andere Krankheitsbilder drückt Burn-out eine Flucht aus, meist eine unbewusste. Da das Krankheitsbild geradezu Mode geworden ist, mag es manchmal auch eine bewusste sein. Doch selbst wenn die Diagnose Burn-out vorsätzlich gewählt und so eigentlich missbraucht wird, um einer als unerträglich empfundenen Situation zu entkommen, leidet jeder Betroffene und sucht nur rechtzeitig einen (Aus-)Weg aus der Krise. In jedem Fall ist der Schritt aus der als nicht mehr erträglich empfundenen Situation der erste und akut wichtigste Therapieschritt. Wenn Sie ihn früher wählen, bevor Sie den Seeleninfarkt erleiden, ist das nur zu begrüßen. Ein Herzinfarktgefährdeter, der rechtzeitig die Notbremse zieht, gilt auch nicht als Simulant.

Im Sinne von *Krankheit als Weg* zeigt Ihnen das Burn-out-Syndrom auch, wie für Sie der Weg aus dem Alten herausführt – gleichgültig ob das Problemfeld Arbeit, Beschäftigung, Beziehung oder Familie heißt.

Wie immer bei der Krankheitsbilder-Deutung geht es darum, dem Organismus die Arbeit abzunehmen, die er in seiner Problemdarstellung über die Symptomatik leistet. Statt die Thematik auf der

Körperbühne aufzuführen, ist es wichtig, sie auf die Lebensbühne zurückzuholen. Wenn Sie von sich aus einen Ausweg finden, braucht Ihr Organismus ihn nicht mehr zu inszenieren. Vorrangig ist also die Suche eines befriedigenden bewussten Auswegs, dann ist keine (unbewusste) Flucht in den Seeleninfarkt notwendig.

Auf der körperlichen Symptomebene hat sich diese Logik von *Krankheit als Symbol* praktisch bewährt: Wer sich dem erregenden Leben öffnet, braucht seine Grenzen nicht Erregern zu öffnen. Wer sein Herz im übertragenen Sinn öffnet und weitet, erspart sich die Herzvergrößerung der Herzinsuffizienz. Wer sich um seine Herzensangelegenheiten und -themen kümmert, muss nicht durch den Herzinfarkt dazu gezwungen werden, sich seinem Herzen zuzuwenden. Auf der Seelenebene und beim Seeleninfarkt ist das Entsprechende gültig.

Da eine die Seele nährende Arbeit tatsächlich heilsam ist, ergibt sich hier die nächstliegende Chance. Sobald die Seele wieder für eine ihr sinnvoll erscheinende und sie erfüllende Beschäftigung, in der sie gern (im Moment) aufgeht, Feuer fängt, käme dies einer Befreiung aus der bedrückenden Lage gleich.

Der Seeleninfarkt zeigt als Hilferuf der Seele die Überforderung in der Welt der Gegensätze. Die Überbetonung des männlichen Pols und die Missachtung des weiblichen treiben in zunehmende Burn-out-Symptome. Da diese als Warnzeichen meist ignoriert oder verdrängt werden und alles andere von der Umgebung auch als Drückebergerei angesehen würde, bahnt sich so der totale Zusammenbruch im Seeleninfarkt an, der nicht mehr zu ignorieren ist. Jetzt müssen Sie Hilfe suchen und vor allem auch bekommen.

Über die eigenen Seelenbilder und die innere Stimme lässt sich die Seele am leichtesten kontaktieren, um den inneren Ruf deutlicher wahr- und wichtig zu nehmen und um inhaltlich zu differenzieren, wo es sie am ehesten hinzieht. Auf diese Weise könnte sich am besten jene stimmige Berufung ergeben, wobei dann auch der Verstand wieder helfen kann, sie zum Beruf zu machen.

WIE SIE WIEDER ZU KRÄFTEN KOMMEN UND KRAFTVOLL LEBEN

Schwingungsfelder nutzen

Anfangs hat die moderne Physik vor allem für Verunsicherung gesorgt. Einstein beraubte mit seiner allgemeinen Relativitätstheorie Raum und Zeit ihrer gewohnten Verlässlichkeit. Heisenberg ließ mit seiner Unschärferelation zeitweilig jede Sicherheit bezüglich des Standorts von Teilchen und ihrer Geschwindigkeit verloren gehen. Schrödinger erkannte in den Teilchen nur mehr »vorübergehende Gebilde eines Wellenfelds«. In unserer Zeit bringt es Hans-Peter Dürr auf den Punkt, wenn er sagt: »Es gibt keine Materie.«

Aber was gibt es dann? Wir können es als ein Gewebe von energetischen Schwingungsmustern beschreiben, die gleichsam als geronnene Energie Materie vortäuschen. Wo aber die Energie herkommt, kann auch die Quantenphysik nicht erklären. Teilchen wie Elektronen, die praktisch ewig bestehen, beziehen ihre unerschöpfliche Energie offenbar aus einer uns wissenschaftlich bisher nicht zugänglichen Quelle.

Bringt man die Erkenntnisse alter Traditionen mit dem Weltbild der Quantenphysik zusammen, ergibt sich ein hoffnungsvoller Ausblick. Die Energie, in der chinesischen Tradition Chi genannt, ist offensichtlich unerschöpflich, und wir können uns ihrer beliebig bedienen. Da unser Körper auf den ersten Blick aus Materie besteht, diese aber aus reiner Energie, sind wir letztlich Energie oder Chi. Wenn unsere Energie im Zustand von Burn-out und Bore-out knapp wird, ist das also eine sehr bedrohliche, an die Grundfesten unseres Lebens gehende Situation. Da aber Energie überall und allgegenwärtig ist, bleibt als einzige Erklärung, dass man sich von ihrer Quelle abgeschnitten hat.

Da letztlich auch Quantenphysiker nicht wissen, wo die ursprüngliche Energie herkommt, sind wir diesbezüglich wieder auf die spirituellen Traditionen verwiesen, die unisono erklären, sie käme aus der Einheit oder von Gott. Da alles in dieser Welt polar ist und auf Gegensätzen aufbaut, braucht es gedanklich auch einen Gegenpol zur Polarität, und das wäre die Einheit, von der uns ausnahmslos alle Religionen berichten.

Hier liegt auch der Schlüssel, warum wir im Augenblick des Hier und Jetzt so gut Energie tanken können, denn wir kommen in ihm der Einheit wenigstens nahe. Und so erklärt sich auch, wieso der Sinn so entscheidend für unsere energetische Gesundheit ist. Sobald wir uns auf einen Sinn jenseits der polaren Welt orientieren, richtet sich unser Fokus auf die Einheit aus. Offenbar ist schon die gedankliche Anbindung an diese Quelle aller Energie ausreichend, um von ihr genährt zu werden: *Ihr Bewusstsein, das bewusste wie das unbewusste, bestimmt Ihre energetische Situation.*

Wir wissen längst, dass wir in einem Schwingungsfeld leben. Sowohl der einzelne Mensch als auch die Erde ist von einem elektromagnetischen Feld umgeben. Dessen Feldstärken bestimmen mit über unser Wohlbefinden, was wir etwa beim Auftreten massiver Sonnenfleckenaktivität erleben. Vieles spricht dafür, dass die Zirbeldrüse, unser sensibles Rhythmusorgan, mit diesem Feld in Wechselwirkung steht. Hier liegt auch eine Erklärung von Störungen unseres Feldes und Wohlbefindens durch Einwirkung von Handystrahlung oder geopathischen Zonen. Wenn alles Leben Rhythmus ist, wie Rudolf Steiner sagte, oder ein Tanz, wie es der Harvard-Professor Richard Alpert formulierte, oder ein großes Fließen, wie es Heraklit mit seinem berühmten *»Panta rhei«* (»Alles fließt«) beschrieb, dann haben wir hier einen grundlegenden Hinweis, wo die Störquellen für unser Wohlbefinden zu suchen sind. Wenn wir nur aus Chi, aus Energie, bestehen, sind wir natürlich empfindlich für Rhythmusänderungen und externe Schwingungsfelder. Dafür gibt es auch schon wissenschaftliche Hinweise. Werden Meditierende mittels EEG untersucht, stellt man fest, dass sich ihre Gehirnwellen mit dem Grundmuster des Schwingungsfelds der Erde, der sogenannten Schumann-Resonanz, synchronisieren, auf einem Niveau unter zehn Hertz. In der Meditation tanken Sie also Energie, weil Sie sich offensichtlich in Einklang mit der Erde bringen.

Die meisten spirituellen Traditionen lehren, dass die Energie der Aufmerksamkeit folgt. Hier eröffnen sich also wundervolle Möglichkeiten, sich Energiequellen zu erschließen, das heißt, sich an die eine unerschöpfliche Energie anzuschließen. Ob Sie das mittels geführter Meditationen oder mittels Gebeten tun, dürfte im Hinblick auf die Energie weniger entscheidend sein. Je mehr Sie sich als schwingende Energie und integraler Teil des großen Energiefelds erleben, desto besser ist Ihre Energieversorgung gesichert.

Wie könnte auch jemandem, der Teil des universellen Energiefeldes ist, dieselbe ausgehen. Wer in Apathie und Lethargie verfällt, hat gleichsam den Stecker gezogen und keinen Anschluss mehr an das Quantenfeld beziehungsweise die Einheit. Im Burn- und Bore-out meidet man ja auch äußerlich sichtbar Kommunikation und Austausch, die immer mit Energieflüssen verbunden sind.

Ärzte der Universität Göteborg haben herausgefunden, dass gute Freunde für die Gesundheit sogar wichtiger sind als der Ehepartner. Wer gute Freunde hat und von diesen während einer Krankheit besucht wird, kommt schneller wieder auf die Beine als jemand, der vom Partner oder seinen Kindern versorgt wird. Keine Freunde zu haben bedeutet ungefähr das gleiche Gesundheitsrisiko, wie starker Raucher zu sein. Freunde zu haben und das Gefühl, sich auf diese verlassen zu können, bereichern offenbar das Leben und versorgen es mit Heilungsenergie. Diese Ergebnisse erstaunten selbst die Wissenschaftler.

Es ist für jeden Menschen fraglos sehr wichtig, über Resonanz Anschluss an das umfassende Energiefeld zu finden. Wer ganz entspannt ins Hier und Jetzt eintaucht, kommt mit sich selbst in Resonanz und mit dem Feld der Erde und fühlt sich energetisch getragen. Wer gute, am besten liebevolle Kontakte zu Mitmenschen hat, ist mit diesen in Resonanz verbunden und wird dadurch energetisch geladen. Am deutlichsten wird das beim Sichverlieben, einem sprunghaften In-Resonanz-Gehen von zwei Menschen. Jetzt ist der Energieüberfluss sprichwörtlich: Man will Gott und die Welt umarmen und kann von Luft und Liebe leben. Hier wird die Energiequelle durch Eintritt in die Resonanz überdeutlich.

Glück und Wohlbefinden essen

Pflanzliche Kost ist die Basis für ein neuerliches Aufwachen für eine andere Wirklichkeit. Der große russische Schriftsteller und Lebensreformer Leo Tolstoi sagte: »Solange es Schlachthöfe gibt, wird es auch Schlachtfelder geben.« Mit der Distanzierung vom Treiben in den Schlachthöfen wird sich mit der Zeit auch immer mehr Abstand zu den Schlachtfeldern ergeben, auch denen des täglichen (Arbeits-) Lebens.

Um über pflanzliche Kost insgesamt im Gesunden zu landen, ist zusätzlich darauf zu achten, dass die genossene Pflanzennahrung alles enthält, was der Mensch braucht. Das heißt, sie sollte vollwertig sein und so noch über die ganze Fülle der Vitamine und Mineralien verfügen. Um sich persönlich damit fit zu fühlen, ist sie so auszuwählen, dass sie dem eigenen Typ im Hinblick auf die Einordnung nach der Ernährungslehre der chinesischen Medizin entspricht. Wer den Geschmack von Fleisch, Fisch und Milch(produkten) nicht missen will, kann über sogenannte Ersatzprodukte alles haben, was sein Bauch begehrt, und die katastrophalen Nebenwirkungen von Tierprotein ausschließen.

Werden Vollwertigkeit und thermische Wirkung beachtet, kann die Ernährung für Sie zum mitentscheidenden Umkehrpunkt werden.

Weitere Chancen aus dem Ernährungsbereich, um Burn-out hinauszuzögern oder auch ganz abzufangen, aber auch um die Lethargie von Bore-out zu lösen, ergeben sich über den heute immer besser erforschten Neurotransmitter-Stoffwechsel. Botenstoffe wie Adrenalin und Noradrenalin, Serotonin und Dopamin transportieren Botschaften zwischen Nervenzellen und -zentren. Bei Burn-out und Depressionen ist diese Kommunikation gestört. Besonders das Wohlfühl- und Glückshormon Serotonin spielt dabei eine große Rolle und fehlt offenbar zunehmend in überforderten modernen Gehirnen.

Millionen Menschen sind inzwischen auf der Suche nach Glück oder wenigstens Glücksgefühlen und damit nach Serotonin, das ausgeprägtes Wohlbefinden und im Überfluss sogar Ekstase und Glück vermitteln kann. Das stressige Leben erschöpft jedoch die Serotoninspiegel rasch und vorzeitig. Wie bei so vielen anderen wichtigen Botenstoffen, etwa auch Insulin, gehen wir heute so verschwenderisch mit unseren Ressourcen um und leben so über unsere Verhältnisse, dass wir am Ende des Tages, des Jahres, des Lebens deutlich zu kurz kommen.

Um wenigstens ein wenig Wohlbefinden zu erhaschen, nehmen deshalb neun Prozent der US-Amerikaner und fünf Prozent der Deutschen regelmäßig Antidepressiva vom Typ der Serotonin-Wiederaufnahmehemmer wie Prozac oder Zoloft ein. Diese hindern chemisch die Aufnahme und Verstoffwechselung einmal ausgeschütteten Serotonins, das so deutlich länger im Spiel des Lebens beziehungsweise im Gehirnwasser bleibt und gehobene Stimmung verbreitet – leider aber auch Blutbildveränderungen und gehäuft Selbstmorde.

Millionen junge Leute, wie die Raver und Techno-Kids, schlucken auf ihren Raves und Loveparades, und nicht nur dort, MDMA oder Ecstasy, ein Amphetamin, das dafür sorgt, dass alles im Gehirn verfügbare Serotonin ausgeschüttet wird, das Herz-Chakra aufgeht und sich ekstatische Stimmung verbreitet. Noch viel mehr Menschen tendieren aus ganz ähnlichen Beweggründen zu Süßigkeiten wie Schokolade. Diese enthalten mit L-Tryptophan die biochemische Vorstufe von Serotonin. Sobald die Stimmung sinkt, greifen deshalb nicht wenige dazu. Aus dem enthaltenen L-Tryptophan synthetisiert der Organismus tatsächlich Serotonin und aus diesem dann Melatonin, das Hormon des Schlafes und der Nacht. So hilft Schokolade ein wenig, allerdings nur in größeren Mengen.

In Schweden gibt es Studien, die zeigen, wie mit länger werdenden Nächten und abnehmendem Licht und folglich ansteigendem Melatoninverbrauch der Schokoladenkonsum kontinuierlich steigt. Wenn der Organismus sein Serotonin in Melatonin umwandeln muss, fehlt dieses, und die Stimmung sinkt. Das ist auch bei uns einer der biochemischen Gründe für die Herbst- und Winterdepressionen.

Der empfohlene Mittagsschlaf kann Ihnen als Test für den Serotoninspiegel dienen. Nach einer halben Stunde Schlaf beginnt der Organismus mit der Melatoninproduktion. Schlafen Sie also mittags länger, was noch gesünder wäre, und wachen Sie nach einer Stunde mit einem Brummschädel und dumpfer Stimmung auf, liegt das nicht an der Unverträglichkeit des Mittagsschlafs, sondern an Serotoninmangel. In dieser Situation wäre es sinnvoll, für ausreichenden Serotoninnachschub zu sorgen. Dafür sind allerdings die beschriebenen drei Methoden nicht zu empfehlen, denn Süßigkeiten übersäuern wie Tierprotein und helfen außerdem am wenigsten gegen den Serotoninmangel; Serotonin-Wiederaufnahmehemmer sind ein chemischer Eingriff mit potenziell gefährlichen Nebenwirkungen, und Ecstasy ist juristisch verboten, obwohl chemisch und von der Wirkung fast identisch mit Ritalin, dem vielfach verschriebenen Medikament gegen Hyperaktivität bei Jungen.

Ein an sich äußerst einfacher Trick kann Ihnen dazu verhelfen, den Serotoninspiegel jeden Morgen so anzuheben, dass es – bei einer Halbwertzeit von 21 Stunden – für den ganzen Tag reicht. Sie müssen »nur« die Lebensart unserer Vorfahren nachahmen. Diese wachten morgens hungrig auf und begaben sich auf Nahrungssuche. Sie nahmen, was sie fanden, und das war alles pflanzlich und roh. Das meiste dürften sie schon auf ihren Streifzügen mit ihrem mächtigen Gebiss gut kauend verspeist haben, um auch jede Kalorie auszunutzen. So waren sie im Sauerstoffgleichgewicht unterwegs und aßen sehr gut gekaute pflanzliche und immer vollwertige Rohkost. In diesen frühen Zeiten entwickelte sich unser Stoffwechselsystem. Für genug L-Tryptophan war in der reichlichen Pflanzenkost gesorgt, und es konnte auch bei fortwährender Bewegung jederzeit durch die sogenannte Blut-Hirn-Schranke in das Gehirn vordringen. Beim Laufen werden nämlich alle mit dem L-Tryptophan um die Aufnahme konkurrierenden Aminosäuren in die Muskelzellen abgezogen und verstoffwechselt. Lediglich L-Tryptophan passt aus räumlichen Gründen dort nicht hinein und blieb so konkurrenzlos übrig.

Wo immer Sie diese Situation heute nachahmen, was mir persönlich nur bei Bergtouren gelungen ist, erleben Sie ähnliches Wohlgefühl auf Serotoninbasis. Wenn Sie nüchtern losgehen und auf dem ansteigenden Weg langsam und genüsslich rohes Obst und Gemüse kauen, wird sich Wohlgefühl einstellen. Aber wer kann schon jeden Morgen im Sauerstoffgleichgewicht genüsslich Rohkost kauen und jeden Bissen obendrein hundert Mal?

Es gibt einen bequemen Ausweg für moderne Menschen namens *Take me*. Eine Mischung von L-Tryptophan-haltigen Pflanzensorten wie Amaranth und Quinoa, angereichert mit etwas Kohlenhydrat, um die Insulinausschüttung anzuregen. Sie ist so fein vermahlen, dass es hundertmaligem Kauen entspricht. Persönlich nehme ich diese Mischung seit Jahren und möchte sie nicht mehr missen. Wichtig ist, den gehäuften Esslöffel morgens nüchtern in Saft oder Wasser zu sich zu nehmen und danach 20 Minuten nichts anderes zu essen. Allerdings hilft *Take me* nur etwa 75 Prozent der Menschen spürbar. Wahrscheinlich handelt es sich beim Rest um jenes Viertel der Menschen, das auch auf Serotonin-Wiederaufnahmehemmer nicht reagiert. Möglicherweise sind sie zu übersäuert.

Eine andere Möglichkeit, weitere Grundstoffe von Neurotransmittern des Glücks wie Dopamin sicherzustellen und für entscheidende Vitamine und Spurenelemente zu sorgen, ist *Take me plus*[65], ausführlich in *Peace-Food* beschrieben. Leider ist hier die Herstel-

65 Bezugsquelle für *Take me* und *Take me plus: www.heilkundeinstitut.at.*

lung in Bioqualität viel aufwendiger, da Steinpilze (Vitamin D) und Rotalgen (Vitamin B_{12}) schwierig zu beschaffen sind. Beide Mischungen sind sowohl zur Vorbeugung als auch beim Vollbild sowohl von Burn- als auch Bore-out und erst recht im Seeleninfarkt zu empfehlen.

Ein elementarer Weg zu mehr Serotonin, wenn auch nicht im gerade beschriebenen Ausmaß, ist Sonnenlicht. Insofern bringen Aufenthalte in freier Natur hier noch zusätzliche Hilfe.

IT-Fasten

Da es in unserer modernen Lebenswelt bei der Kommunikationstechnologie anscheinend keine naheliegenden einfachen Alternativen gibt, mag es in dieser Situation bequemer erscheinen, den Kopf in den Sand zu stecken beziehungsweise ihn an gefährliche Strahlungsquellen zu halten. Dabei wäre der Ausweg so ungemein verlockend und ganz leicht. Sie müssten sich und die eigene Gesundheit nur so wichtig nehmen, dass Sie sich den Luxus von Handy- und Störzonenfreiheit leisten.

Ich mache das schon seit Jahrzehnten und genieße die Vorteile in vollen Zügen. Ab und zu bekomme ich ein Handy ohne böse Absichten gereicht und merke jedes Mal dankbar, was ich mir erspare. Natürlich versäume ich einige wichtige Einladungen, aber ich gewinne ungestörte Zeiten, und das ist heute eines der kostbarsten Güter und Garant von geistig-seelischer Gesundheit. Wer mich wirklich erreichen muss, wird einen anderen Weg finden, etwa über das Internet, das ich vorzugsweise per Kabel empfange.

Wir können unser Wissen über Schwingungen und Felder auch konkret nutzen, zum Beispiel mithilfe der schon erwähnten Chiptechnik.[66] Statt durch technische Wellenmuster fremdbestimmt zu werden, kann sich der Organismus in einer harmonischen Umgebung oder in der freien Natur regenerieren und Energie auftanken. Wer eine Zeit lang in einer Art Schwingungsoase verbringt, wie wir sie im Zentrum TamanGa geschaffen haben, wo der Handyempfang miserabel ist, natürlich kein WLAN existiert, man beim Bauen geopathische Zonen mied und darauf geachtet wurde, natürliche

66 Siehe Dahlke/Wiebecke, *Leben ist Resonanz* (Literaturverzeichnis).

Schwingungen fördernd einzusetzen und künstliche zu vermeiden, spürt den Unterschied.

Geräte, die uns zu einem fremdbestimmten Leben zwingen, sind letztlich Energieschlucker, die in der Übertreibung erheblich schaden. Subjektiv merken das die meisten. Nach einem Tag im Elektrosmog der modernen Elektronikwelt fühlen sie sich schwach und ausgelaugt, wohingegen sie sich nach noch so anstrengenden Bergtouren oder Sportereignissen zwar müde, aber nicht fertig und seelisch am Ende fühlen.

Deutsche verbringen heute fast zehn Stunden am Tag vor dem TV- oder PC-Bildschirm, hängen am Mobiltelefon oder lassen sich vom Radio beschallen. Ein Leben vor dem Fernseher führt jedoch zu energetisch unerfreulichen Ergebnissen. Die meisten Emotionen, Gefühle und sogar Gedanken werden inzwischen durch Medien induziert und sind damit fremd und künstlich. Das eigene Leben verblasst immer mehr vor dem vorgegebenen, und auch das scheint ein Grund für Frustration und Erschöpfung zu sein. Eigenes Leben findet immer weniger statt, während wir vampirhaft an anderen Leben teilhaben über Illustrierte, Fernsehen, Radio und heute vor allem über die sozialen Netze im Internet. Wenn Zeiten ohne Handy und Internet schon zu Entzugserscheinungen führen, ist man bereits (zu) weit gegangen mit sich und auf dem Weg in den Seeleninfarkt.

Wenn Sie Ihr eigenes Leben wiederentdecken, werden Sie rasch zu neuen Kräften kommen, vor allem wenn Sie sich der Natur bedienen, Ihrer eigenen und der äußeren. Sie können technische Hilfen nutzen, um Ihr Leben effektiver und sogar interessanter und schöner zu gestalten, Sie müssen sich ihnen aber nicht unterwerfen, und Sie können sie für bestimmte Zeiten einfach aus Ihrem Leben aussperren im Sinne von IT-Fasten.

Wer aus der digitalen Welt in die analoge Welt zurückfinden will, kann das nicht nur auf der Ebene des Telefons, sondern natürlich auch im Denken. Ein Buch kann Ihnen mehr geben als ein Film, weil es mehr an Fantasie und eigenen Gefühlen und Emotionen von Ihnen verlangt. Gespräche bringen Sie mehr in Resonanz als Fernsehabende, weil sie Sie persönlich angehen. Das Denken in Analogien ist darüber hinaus der altbewährte Weg, sich mit den Mustern und Bildern Ihrer eigenen Kultur und Tradition zu verbinden. Es ist auch der Weg zu einem nachhaltigen ganzheitlichen Weltbild.

Mit Energiespendern in Resonanz gehen

Je mehr Zeit Sie draußen in der Natur verbringen, desto weniger werden Sie außer sich geraten und desto besser gelingt die Regeneration aus den natürlichen Quellen und Schwingungen. Eigentlich spüren die meisten Menschen auch noch, wie viel Kraft ihnen der Aufenthalt in einem ursprünglichen Wald verleiht, wie regenerierend die freie Natur generell auf uns wirkt.

Aus dem systemischen Familienstellen wissen wir, wie Menschen, die in eine bestimmte, ihnen selbst nicht einmal bekannte Rolle gestellt werden, die Qualität dieser Rolle und Position spüren. In ähnlicher Weise haben Wissenschaftler bereits vor 50 Jahren Menschen, die ihrer Sinneseindrücke gänzlich beraubt wurden, in verschiedene energetische Situationen gebracht, etwa in einen Wald, auf einen Bahnhof oder in ein Schlachthaus. Die an ihnen vorgenommenen Messungen zeigten deutlich, wie beruhigend der Wald im Gegensatz zum Bahnhof wirkt. Der Schlachthof brachte sie am meisten durcheinander, obwohl sie ihn weder sehen noch hören, noch riechen konnten.

Die Burn-out-Lawine ist wohl auch Ausdruck unseres verloren gehenden Kontakts zu Mutter Natur. Hier aber liegt die große Chance, die Zeit, die das Krankheitsbild notgedrungen schenkt, in der Natur zu verbringen und vielleicht sogar mit und in ihr meditierend wieder zu sich zu kommen und auf den eigenen Weg.

Neben diesen natürlichen gibt es aber auch von Menschen gemachte Energiespender, wie sie alle Religionen verwenden in Form besonders geladener Plätze, Bilder und Gegenstände wie Talismane. Speziell Kristalle haben nach alter Tradition die Eigenschaft, Energien aufzunehmen und zu bündeln. Hildegard von Bingen arbeitete noch ganz direkt mit bestimmten Edel- und Halbedelsteinen zu Heilzwecken. Talismane hatten in vielen Kulturen einen entsprechenden Effekt, und vieles spricht in unseren aufgeklärten Zeiten dafür, dass sie auch heute noch als Energiequellen dienen können. Die ersten Schuhe meiner Tochter, die an meiner Lampe am Arbeitsplatz hängen, hatten für mich jedenfalls diese Wirkung, denn sie erinnern mich an ihr zauberhaftes Lächeln.

Sie können sich also Ihre Energiespender selbst schaffen und sicher sein, dass sie in dem Ausmaß, wie Sie sie laden, Ihnen auch helfen, Ihre Energie im Lot zu halten. Dieses Phänomen lässt sich auch wissenschaftlich belegen. Die erste Idee dazu war dem Physiker Erwin Schrödinger gekommen. Inzwischen wissen wir, dass die Gedanken von Wissenschaftlern den Ausgang von Experimenten bestimmen – dass also unser Denken etwas positiv oder negativ laden kann. Wir haben die Wahl, und ich empfehle ganz entschieden, sich mit möglichst schönen Dingen zu umgeben, die wir laden und die unser Herz erfreuen.

Hier liegt auch zumindest ein Teil des Geheimnisses des Segnens, wie es uns über das hinduistische Deeksha nun wieder aus dem Osten erreicht, dabei haben wir diese Tradition natürlich genauso im Christentum. Wenn Sie Ihr Essen mit einem Gebet segnen, wie wir es jahrhundertelang gewohnt waren, wird es Ihnen besser bekommen. Aber natürlich können Sie auch Ihre Arbeit am Morgen segnen oder was immer es wert ist, Segen zu erhalten und zu verbreiten.

Nutzen Sie auch alle möglichen Begegnungen mit Wasser, um sich einerseits rein zu waschen, sich andererseits aufzuladen. Das Schwimmen im Meer ist dazu besonders geeignet. Doch allein ein entspannendes Bad in der Badewanne mit entsprechenden energetisierenden oder basischen Zusätzen, um der Übersäuerung entgegenzuwirken, kann Wunder wirken. Jedes morgendliche oder abendliche Duschen kann die Nacht beziehungsweise den Tag abwaschen und neue Energie aus dem Fließen des Wassers vermitteln. Und selbst noch ein Händewaschen in Unschuld vor dem Essen ist von großer positiver Wirkung.

Die Aufgabe von Nachtragen, (An-)Klagen und Jammern

Bei allem Jammern, Klagen, Streiten bis hin zum Prozessieren sollten Sie sich frühzeitig klarmachen, was Sie sich und anderen damit energetisch antun, und sich fragen, ob es das wirklich wert ist. Denn die Erfahrung von Leid oder Schwere wird ja nicht einmal wirklich leichter, indem man sie bei und auf anderen ablädt. Sie verbiestern sich so eigentlich nur das eigene Lebensumfeld und die eigene Stimmung. Diese Erkenntnis könnte die Chance auf ehrliche Kompromisse steigern, mit denen beide Seiten gut leben können. Diese sind übrigens meist auch das Ziel von Richtern und Mediatoren, die beruflich ständig mit Streit und Klagen zu haben.

Mit *Aufgabe* ist hier zum einen die Verpflichtung gemeint, die Energiesabotage im eigenen (Körper-)Land und Geist zu durchschauen. Die zweite Bedeutung liegt im Loslassen, damit Sie anderen und auch sich selbst verzeihen und vergeben können. Wörtlich (er-)fordert das, aufzuhören, die anderen aller möglichen Scheußlichkeiten zu zeihen, sie zu bezichtigen und ihnen die Schuld zu geben, sondern ihnen zu verzeihen und zu vergeben.

Die Vergebung der Sünden ist im Christentum mit seinen Forderungen nach Liebe und sogar Feindesliebe grundlegend. Wie wirksam sie ist, offenbart die in psychosomatischer Hinsicht verblüffend robuste Gesundheit der katholischen Landbevölkerung. Rituale wie die Beichte sind dazu offensichtlich geeignet. Von Ritualen, sofern sie noch energetisch geladen werden, ließe sich generell sehr profitieren. Archaische Völker lösen viel für uns Moderne unlösbar Gewordenes problemlos mit Ritualen. Junge werden über Rituale erwachsen, Kranke geheilt oder eben Schuld entsorgt.

Geführte Meditationen bieten eine weitere gute Unterstützung auf dem Weg, sich und anderen zu vergeben. *Heilkraft des Verzeihens* ist der Titel einer CD, die in zwei geführten Meditationen ein entsprechendes Ritual bietet.[67] Es setzt jene wundervolle Kraft des Vergebens in Bewusstsein und Seelen-Bilder-Welt in Gang. Entscheidend für den Erfolg ist, aus eigener Überheblichkeit herauszufinden, den eigenen Anteil am zugrunde liegenden Problem (an-)zu erkennen und sich damit auszusöhnen und den rituellen Schritt aus tiefstem Herzen mitzuvollziehen.

Das Programm *Entgiften – Entschlacken – Loslassen* bietet zwei unterschiedliche meditative Reisen, um mit den Be*last*ungen und Be*schwer*nissen der letzten Zeit auf körperlicher und seelischer Ebene fertigzuwerden. Da körperliche Schlacken und Knoten immer auch mit seelischen einhergehen, läuft das letztlich wieder auf dasselbe hinaus.

Auf Körperrhythmus und Energiekurve achten

Verschiedene Universitätsstudien belegen heute eindrucksvoll den Wert des Mittagsschlafs. In Japan schon immer und sogar in aller Öffentlichkeit üblich, ist der althergebrachte Mittagsschlaf auch bei

67 Siehe das Publikationsverzeichnis im Anhang.

uns wieder Thema, seit er in den USA wissenschaftlich untersucht und mit der neudeutschen Bezeichnung Powernapping hochgelobt wird.[68] Männer reduzieren durch täglichen Mittagsschlaf die Wahrscheinlichkeit, einen (Herz-)Infarkt zu erleiden, um mehr als 50 Prozent; selbst wenn sie nur dreimal in der Woche mittags schlafen, sind es immer noch 36 Prozent. Typischerweise beziehen sich die Studien eher auf den körperlichen Infarkt als auf den Seeleninfarkt, aber die Bedeutung der Mittagspause auch in dieser Hinsicht ist offensichtlich.

US-Firmen haben längst begonnen, Schlafsäle für Mitarbeiter zu bauen, worin diese mittags nicht nur ausspannen können, sondern es inzwischen sogar müssen. Dabei geht es allerdings weniger um Infarktvermeidung als um Leistungssteigerung am Nachmittag und Unfallverhütung am Arbeitsplatz. Firmen sind an der mit der Mittagsruhe verbundenen Leistungssteigerung interessiert, die inzwischen von vielen Studien eindrucksvoll bestätigt wird.

Viel einfacher, weil ohne Schlafsaalbauten durchführbar, und außerdem wirksamer ist eine mittägliche Tiefenentspannung. Relativ rasch lässt sich ein sehr tiefes Entspannungsniveau erreichen, das selbst bei Anfängern dem Schlaf sofort gleichwertig ist und ihm sogar überlegen wird, wenn nach wenigen Wochen der Entspannungspraxis Trancetiefe eintritt, das heißt, wenn im Gehirnwellenmuster neben Alpha- auch Theta-Zustände auftreten. Diese Tiefenentspannung rettet Nachmittage energetisch noch viel wirksamer als ein Nickerchen.[69]

Im Hinblick auf die Zunahme von Infarkten des Herzens und der Seele sollten Sie generell Ihr Energieprofil im Auge behalten. Vieles deutet darauf hin, dass bei den derzeitig üblichen Leistungsanforderungen die meisten Menschen ihre Kraft bereits am Vormittag verausgaben. So können viele mit ihren Kräften nicht mehr haushalten, geraten finanziell in Schulden- und energetisch in Krankheitsfallen, wie die Infarkte beider Ebenen belegen.

Aber das Phänomen der frühzeitig verbrauchten Energie und des vorzeitig verschossenen Pulvers geht weit darüber hinaus. Was wir

68 Siehe Dahlke, *Von Mittagsschlaf bis Powernapping* (Literaturverzeichnis).
69 Siehe die im Integral Verlag erschienene CD *Erquickendes Abschalten mittags und abends*.

früher Altersdiabetes nannten – wenn ältere Menschen die Kapazität ihrer Bauchspeicheldrüse, Insulin zu produzieren, vorzeitig erschöpft hatten –, mussten wir auf Diabetes Typ II umtaufen, denn schon Jugendliche und Kinder sind inzwischen betroffen. Drei Jahrzehnte lang hielt ich das Parkinsonsyndrom für ein Krankheitsbild des Alters, bis ich bei meinem letzten Seminar für Parkinsonpatienten auf junge Betroffene deutlich vor der Lebensmitte traf. Bei Parkinson ist wahrscheinlich eine Struktur im Gehirn, die sogenannte Substantia nigra, erschöpft. Die Tatsache, dass Potenzmittel wie Viagra und entsprechende Nachahmungen solche Konjunktur haben, liegt ebenfalls an vorzeitig verschossenem Pulver und erschöpften Hormondrüsen in Gestalt der Hoden. Viele Krankheitsbilder ereilen uns also immer früher im Leben, weil sich die Energiesituation zu unseren Ungunsten verändert hat. In jenem Gymnasium, in dem ich noch relativ gemütlich Abitur gemacht habe, erlitten Jahre später zwei Schüler in der Vorabiturklasse Herzinfarkte. Alles spricht dafür, dass die Art unseres Lebens und vor allem Wirtschaftens zunehmend frühere (Seelen-)Infarkte begünstigt.

Den Verlauf der eigenen Energiekurve während des Tages können Sie mittels kleiner Tricks und vor allem Pausen recht gut selbst bestimmen. Und da der Tag in deutlicher Analogie zum Jahr und zum Leben steht, weswegen wir etwa vom Lebensabend sprechen, wird das auch weitgehende Auswirkungen auf den gesamten Lebensrhythmus haben – insbesondere wenn wir den rituellen Charakter solcher Übungen bewusst erkennen und fördern. So entspricht der Mittag der *Mid-life*-Crisis. Das heißt, wenn wir mittags nicht ausruhen und Siesta halten, droht uns eine alltägliche Midlife-Crisis zu Mittag. Wer in der Mitte seiner Zeit nicht ausruht, hat am Nachmittag und in der zweiten Lebenshälfte schlechte Karten.

Doch haben wir ja zum Glück weitgehend die freie Wahl unserer eigenen Energiekurve für den Tag. Das morgendliche Energiehoch erhalten Sie fast immer als Geschenk einer guten Nacht. Wenn Sie aber mehr als diesen morgendlichen, auf den Vormittag beschränkten Energieanstieg anstreben, können Sie durch mittägliche Entspannung einen zweiten Anstieg und damit eine Kurve mit zwei Kamelhöckern erwirken, statt sich mit einem einzigen Dromedarbuckel zu begnügen. Die Nachmittagskurve kann innerhalb weniger Wochen so hoch emporsteigen wie die des Vormittags. Das gelingt wohl nicht mit Mittagsschlaf, aber sobald die Tiefenentspannung in Trance übergeht. Damit ist energetisch die »Kamelkurve« erreicht, was der Regeneration sehr zuträglich ist und Ihnen ein Drittel mehr Energie beschert.

Wenn Sie damit beginnen, Ihre Nachmittage energetisch aufzubessern, sind Sie aber noch nicht unbedingt vor dem Seeleninfarkt gerettet. Denn Sie könnten versucht sein, das Energieplus zu nutzen, um noch anstrengendere Karriereschritte anzuvisieren, die die Burn-out-Gefahr letztlich sogar verstärken. Energie ist erst einmal wertfrei und mag sowohl der Regeneration als auch weiterer Arbeit dienen. Vor allem wenn die Karriere dadurch an Fahrt gegenüber der bekanntlich *nicht schlafenden Konkurrenz* gewinnt, ist der Anreiz groß, nur in Arbeit zu investieren.

Falls Sie von der wundersamen tagtäglichen Energievermehrung noch nicht genug haben, können Sie *noch einen draufsetzen* und Ihre Energiekurve um einen weiteren Höhepunkt am Abend bereichern. Dadurch würde der *Feier*abend seinem Namen wieder gerecht, denn dieser späte Energiehöhepunkt kann den Abend tatsächlich zu einem Fest machen.

Der dritte oder Drachenhöcker führt aber ebenfalls zu Konsequenzen. Das Fernsehprogramm wird wahrscheinlich nicht mehr ausreichen, mit dem sich der Normalbürger seine »Feier-Abende« ruiniert, wenn das alltägliche Elend seines Jobs fast nahtlos in das abendliche des Fernsehprogramms übergeht. Die aus dem Drachenhöcker erwachsene Energie will am Ende des Tages wirklich gefeiert und zum Ausdruck gebracht werden. Wenn der Abend zum Feierabend gewendet ist, steigen wahrscheinlich die Ansprüche an Partnerschaft und Liebesleben. Eine daraus entstehende lebendigere Partnerschaft kann sich natürlich insgesamt günstig auswirken, sowohl bei der Verhinderung von Burn-out- als auch von Bore-out-Syndromen.

Wie erwähnt, ist diese Methode genauso leicht zu missbrauchen wie die Energie, die sie zusätzlich liefert. Andererseits vermag sie – bewusst und geschickt als tägliches Ritual angewandt und in Verbindung mit einer Wertschätzung des Augenblicks und Sinnfindung –, nicht nur Seeleninfarkte länger hinauszuzögern, sondern wird sie ihrer Basis auch ganz berauben. Wenn Energie und Kraft nachlassen, können Sie mit diesen Techniken gut gegensteuern und

Ihr Leben entlang dieser energetischen »Drachenkurve« zu einer großartigen Chance werden lassen, was für die zweite Lebenshälfte den großen Unterschied machen wird.

IM HIER UND JETZT ANKOMMEN

Was immer auf bewusstem Weg in den Augenblick führt, ist geeignet, Auswege aus dem Land des Seeleninfarkts zu weisen. Da die meisten Exerzitien, Rituale und Meditationen der spirituellen Traditionen diesen Aspekt beinhalten, sind hier nur die für die Befreiung aus Burn- und Bore-out besonders geeigneten aufgeführt. Bewusste Erfahrungen der Einheit sind in den meisten Fällen wundervoll und können Ihr Leben entscheidend verändern und prägen. Die Sterbeforschung kennt das Phänomen. Wenn jemand von solch einem Ausflug in das Einheitsbewusstsein zurückkehrt, ist er in der Regel völlig angstfrei und kaum wiederzuerkennen.

Wie bereits mehrfach betont, haben Erfahrungen von Einheitsbewusstsein einerseits einen Burn- und Bore-out-verhindernden Effekt, weil sie einen Ausblick auf das letzte Lebensziel gewähren, und andererseits regenerieren sie in einem nicht beschreibbaren Ausmaß die Lebensenergie. Solche Erfahrungen bewusst anzustreben ist also eine wundervolle Antwort auf die Seeleninfarktgefahr, aber auch eine ideale Therapie. Alle auf die Erfahrung der Einheit zielenden Übungen und Exerzitien sind diesbezüglich zu empfehlen.[70]

Die Kunst des Müßiggangs

Mediziner haben herausgefunden, dass ein Teil der modernen Menschen unfähig zu Müßiggang sei. Etwa drei Prozent der Bevölkerung sollen an dieser sogenannten Freizeitkrankheit leiden. Persönlich glaube ich nicht an solche neuen Definitionen, die vor allem dazu dienen, das Verzeichnis der Krankheitsbilder (DMS) weiter aufzublähen. Der US-Psychiater Frances, der an der letzten Ausgabe des DMS noch mitgearbeitet hatte, ist inzwischen zu seinem schärfsten Kritiker geworden und spricht von einer Inflation der Diagnosen. Er

70 Siehe Dahlke, *Schwebend die Leichtigkeit des Seins erleben* (Literaturverzeichnis).

befürchtet, dass dadurch immer mehr völlig ungeeignete und gefährliche Medikamente besonders an Kinder verteilt würden.

Nach meinen Erfahrungen kann die Kunst des Müßiggangs von jedem erlernt werden, und das **Körperfühlen** ist ein wundervoll einfacher Weg dazu. Ich habe diese wirkungsvolle Übung auf Seite 82 schon vorgestellt. Spätestens in dem Moment, wenn Sie sich von Inhalten dieses Buches oder auch von anderem beunruhigt fühlen, könnten Sie es anwenden und über den Rückzug auf den eigenen Körper wieder zur Ruhe finden.

Eine besonders gute Möglichkeit, in den Moment einzutauchen, ist die CD *Depression – Wege aus der dunklen Nacht der Seele*[71], deren Meditationen nicht nur in den Augenblick führen, sondern auch mit unserem Thema auf der entscheidenden Ebene der Seelenbilder vertraut macht. Sie lehren ganz nebenbei die Methode des **inneren Lächelns**, das jedem angeboren und daher auch leicht wiederzufinden ist. Und es ist gut, sich bei Burn-out-Gefahr auf die Themen der Depression einzulassen. Schulmedizinisch gelten beide sowieso als ein und dasselbe. Aus meiner Sicht steht allerdings bei der Depression die Auseinandersetzung mit dem Sterben weit im Vordergrund; bei Burn- und Bore-out geht es um das Eintauchen in die Gegenwart und um den Lebenssinn.

Jede andere Meditation, die auf den Augenblick zielt, ist ebenfalls geeignet, denn sie bringt Sie in Resonanz mit Ihrem eigenen Feld und sogar mit dem der Erde. Je mehr wir uns in Übereinstimmung mit dem Schwingungsfeld der Erde bringen, desto besser sind wir auch an die universelle Energie angeschlossen. Es scheint so, dass die Zirbeldrüse (Epiphyse), die die höchste Dichte an Magnetiten, jenen kleinen körpereigenen Magnetnadeln, aufweist, hier entscheidenden Einfluss hat und uns in Beziehung zum großen Feld des Seins bringt. Mit diesem Wissen wäre es gut, gleich jetzt wieder lesend in den Moment einzutauchen. Der Psychologe und Glücksforscher Mihaly Csikszentmihalyi hat schon vor langer Zeit wissenschaftlich belegen können, dass Studenten, die alle 90 Minuten einen nur für anderthalbminütigen Moment der Besinnung auf sich selbst einlegen, dadurch auf lange Sicht unglaubliche Vorteile haben.

---

71 Wo nichts Weiteres erwähnt ist, stammen die CDs und Bücher von Ruediger Dahlke, siehe auch das Literaturverzeichnis im Anhang.

Der Weg in den Augenblick

Der Sprung in den Augenblick mag eine auf den ersten Blick wundervolle Lösung sein. Doch führt der beste Weg in den Augenblick über die Neuausrichtung des Lebens, und dafür braucht es Zeit. Erfahrungen des Augenblicks ergeben sich selten aus der Hetze des alltäglichen Stresses, sondern fallen einem in kontemplativen und meditativen Phasen zu. Jede Neuausrichtung dauert, weil das Gehirn lange braucht, neue Schaltungen auszubilden und alte aufzulösen. Noch Jahre und manchmal Jahrzehnte später melden sich etwa bei Suchtpatienten alte Muster zurück. Deshalb werden jugendliche Junkies aus Großstädten oft für Monate auf Bauernhöfe geschickt, um in völlig neuer Umgebung mit Erfolg neue Lebensmuster auszubilden und einzuüben, während sich die alten langsam abschwächen.

Ist eine Neuausrichtung auf dem Lebensweg – aus welchen Gründen auch immer – überhaupt nicht möglich, bleibt Ihnen nur die allerdings anspruchsvolle Aufgabe, dieselbe Arbeits- (oder Beziehungs-)Situation, in der es zu Burn-out oder sogar Seeleninfarkt kam, so zu wandeln, dass diese nicht nur erträglich, sondern tragfähig und befriedigend wird. Das heißt im Einzelnen für den

Augenblick der Arbeit: Aus der langweiligsten und abstoßendsten Akkordarbeit könnte tatsächlich eine Übung in Bewusstheit im Augenblick werden, also Zen in der Kunst der eigenen Arbeit. Allerdings wird bei einer extrem belastenden Tätigkeit wie etwa im Schlachthaus der Schuss nach hinten losgehen und entsprechende Bewusstheit dafür sorgen, dass diese Arbeit gänzlich unerträglich wird. Ein bewusster, wacher Mensch wird kaum Schlachter bleiben und seinen Lebensunterhalt damit bestreiten, andere fühlende Wesen im Akkord zu töten. Aber selbst wenn er auf solch einen Job verfiele, würde ihn die Bewusstheit rasch daran hindern, dabeizubleiben. Auch solch ein Erwachen mit der Folge rechtzeitigen Aussteigens wird einen Seeleninfarkt verhindern.

Da das Eintauchen in den jeweiligen Moment die beste Therapie bei Burn-out-Symptomen und selbst noch im Seeleninfarkt ist, bieten alle halbwegs geeigneten Arbeiten Chancen. Kurzfristige Arbeitsverhältnisse beziehungsweise Jobs sind hier genauso geeignet. Falls das aber bei einer Beschäftigung nicht machbar oder zu schwierig erscheint, weil sie etwa zu hektisch ist oder volle Konzentration erfordert, bleiben immer noch kurze Momente der Besinnung wie das *Körperfühlen* und natürlich alle spirituellen Übungen und Exerzitien als Ersatz.

Ich selbst habe für mich einen Weg gefunden, der mir sehr geholfen hat. Zwar schreibe ich sowieso nur Dinge, die mich beschäftigen und faszinieren, aber manchmal kommt doch lästiger Zeitdruck hinzu, und auch Schönes und Faszinierendes kann natürlich zu viel werden. Deshalb beginne ich mein Schreiben mit einem Ritual, auf das ich auch immer wieder zurückfallen kann. Ich mache vor Arbeitsbeginn, oft in der Zeit, wenn mein alter Laptop hochfährt, die Augen zu und verbinde mich mit den höheren Energien und stelle mir vor, wie sie von oben, am Scheitel, in mich hineinfließen. Dann verbinde ich mich mit den unteren, die durch die Füße aufsteigen, lasse beide Energieströme sich im Herzen treffen und leite sie dann in die Arme und bis in die Fingerspitzen. Wenn ich sie dort fühle, beginne ich zu schreiben. Zwischendurch erneuere ich diese Erfahrung einfach – spätestens alle 90 Minuten. Solche Exerzitien haben sich für mich in vieler Hinsicht als sehr wirksam erwiesen, denn mit zunehmender Übung führen sie immer rascher in den Augenblick oder doch in seine Nähe. Ein idealer Moment ist etwa für mich, wenn mir einmal nichts mehr einfällt.

Beim Zen wird am deutlichsten, dass es nur um diesen Augenblick geht, egal über welchen Weg er erreicht wird. Nicht zufällig gibt es Zen auf so vielen Gebieten. Die Zen-Idee des bewussten Seins im Augenblick hat eine uralte Tradition im Za-Zen, der Sitzmeditation, aber auch im Ikebana, der Kunst des Blumensteckens, oder in der Teezeremonie. Eugen Herriegels kleines Buch *Zen in der Kunst des Bogenschießens* löste eine große Welle des Interesses aus. In wundervoller Weise beschreibt Herriegel, wie der Übende eins mit seinem Bogen und seinem Pfeil werden muss, um mit diesem ins Ziel zu fliegen. Während des Eintauchens in den Augenblick ist alles möglich, dazu gehören auch Dinge und Erfahrungen, die der Verstand nicht nachvollziehen kann.

Diese Welle der Popularität hat die Zen-Kunst des Augenblicks auf alle möglichen Beschäftigungen des Alltags übertragen. Den Anfang machte das noch originelle Buch *Zen und die Kunst, ein Motorrad zu warten* von Robert Pirsig, und obwohl die anschließende Welle von »Zen in der Kunst des …« etwas Spekulatives und Ermüdendes hatte, ist die Idee, diese innere Haltung der Achtsamkeit auf alles auszudehnen, doch stimmig. Man kann natürlich auch beim Abspülen und Tippen, beim Geschichtenerzählen und Fahrradflicken, beim – in Zen-Klöstern sehr beliebten – Putzen und beim Essen(machen) und selbst beim Abspülen ganz dabei sein und sich selbst im Augenblick begegnen. Wenn Sie diese innere Zen-Haltung einnehmen und völlig hingegeben an den jeweiligen Augenblick verrichten, was immer Sie tun, sind Sie auf diesem Weg und genießen Schutz vor Burn-out.

Die Haltung ganz entspannten Eintauchens in das Hier und Jetzt wirkt vorbeugend für alle Probleme von Burn-out bis Bore-out, die sich im Hinblick auf Arbeit und Partnerschaft aus dem ganz verspannten Verlorengehen in Stress einerseits und Routine andererseits ergeben. So könnte durch das Eintauchen in den Moment jede Arbeit zu einer eigenen Therapie und großen Chance werden: Entweder können Sie in dieser Arbeit aufgehen und glücklich werden, oder Sie müssen sich eine neue suchen, die das ermöglicht. Vor allem bietet sich hier die Chance, auch kurzfristige Arbeiten wie bei der immer üblicher werdenden Zeitarbeit genauso hingebungsvoll wie jede andere zeitlich unbegrenzte zu verrichten.

Der Augenblick der Beziehung: Für das Beziehungsleben bietet das Verweilen im Hier und Jetzt ebenfalls die größten Chancen. Die Hauptklagen von Frauen über ihre Partnerschaft, die ich in den letzten 30 Jahren Beratung hörte, beziehen sich darauf, sich nicht »erkannt« zu fühlen. Der Wunsch, in seinem tiefsten Wesen gesehen, erkannt und angenommen zu werden, ist so vielen Frauen gemeinsam; er wird von den meisten Männern aber kaum wahr- oder jedenfalls nicht wichtig genommen. Natürlich wollen die meisten Frauen darüber hinaus auch als attraktiv wahrgenommen werden. Aber viele träumen wohl – ohne ihrem Mann das meist deutlich machen zu können – von der biblischen Situation, in der Abraham Sara erkannte und dabei Isaak zeugte.

Eine weitere Klage vieler Frauen lautet, der Partner werde ihnen nicht gerecht, er sei eigentlich gar nicht mehr so richtig da. Es ist letztlich die Klage, ihn irgendwie nebenbei und unbemerkt aus dem Auge und schlimmer noch aus dem Herzen verloren zu haben. Und tatsächlich verlieren sich die beiden in der Regel rasch aus den Augen, sobald sie aufhören, sich bewusst ihre Zeit zu schenken und sich anzuschauen. Würden sie das wieder lernen, könnten sich daraus einzigartige gemeinsame Momente außerhalb des Zeitkontinuums ergeben. Und eigentlich brauchen sie es nicht einmal zu lernen, sie können es bereits und erlebten es zu Beginn ihrer Beziehung voller Begeisterung. Es geschah eben immer dann, wenn sie sich tief und lange in die Augen schauten, wenn sie die Welt aus den Augen des Partners betrachteten und sich dabei selbst aufgaben.

Als Burn-out-Patient hatten Sie während der anfänglichen Phasen Ihrer Erkrankung meist gar keine Zeit mehr, aber sobald der Seeleninfarkt Sie ereilt hat, kommt die Zeit – natürlich in unerlöster Weise – doch zurück. Sind Sie erst abgestürzt, ist die Zeit wieder da. Und alle Zeit der Welt auf einmal, und das fühlt sich erschreckend an. Als Opfer der Polarität sind Sie aus dem Zeitmangel, der nur eine Karikatur der mystischen Zeitlosigkeit des Augenblicks ist, in den Zeitüberfluss gestürzt, mit dem Sie nun gar nichts anfangen können, weil Antrieb und (Lebens-)Lust fehlen. *Krankheit* erweist sich einmal mehr *als Weg*; sie bringt die Zeit zurück ins Leben, nur müssen Sie erst langsam lernen, sie wieder zu schätzen und zu nutzen.

Gerade eben gar keine Zeit und plötzlich alle Zeit der Welt zu haben erfordert einige Umstellung. Diese Achterbahn durch die verschiedenen Wahrnehmungsebenen von Zeit können Sie dazu nutzen, deren letztes Geheimnis im Augenblick zu erleben und sich damit zu erlösen. Es gilt, das Geschenk der Zeit zu nutzen und diese wertvolle Zeit bewusst zu verschenken, etwa an den Partner oder die Partnerin, aber natürlich auch an sich selbst etwa zum Zweck der Meditation und des bewussten Lebens im Augenblick.

Der Augenblick der Liebe: In der Beziehung ist diese Grundhaltung noch deutlicher als Erlösung der immer kürzer werdenden Partnerschaften bis hin zum One-Night-Stand zu erkennen. Wer sich wegen der fehlenden oder jedenfalls unsicheren Aussicht auf Wiederholung ganz auf den jeweiligen Augenblick des Liebesspiels einlässt und sich ihm völlig hingibt, dem kann selbst ein sogenannter One-Night-Stand zu einem einmaligen, bewussten und zeitlosen Liebesakt werden.

Erfahrungen, die den ganzen Charme des Augenblicks enthüllen und den Orgasmus zu einer lebensverändernden Einheitserfahrung machen, verlangen jedoch nach mehr. Wer erlebt, wie sich an vielen Regionen des Organismus Orgasmen auslösen lassen und wie lange sie anhalten und so die Zeit im wahrsten Sinne des Wortes anhalten können, wird das nicht mehr vergessen. Solche Erfahrungen rufen nach Wiederholung, und auf diese Weise könnte sich sogar die ganze One-Night-Stand-Problematik von selbst lösen: Wenn sich viele One-Night-Stands aneinanderreihen, bahnt sich wieder eine Beziehung an, die möglicherweise sogar eine wesentlich tiefere Qualität hat, da sie ständig in den Augenblick führt. Insofern kann dieses Konzept sogar eine Hilfe sein. Hier bleibt eigentlich gar nichts anderes übrig, als sich auf den Augenblick einzulassen.

Falls Sie und Ihr Partner es schaffen, beim Liebesspiel im Augenblick zu bleiben und diesen weiterhin zu genießen, statt Abmachungen für die Zukunft zu treffen, kann sich der wunderbare Augenblick mit vielen anderen Augenblicken zu einem Zeitkontinuum verbinden, wobei Sie beide weiterhin im Hier und Jetzt Ihre Liebe feiern. Das wäre sogar nach christlicher Auffassung eine erlöste Form von Beziehung, denn auch Christus wollte seine Anhänger offensichtlich zum Leben im Augenblick verlocken. Zum Lieben wollte er sie sowieso ständig bewegen, und wer glaubt, an körperlicher Liebe sei irgendetwas Unchristliches, der möge einmal in der Bibel das Hohelied der Liebe lesen.

Der verbundene Atem

Die einfache Technik des verbundenen Atems hat mich von allen Entdeckungen während meiner spirituellen Suche und Arbeit mit Psychotherapie am meisten beeindruckt. Sie kann nach meinen Erfahrungen rasch zum Erlebnis der Einheit führen und so bleibende Veränderungen und Entwicklungen bewirken. Der Atem ist generell ein Eckpfeiler unseres Wohlbefindens und macht – wenn er für Augenblicke stillsteht – die tiefsten Entspannungserlebnisse erfahrbar. Der Volksmund kennt den *langen Atem* der schlussendlichen Sieger und spricht damit eine Qualität an, die Burn-out-Gefährdeten und Patienten so sehr fehlt, die aufgrund mangelnden Lebenssinns und zu geringer Energiereserven gerade nicht (mehr) durch- und mithalten können. Selbst im übertragenen Sinn steht der lange Atem für Überlegenheit und zeichnet Gewinner im Spiel des Lebens aus. So ist es sinn- und wundervoll, ihn auf der konkreten Ebene zu nutzen und auf analogen Ebenen mit zu profitieren.

Nach der Schöpfungsgeschichte beginnt das Leben mit dem Atem, der von Gott, also aus der Einheit, kommt. Diesen göttlichen Bezug verliert er nie, und die Technik des verbundenen Atems vermag das zum Erlebnis zu machen. Bis heute kann uns der Atem göttliche Erfahrungen vermitteln. Da er so entschieden in die Polarität von Ein- und Ausatmen zwingt, kann er sie auch am leichtesten überwinden.

Ein fernöstlicher Mythos beschreibt mit dem Bild von drei Schicksalsgöttinnen die Bedeutung des Atems für die Länge unseres Lebens. Demnach misst uns eine Göttin die Zahl der Atemzüge zu, die zweite zählt sie ein Leben lang mit, und die dritte holt uns zurück, wenn die zugeteilten Atemzüge verbraucht sind. Dem entspricht die Erfahrung, dass typische Burn-out-Anwärter, die mit hängender Zunge hektisch durchs Leben hecheln, oft auch schnell fertig sind – mit den Nerven und dem Leben. Jedenfalls lebt gefährlich, wer das für ihn rechte Maß überschreitet. Wer dagegen im Laufe seines Lebens einen langen Atem entwickelt, kann in der Regel diese Lebens-Art lange genießen.

Aber daraus folgt für Sie nicht, mit den konkreten Atemzügen zu haushalten, um sie zu sparen. Ein solchermaßen zurückgenommenes Leben auf Sparflamme führt gerade nicht zum langen Atem. Die Methode des verbundenen Atems ermöglicht über intensiven bewussten Atem dessen Vertiefung und Verlängerung, um so das Leben in vollen Zügen und ganzer Länge genussvoll zu er*leben*. Im Gegensatz zum normalen flachen Atmen, das Ihnen zum Überleben reicht, sorgt der verbundene Atem für ein Überschwemmen mit Lebensenergie, was Ihnen das Gefühl von wirklichem Leben aus der Fülle eigener Möglichkeiten vermittelt. Wenn Sie sich mit dieser Lebenskraft des Atems überschwemmen, können Sie aus der Überfülle an Energie für Momente auf weiteren Atem verzichten und so für eine kurze Zeitspanne die Welt der Gegensätze hinter sich lassen.

Vom ersten bis zum letzten Zug an das Ein und Aus des Atems gebunden, werden wir erst im Tod von dieser Polarität befreit. Zum Glück gibt es aber zwischendurch bereits wundervolle Möglichkeiten, für besondere Momente und einzigartige Augenblicke aus dem Spiel der Gegenpole auszusteigen und in solchen Atempausen die Einheit als eine Erfahrung höchsten Glücks zu erleben. Die Zeit wird sich dehnen, der Raum sich unglaublich erweitern, und die Seele kann sich ihrer Bestimmung nähern und eins mit allem werden. Wer über den verbundenen Atem eins wird mit dem großen Atem der

Schöpfung, erlebt mehr als die Therapie und Vorbeugung von Burn- und Bore-out, aber beides geschieht nebenbei und ganz von selbst.

Im Laufe des Lebens gemachte einschränkende Erfahrungen verhindern, dass wir uns und die Welt ständig ekstatisch und als Einheit empfinden. Der verbundene Atem kann einerseits diese einschränkenden und verhindernden Blockaden allmählich lösen und andererseits immer wieder Ausblicke auf das große Ziel der Einheit schenken. In dieser Doppelfunktion wird er zu einem wundervollen Geschenk für Sie. Wenn Sie der Lebensenergie beim verbundenen Atem die Chance geben, entsprechend Kraft zu entwickeln und immer wieder gegen die den freien Fluss hindernden Barrieren und Blockaden anzubranden, werden Sie erleben, wie sie sich allmählich oder manchmal auch abrupt auflösen und der Strom des Lebens ungehinderter und freier fließen kann.

Auch aus schulmedizinischer Sicht ist der Atem unser entscheidender Energiespender, der alle Stoffwechselprozesse in Gang hält. Schon aus diesem Grund ist er bei Energiemangelzuständen wie Burn- und Bore-out von besonderer Bedeutung. Die etwa zweistündigen Sitzungen mit dem verbundenen Atem bringen außerdem zusätzliche Hilfe wie eine radikale Entsäuerung, die wirksamer ist als manche anderen darauf zielenden naturheilkundlichen Maßnahmen. Inzwischen leiden große Teile der Bevölkerung an Übersäuerung, insbesondere jene überdrehten Burn-out-Kandidaten, die nicht nur auf den Verkehrswegen, sondern auch auf ihrem Lebensweg mit überhöhter Geschwindigkeit unterwegs sind. Eine zweistündige Atemsitzung polt den Stoffwechsel um und lässt den archetypisch weiblichen alkalisch-basischen Pol wieder mehr zur Geltung kommen. Nicht so sehr die Bore-out-, aber umso deutlicher die Burn-out-Patienten sind viel zu weit in den archetypisch männlichen Pol geraten und profitieren daher von jeder auch ernährungsbedingten Entsäuerung.

Zumindest die ersten Sitzungen mit der Technik des verbundenen Atems sollten unter Anleitung eines ausgebildeten Therapeuten absolviert werden, wie es sie inzwischen in vielen Städten des deutschsprachigen Raumes gibt und wie sie über das Netzwerk *www.verbundenerAtem.net* leicht zu finden sind. In unserem Zentrum TamanGa bieten wir Atem-Wochenenden und Atem-Energie-Wochen an. Je mehr Teilnehmer ihre Energie zusammenbringen, desto beeindruckender sind die Ergebnisse einer Atemreise für Einzelne.

Schweben im Wasser

Körperwarmes Wasser bietet Ihnen eine wundervolle Gegenwelt mit vielfach heilender Qualität. Wie wir wissen, bildet sich unser Urvertrauen, die Basis späteren Selbstvertrauens, in den ersten Wochen der Schwangerschaft, wenn der Embryo in der Weite des Fruchtwasserraums frei schwebt. Er spürt keine Grenzen, weil innen und außen dieselbe Temperatur herrscht. Da unsere Haut wie auch die anderen Sinnesorgane immer nur Unterschiede erkennt, nimmt sie bei Temperaturgleichheit nichts mehr wahr. Die Wahrnehmung wird somit grenzenlos, und so entsteht nicht selten die Erfahrung von Einheit mit allem.

Das hat den Delfinforscher John Lilly seinerzeit zur Entwicklung des Samadhi-Tanks inspiriert.[72] Diese frühen Geräte sind heute durch raffinierte, technisch aufwendige Becken mit Salzwasserfüllung zur Erfahrung schwebenden Seins ersetzt und unter dem Namen Floatarium[73] bekannt. Ich persönlich empfinde das freie Schweben unter freiem Himmel als noch schöner. Diesen Traum eines bis auf 36 Grad heizbaren großen Teiches, der statt mit Chemie mit natürlichen Mitteln im Gleichgewicht gehalten wird, haben wir in unserem Zentrum TamanGa verwirklicht, um ein Optimum des Schwebens zu ermöglichen.

Jeder Mensch kann dieses freie Schweben lernen, für Frauen ist es sozusagen ein mondiges Heimspiel, aber selbst ängstliche Männer können mittels Schwimmflügeln schwebendes Gleichgewicht erreichen. Männliche Angst ist natürlich häufig Angst vor dem Weiblichen, und Wasser ist das weibliche Seelenelement schlechthin. Insofern wäre diese Erfahrung schwerelosen Schwebens im weiblichen Seelenelement gerade für Burn-out-gefährdete Männer sehr geeignet. Auch die sich daraus entwickelnde »Wasserarbeit« des Aqua-e-motion[74] tut ihnen ausgesprochen gut. Zudem ist die Verbindung von verbundenem Atem und körperwarmem Wasser möglich und kann wundervolle befreiende Erlebnisse bereithalten.

---

72 Siehe John Lilly, *Im Zentrum des Zyklons. Eine Reise in die inneren Räume*. S. Fischer 1991.

73 Adressen in: Dahlke, *Schwebend die Leichtigkeit des Seins erleben* (Literaturverzeichnis).

74 Siehe auch Dahlke *Schwebend die Leichtigkeit des Seins erleben* (Literaturverzeichnis).

Natürlich müssen wir uns für solche Geschenke erst reif machen. Die Erfahrung freien Schwebens im Wasser trägt ähnlich dazu bei wie die mit dem verbundenen Atem. Auch die äußeren Voraussetzungen müssen stimmen, damit sich die entsprechende Stimmung ergibt, die dieses große Loslassen erlaubt. Und selbst wenn dieses Schweben nicht so rasch zu Einheitserfahrungen führt, weil diese einfach (noch) nicht dran sind, erweisen sich die dabei aufkommende tiefe Entspannung und entsprechendes Loslassen als hilfreich und bahnen spätere noch umfassendere Erfahrungen an. Wenn Sie das Geschenk einer Einheitserfahrung bekommen, erleben Sie das in der Regel als ebenso unbeschreiblich wie lebensentscheidend. Solche Momente können die ganze Lebensrichtung in einem einzigen Augenblick verändern und eine völlig neue Ausrichtung auf tiefen Sinn hin einleiten. Selbst aus der Zeugenrolle des Therapeuten ist es sehr bewegend, solche Erlebnisse mitzuerleben.

Schwebeliegen

Eine relativ einfache und doch raffiniert wirkungsvolle, an vier Punkten aufgehängte Schwebeliege[75] kann mit der Zeit, die Sie sich auf ihr schenken, ebenfalls verblüffende Erfahrungen der (Los-)Lösung vermitteln und Sie in den siebten Himmel (ent-)schweben lassen. Die geringe Berührung beim seitlichen Einsteigen reicht, um die Wiege in sanft schwingende Bewegung zu bringen; weniger erweist sich hier als mehr. Nicht Schaukeln, sondern Wiegen ist das Thema – um sich selbst gewogen zu sein und die Welt mit anderen Augen zu betrachten, vielleicht sogar schauend zu erkennen, was sie eigentlich bewegt. In den moderaten Schwingungen entfaltet sich das eigentliche Geheimnis schwebender Leichtigkeit des Seins bis hin zum Entschweben in andere Welten.

Leichtes Verändern der Position der Schwebeliege lässt die Beine höher ruhen als den Körper und führt zu einer inneren Bluttransfusion, die deutlich mehr Lebensenergie in die Mitte leitet. Das bringt Sie auch im übertragenen Sinn mehr in die Mitte und damit zu sich und Ihrem Sinn und Wesen. Genau das aber brauchen Sie im Fall von Seeleninfarkt mehr als alles andere.

---

75 Näheres unter: *www.schwebeliege.at.*

In einer Mittellage zwischen Himmel und Erde schwebend, entlasten Sie Ihre Wurzeln in Gestalt von Füßen und Beinen, aber auch das Oberstübchen zugunsten der Mitte und des Bauchgefühls, das Intuition und Ahnungen ermöglicht, die in die Zukunft reichen, und Sie auch mit den Ahnen der Vergangenheit über Träume verbinden mag. So kann die Schwebeliege zur bewussten Brücke und wunder-vollen Verbindung von Zukunft und Vergangenheit werden. Gerade daraus kann sich das für Sie so wichtige Geschenk des Augenblicks ergeben. Wer sich so regelmäßig Zeit nimmt und seine Blicke an den Himmel schweifen und die Gedanken mit den Wolken ziehen lässt, mag irgendwann spüren, wie der Geist weht und alles fließt, während mit den Wolken und sanften Energiewellen auch das eigene Leben wieder in Fluss kommt und frischer Wind es beflügelt.

Die beschriebenen, vielfach erprobten Wege des Atmens und Schwebens bieten die besten Voraussetzungen für solche Erfahrungen des Augenblicks. Natürlich sind auch bei anderen Gelegenheiten und Meditationen entsprechende Erfahrungen möglich. Ein Freund hat solch eine Erfahrung gemacht, als ihn beim Tauchen ein Wal durch das Bullauge eines alten Schiffes ansah und sein Blick im Auge des Wals und im Augenblick dieser Begegnung gleichsam aufging. Danach hat er seiner Firma eine völlig neue Ausrichtung gegeben, letztlich mit dem Ziel, anderen ähnliche Erfahrungen zu ermöglichen, wie sie ihm bei diesem Einblick in das Auge des Wals geschenkt wurde.

HILFEN ZUR SINNFINDUNG

Neben dem Augenblick, der auf seine magisch-geheimnisvolle Art bereits die Sinnstiftung anstößt, gibt es Therapien und Meditationen, die sich die Sinnfindung zum Ziel nehmen.

Psychotherapie

Die weitestgehende Maßnahme der Sinnfindung ermöglicht nach meinen Erfahrungen die Schatten- oder Reinkarnationstherapie, wie sie im Heil-Kunde-Zentrum in Johanniskirchen in einem Mondzyklus von 40 Stunden durchgeführt wird. Sie kann nicht nur die Hintergründe von Problemen klären, sondern der Seele auch neue Wege und vor allem auch Auswege aus Sackgassen weisen. Durch die Nutzung der Hautwiderstandsmessung ist es möglich, praktisch direkt mit der Seele in einer Ehrlichkeit zu kommunizieren, die kaum möglich ist, wenn der Intellekt mitmischt.

Diese Therapie vertieft gleichsam nebenbei die wichtige Orientierung im Leben durch die Auseinandersetzung mit den *Schicksalsgesetzen* und den *Spielregeln des Lebens* auf sehr individuelle Art und Weise. Durch das grundsätzliche Einbeziehen der spirituellen Dimension ist sie aber vor allem auch geeignet, den eigenen Weg zum persönlichen Lebenssinn mit letzten Perspektiven zu verbinden. Sie ermöglicht im Sinne von C. G. Jung, aus dem Gewirr der Vorerfahrungen den eigenen Individuationsweg herauszulesen.

Hinzu kommen natürlich ganz nebenbei vier Wochen Auszeit und tatsächlicher Ausstieg aus den gewohnten Mustern der alten Umgebung. Zusammen mit tiefer Selbsterkenntnis und Selbsterfahrung und den sich daraus entwickelnden neuen Perspektiven wird so wirkliche Sinnfindung möglich. All das macht diesen Ansatz zu einer Art Königsweg auf der Suche nach Auswegen aus dem Seeleninfarkt.

Meditation

Praktisch alle Meditationen zielen darauf ab, Sie mit dem tiefsten Sinn des Lebens in Kontakt zu bringen. Grundsätzlich gibt es hier zwei Richtungen: jene, die gleich auf Gedankenfreiheit abzielen, und andere, die Hilfsmittel wählen, zum Beispiel Mantras. Der Erleuchtung beziehungsweise Einheitserfahrung ist es egal, wie man sie erlangt, und so wäre der Weg zu wählen, der am besten zu Ihrem eigenen Wesen passt.

Östliche Meditationen wie Za-Zen oder Vipassana sind für westliche Menschen meist schwierig wegen hoher, auf Gedankenfreiheit zielender Anforderungen. Es ist uns anfangs schier unmöglich, auch nur eine kurze Zeit ohne Gedanken zu bleiben. Unsere ganze Erziehung und Ausbildung beruht auf (Mit-)Denken und der Kultivierung von Gedanken. Schon ein einminütiger Meditationsversuch im Hinblick auf Gedankenfreiheit kann uns dies klarmachen. Auch der Gedanke, nicht zu denken, ist natürlich ein Gedanke und stört bereits.

Weil es anfangs viel zu schwierig ist, ganz ohne Gedanken in die Stille einzutauchen, entwickelten sich andere Wege wie etwa die Mantra-Meditationen. Sie lehren, sich lediglich auf einen einzigen Gedanken zu konzentrieren und dabei zu bleiben, etwa auf die heilige Silbe OM, oder bei der Herzensmeditation auf den Ehrentitel Christus. Das ist leichter als die Übung der Gedankenfreiheit, aber anspruchsvoll genug.

ÜBUNGEN ZUR GEDANKENFREIHEIT

- Versuchen Sie einmal, nur für eine Minute bei Ihrem Lieblingsgedanken zu bleiben, den Sie jetzt kommen lassen mit Ihrem ersten aufsteigenden Gedanken.
  Seien Sie nicht traurig, wenn Sie auch dabei noch viele andere und folglich ablenkende Gedanken hatten. Das war zu erwarten.
- In der christlichen Tradition gibt es mit dem Herzensgebet der Ostkirche eine sehr wirksame Mantra-Meditation. Dabei stellt man sich sein Herz lächelnd vor und denkt in ihm den Namen des Heilands. Natürlich können Sie diese Übung auch mit dem Namen des für Sie zentralen Heiligen oder der für Sie wichtigen Gottheit machen.
- Beten Sie ein Vaterunser, ohne gedanklich abzuschweifen. Oder sprechen Sie ein Gedicht, das Sie sehr mögen und auswendig können. Aller Wahrscheinlichkeit nach wird auch das nicht so leicht funktionieren. Das ist nicht schlimm, sondern ganz normal.
- Lassen Sie zu einem für Sie wichtigen Thema, das jetzt mit dem ersten Gedanken auftaucht und bereits da ist, alle weiteren Gedanken aufsteigen, die sich in diesem Moment dazu aus Ihrem Bewusstsein und Ihrem Unbewussten melden – eine Minute lang.

Nun haben Sie sicher erlebt, wie Sie dem Ziel näher kommen, und zugleich konnten Sie eine gute Methode erproben, mit der Sie auf *Reisen nach innen* gehen können. Nebenbei bietet sie alle Chancen, mit jeder Reise tiefer in die Entspannung zu sinken. Wenn Sie täglich üben, werden Sie schon nach wenigen Wochen Trancetiefe erreichen und damit Ihre Option auf Erfahrungen im Augenblick noch deutlich verbessern.

Wie viel Meditation ist hilfreich, und wann wird es für Sie zu viel? Eine morgendliche und abendliche geführte Meditation sind in jedem Fall in Ordnung, darüber hinaus ist zu differenzieren, in welcher Stufe von Burn-out oder Bore-out Sie sich befinden. In der hektischen Vorstufe des Burn-outs, wenn es sich für alle außer dem Betroffenen schon ankündigt, wären beruhigende Momente natürlich naheliegend. Sie werden aber in der Regel von den Gefährdeten nur schwer angenommen, weil sie meinen, überhaupt keine Zeit zu haben und schon gar nicht für Meditation(en).

Wenn Sie das »Ich kann und mag nicht mehr« nicht nur ahnen, sondern es schon aussprechen, sind intensive Meditationsprogramme oft hilfreich, um neue Perspektiven zu eröffnen und wieder zu sich zu kommen. Sie stabilisieren und können so den Zusammenbruch hinausschieben und manchmal sogar verhindern. Das wird immer in Ihrem Sinne sein, obwohl es die echte Lösung insgesamt verzögern kann. Deshalb ist es wichtig, jetzt schon auf die Suche nach den Ursachen der sich abzeichnenden Misere zu gehen und diese nicht mehr aus den (inneren) Augen zu lassen.[76]

In dieser Phase könnten Meditationen aber auch über die eintretende Sensibilisierung den Zusammenbruch beziehungsweise Ausstieg beschleunigen, weil Sie dünnhäutiger und empfindlicher für die Unerträglichkeit der Situation werden. In solch einer Lage sind die Meditationen auf maximal zwei pro Tag zu beschränken und stattdessen lieber körperliche Übungen und Aktivitäten auszubauen, um für die jetzt besonders notwendige Erdung zu sorgen. Hierzu kommen neben Yoga, Qigong und Tai-Chi alle Dehnungs- und Kräftigungsübungen infrage, zudem auch ganz einfache körperliche Arbeit. Besonders erdend ist Gartenarbeit, da Erdkontakt *natür*lich am besten erdet. Geeignet ist auch Bewegung im Sauerstoffgleichgewicht, das heißt, ohne in Hecheln und Atemnot zu geraten, aber doch tief atmend. Fast jede Form körperlicher Anstrengung, vor allem wenn sie zu moderatem Schwitzen führt, tut nun gut.

Nach dem Zusammenbruch im Burn-out, wenn die Lebensgeister entschwunden zu sein scheinen und sich Apathie und Lethargie ausbreiten, kann dagegen nicht zu viel und kaum genug meditiert

76 Es bieten sich hierfür zum Beispiel die geführten Meditationen der CD *Selbstheilung* (Literaturverzeichnis) an.

werden. Aufgebaute Energie fließt nun in die Regeneration und kann nur nützen. Sensibilisierung und Erwachen für die Möglichkeiten des eigenen Lebens sind jetzt von Vorteil. Würden Sie sich dem zuwenden, was Ihnen jetzt noch übrig bleibt, und würden Sie dabei in den Augenblick eintauchen, wären Sie in der Regel erstaunt, wie viel das noch ist.

Um die eigenen Energieflüsse wieder in Gang zu bringen, hat sich der sogenannte kleine Energiekreislauf aus dem Daoismus sehr bewährt. Damit lässt sich meist rasch ein höheres und sich lebendig anfühlendes Energieniveau erreichen.[77] Im Fall von Bore-out ist dies genauso geeignet, wobei hier vor allem auch an die Visionssuche zu denken ist, geht es doch darum, wieder Zugang zu frühen Träumen und ursprünglichem Idealismus zu finden.

Innere Bilderreisen

Statt Gedanken als Störenfriede oder gar Feinde der Meditation zu betrachten, lassen sie sich wundervoll einbinden. Sie ebnen dann den Weg zu individuell wichtigen Themen. Gemeint ist die Technik der geführten Meditation. Sie bezieht die inneren Gedankenbilder, die andere Systeme vergeblich loszuwerden suchen, nicht nur ein, sondern braucht sie sogar.

Heute lässt sich auch wissenschaftlich belegen, wie wichtig innere Bilder und Stimmen für unsere geistig-seelische Gesundheit sind. Werden die nächtlichen Bilderreisen unserer Traumphasen im Schlaflabor experimentell verhindert, erkranken wir durch den Ausfall der Traumbilder sehr rasch seelisch. Dann beginnen wir tagsüber mit offenen Augen zu träumen, was aus psychiatrischer Sicht schon als optisches Halluzinieren gilt. Die Stimmen, die dann auftauchen, entsprechen akustischen Halluzinationen.

Die inneren Bilder der Träume sind also lebensnotwendig, um das seelische Gleichgewicht aufrechtzuhalten, ob wir sie nun bewusst erleben oder nur unbewusst, etwa in einem Traum, an den wir uns nicht erinnern. Die Tatsache, dass viele Menschen gar nicht mehr wissen, ob und was sie geträumt haben, verrät, wie sehr uns unsere

---

77 Siehe Dahlke, *Notfallapotheke für die Seele;* die geführten Meditationen der CD *Energie-Arbeit* bieten hierfür ebenfalls gezielte Unterstützung (Literaturverzeichnis).

archetypisch weibliche Seite mit ihren Seelen-Bilder-Welten schon entfremdet ist. Im Hinblick auf das Seeleninfarktthema zeichnet sich hier noch eine andere Dimension der Wichtigkeit der Nacht ab.

In unserer von männlichen Werten *dominierten* Welt wird das Fehlen von Träumen kaum beachtet, so wie wir uns auch daran gewöhnt haben, ohne Visionen zu leben, was wiederum die im Burn- und Bore-out-Zusammenhang so wichtige Sinnfindung behindert. Noch halbwegs funktionierende archaische Kulturen wie auch moderne Forschung zeigen uns die Macht und Notwendigkeit innerer Bilder und damit der weiblichen Seite. Sie bietet bei Burn- und Bore-out die wundervolle Chance, Auswege in der Seelen-Bilder-Welt zu finden und zugleich tief zu entspannen.

Die Methode kann auf eine lange Tradition zurückblicken und ist durchaus kein Kunstprodukt der Esoterikszene oder der Psychoneuroimmunologie, jenes Wissenschaftszweigs, der die heilende Wirkung innerer Bilder bei Krankheitsbildern bis hin zu Krebs nachweist. Wie schon im alten Ägypten versetzten in den Mysterienkulten der Antike sogenannte Hierophanten, göttliche Lehrer, die Einzuweihenden mit geführten Reisen in deren innere Bilderwelten und bereiteten sie so auf Entwicklungs- und vor allem Einweihungsschritte vor. Sowohl bei den sogenannten Einweihungssarkophagen als auch beim zu Heilzwecken durchgeführten Tempelschlaf waren innere Bilderreisen sehr wahrscheinlich das Medium der Vermittlung.

Innere Reisen waren damals so selbstverständlich wie heute äußere. Tourismusreisen sind dagegen ein neues Phänomen wie selbst Handelsreisen. Pilgerreisen sind viel älter, und auch bei ihnen ging es bereits hauptsächlich um innere Erfahrungen. Ein völlig vertrauter Umgang mit inneren Seelenreisen war wohl der Grund, warum unsere Vorfahren gut ohne Psychotherapeuten auskamen. Der lebendige Zugang zu Märchen und Mythen zeigte ihnen den Weg und ließ sie ihre eigenen Visionen finden.

Wo analytische Psychotherapien bis heute Anleihen beim Mythos nehmen und Therapien der humanistischen Psychologierichtung sich zunehmend der Arbeit mit inneren Bildern widmen, sind sie auf alten, der Seele vertrauten Bahnen unterwegs. Diese bestimmten jahrtausendelang die Entwicklung der Menschheit, wohingegen die moderne Zeit, die innere Bilder geringschätzt, im Verhältnis dazu nur ein Wimpernschlag ist.

Unsere geistigen Vorfahren, ob als Religionsstifter wie Christus und Mohammed oder Philosophen wie Sokrates und Plato, benutzten selbstverständlich Gleichnisse, die innere Bilder hervorriefen. Plato wusste, dass hinter jedem Ding eine Idee steckt, und Goethe erkannte die Welt der Materie noch als Gleichnis.

Von den verschiedenen Meditationsformen sind daher die geführten Meditationen unserem kollektiven Bewusstsein wie auch unserem modernen Verständnis am nächsten und leichtesten zugänglich. Noch in meiner Kindheit waren Märchen die vorrangige Seelennahrung, und ihre Bilder sind mir bis heute präsent. An solch (ur-)alte Erfahrungen knüpfen geführte Meditationen an.

Geführte Meditationen lassen sich in Eigenverantwortung und ohne irgendwelche Vorbereitungen im Liegen wie im Sitzen erleben. Klassischerweise findet Meditation mit geradem Rücken aufrecht sitzend statt. Aber wenn dies nicht lange geübt wurde, kann es zu Verkrampfungen und Verspannungen im Rücken führen, die Sie nun nicht zusätzlich brauchen. Für alle nicht in Yoga und Meditation Geschulten ist es am sinnvollsten, im Liegen zu beginnen und erst später gegebenenfalls zur aufrechten Haltung zu wechseln. Liegend kann fast jeder entspannen und muskulär loslassen. Die Einführung zur jeweiligen Meditation geleitet mit der Zeit in immer tiefer werdende Entspannung und schließlich in Trance. Eine Reihe dieser inneren Reisen kann – geschickt zusammengestellt – zu einer Art kleiner, aber sehr wirksamer und finanziell günstiger Psychotherapie in Eigenregie werden. Nicht wenige Seminarteilnehmer haben damit weitreichende Schritte zu sich selbst geschafft. Einer, der mich in seiner Art besonders beeindruckte, hat mir sein verblüffend einfaches Geheimnis anvertraut: Wegen chronischer Überlastung und Überforderung und ohne Zeit und Gelegenheit für eine große Schattentherapie habe er die geführten Reisen gemacht, bis ihm die Themen in Fleisch und Blut übergegangen seien. Auf diese Art legte er einen langen, beeindruckenden Weg zurück, den er mir dankenswerterweise aufschrieb und so die folgende Darstellung inspirierte. Sein Weg ist leicht nachvollziehbar, die Frage ist nur, ob Sie sich selbst so wichtig nehmen, sich solch ein Geschenk an Zeit und Zuwendung zu machen. Die Reihenfolge ist natürlich nur ein Vorschlag, der sich individuell anpassen und abändern lässt. Das vorgestellte Programm können Sie auch fast beliebig erweitern und durch Austauschen und Weglassen zu Ihrer sehr individuellen Therapie ausbauen. Mein Seminarteilnehmer nutzte beispielsweise seine Mittagspause für eine halbe Stunde Meditation und ergänzte sie durch eine weitere halbstündige Meditation nach Arbeitsende.

LOSLASSEN UND SCHLAFDEFIZITE ABBAUEN

Wenn Sie erschöpft sind und sich ständig übermäßig verausgaben, wird es besonders häufig passieren, dass Sie bei einer geführten Meditation einschlafen. Das ist weniger ein Problem als eine Chance. Das Einschlafen zeigt zunächst einmal, wie gut Sie sich schon anvertrauen können. Im Übrigen wird Ihr Unbewusstes trotzdem alles mitbekommen. Aber da es wie bei den Traumbildern der Nacht noch besser ist, wenn Sie bewusst dabei sind, lässt sich dieses kleine Problem mit einem einfachen Trick lösen.

Hinter dem Einschlafen steckt sehr wahrscheinlich ein Schlafdefizit, das – kaum geht die Entspannung ein bisschen tiefer – zum Loslassen und anschließenden Einschlafen führt. Gründe für Schlafdefizite gibt es bei Burn-out-Patienten neben akuter Arbeitsüberlastung viele, die auch weit zurückliegen können. Solche Defizite sind oft nicht mehr durch einfaches Ausschlafen, aber fast immer durch Schlaf auf tiefen Entspannungs- oder gar Tranceebenen aufzufangen. Wer etwa zwei aufeinanderfolgende Nächte nicht schlafen konnte, wird trotzdem beim nächsten Ausschlafen nicht einfach 20 Stunden schlafen, sondern lediglich etwas länger als gewohnt. So lässt sich zwar ein Teil der versäumten Traum- oder REM-Phasen nachholen, aber nicht die Regeneration von Tiefschlafphasen. Solche Defizite scheinen abzusinken auf tiefere Ebenen und sich dort lange Zeit zu halten. Über geführte Meditationen bleiben sie aber erreichbar. Schon aus diesem Grund liegt hier eine gute Chance für Seeleninfarktanwärter und vom Vollbild Betroffene.

Einschlafen während der geführten Reisen ist also eine wundervolle Möglichkeit, mit Schlafdefiziten fertigzuwerden. Es gilt, sich Zeit zu nehmen, je nach Defizit manchmal auch einen ganzen Tag. Nach dem jeweiligen Erwachen fangen Sie einfach wieder mit derselben Reise an, genau so lange, bis Sie sie einmal ganz bei Bewusstsein durchlebt haben. Damit ist das Defizit aufgelöst, und Sie selbst sind insgesamt wacher und aufgeweckter. Bei Burn-out kann es passieren, dass Sie mehr als einen ganzen Tag verschlafen, entsprechend dem Raubbau, den Sie sich zuvor angetan haben.

Beispiel einer Eigentherapie mit geführten Meditationen

Entspannung: Einen leichten Start ermöglichen die beiden CDs *Tiefenentspannung* und *Ganz entspannt.*[78] Die jeweiligen Reisen machen Sie über Sprache und Musik mit der Methode bekannt und bahnen den Weg in die Seelen-Bilder-Welten. Die CD *Tiefenentspannung* bietet dabei über Kopfhörer eine besondere Technik zur Intensivierung des Loslassens. Hier werden die beiden Gehirnhälften mit verschiedenen Tonspuren angesprochen, während Sie das eigene Körperhaus in Bildern kennen- und ordnen lernen.

Schlaf verbessern und als Chance nutzen: Bei Burn-out-Problemen sollten Sie vorrangig für guten Schlaf sorgen; er ist Ihre mit großem Abstand wichtigste Regenerationsquelle. Wie extrem regenerierend Ruhe und damit auch das Ruhenlassen aller Außenwirkungen ist, hat selbst die Schulmedizin herausgefunden und legt Patienten in extremen Notfällen in Heilschlaf, fast wie es die Priesterärzte im antiken Asklepiostempel taten. Doch beim künstlichen Koma handelt es sich um einen medikamentös herbeigeführten Schlaf. Das CD-Programm *Schlafprobleme* hilft bei Einschlaf- und Durchschlafstörungen. Die CD *Schlaf – die bessere Hälfte des Lebens* greift Chancen auf, die sich sowohl in der Einschlafphase als auch in der Nacht ergeben, um tiefere Entspannung und mehr Regeneration zu ermöglichen.

Wieder Träumen lernen: Sobald die Entspannung gut und zunehmend genussvoll gelingt, ist ein nächster Schritt in Richtung der inhaltlichen Auseinandersetzung zu empfehlen. Das Zurückerobern der eigenen Traumreiche hat stabilisierende Effekte auf die Psyche,

78 Siehe das Verzeichnis im Anhang; die CDs sind über den Buchhandel oder bei *www.heilkundeinstitut.at* bestellbar; dort sind auch die im Handel vergriffenen weiterhin erhältlich.

da Träume erlauben, die Botschaften des Unbewussten wahr- und wichtig zu nehmen. Auf spielerische Weise eröffnen Sie sich Zugänge zu den Fantasiereichen der inneren Seelen-Bilder-Welt und all ihren weiterführenden Möglichkeiten. Eigene frühe (Lebens- und Berufs-) Träume wiederzufinden und wach für die sich in ihnen ausdrückenden Bedürfnisse zu werden, das ist ein wesentliches Thema für Menschen, die an Bore-out leiden; es kann aber auch Burn-out-Patienten nutzen. Die Bewusstmachung alter und neuer Träume wird beiden Patientengruppen wieder Zugang zu lange verloren gegangenen Sinnebenen schenken. Auch das andere große Thema beider Krankheitsbilder, das Eintauchen in den Augenblick, ist bei geführten Meditationen immer mit im Spiel, denn an deren Ende kann die tiefe Entspannung, vor allem sobald sie Trancetiefe erreicht, für Momente in das Hier und Jetzt eintauchen lassen. Insofern sind die Ausklangphasen von besonderer Wichtigkeit und auch Schönheit. Das Programm *Traumreisen – die eigene Seelenwelt erkunden* regt über gelenkte Tagträume das nächtliche Traumleben an.

Guter Start in den Tag: Bei voll entwickeltem Krankheitsbild sowohl von Burn-out als auch von Bore-out tut man sich schwer, am Morgen in Gang zu kommen. Nun ist jeder feste Programmpunkt bereits hilfreich. Den Tag mit einer guten Einstellung zu beginnen bietet darüber hinaus einige Vorteile. So hat Morgenstund' tatsächlich Gold im Mund. Neben einer Meditation zur entspannenden Einstimmung auf diesen jeweiligen Morgen und Tag vermittelt die CD *Den Tag beginnen* Ihnen ein sanftes, aber wirksames Programm von Körperübungen, mit deren Hilfe sich gut gedehnt – wie eine Katze oder ein Hund am Morgen – dem Tag gerecht werden lässt.

Den Tag in Ruhe beenden: Zum guten Start am Morgen gehört auch ein guter Abschluss am Abend. Wenn Sie die Phase des Einschlafens nutzen, um sich das eigene Tagewerk noch einmal bewusst zu machen, die wichtigen Themen des Tages nochmals Revue passieren zu lassen, werden Sie die Energien der Nacht besser zu Entwicklung und Wachstum einsetzen – ohne viel dazutun zu müssen. Sie können dafür das Programm *Schlaf – die bessere Hälfte des Lebens* nutzen.

Jeden Tag bewusst erleben: Ein mit der Zeit immer vertrauter werdender und Geborgenheit vermittelnder meditativer Übungsrahmen, wie er hier exemplarisch vorgeschlagen wird, hilft, ein gestrandetes Leben Tag für Tag wieder aufzubauen. Neben Sicherheit bringt er auch Zuversicht und Zutrauen zurück. In diesem Zusammenhang bietet es sich an, auch jedem Wochentag dessen urprinzipielles Thema zuzuordnen.[79]

Die Zuordnung zu den Urprinzipien ist beim Sonntag und beim Mon(d)tag sofort deutlich, aber für die übrigen fünf Tage genauso gegeben. Dienstag (französisch *mardi* und italienisch *martedì*) bringt mit dem Marsprinzip das Thema Aggression, damit Kraft und Energie, Mut und Entscheidungsfähigkeit ins Spiel des Tages. Mittwoch (französisch *mercredi*, italienisch *mercoledì*) steht für Merkur, den Götterboten, und folglich für Kommunikation und Kontakt. Der Donnerstag ist der Tag des germanischen Donar- oder Donnergottes, der dem Göttervater Jupiter entspricht. So heißt Donnerstag auch in französischer Sprache *jeudi* (von lateinisch *Iovis dies*), in italienisch *giovedì*. Beim jovischen Prinzip geht es um Toleranz und Großzügigkeit, um Expansion und Wachstum. Der Freitag, nach der germanischen Liebesgöttin Freya (oder französisch *vendredi*, italienisch *venerdì*), bringt mit Venus die Themen Liebe und Versöhnung, Balance und Frieden ein. Samstag oder englisch *Saturday* entspricht Saturn und damit dem Lebensprinzip der Reduktion auf das Wesentliche.

Eine solche morgendliche Einstimmung kann dem Tag von Beginn an einen übergeordneten Sinn und so langfristig auch dem Leben wieder mehr Sinn bringen. Bei dem überdrehten Zustand im Burn-out hat jede Morgenmeditation den Vorteil, dass Sie erst einmal in die Ruhe gehen und anschließend aus dieser inneren Sammlung heraus starten können – ein Gewinn für Körper und Seele.

Sich an die Schattenseiten wagen: Auf der Basis von Selbstannahme wird es leichter, sich auch auf den Gegenpol einzulassen, der beim Seeleninfarkt in seiner Burn-out-Form voll zum Ausdruck kommt. In Gestalt von Apathie und Lethargie stellt er sich der zuvor dominanten Überaktivität und Übermotivation und möglicherweise überzogenem Idealismus entgegen. Die Betroffenen hatten sich viel zu weit in den archetypisch männlichen Pol vorgewagt und sind nun durch das Krankheitsbild sehr weit in den archetypisch weiblichen Gegenpol gezwungen worden. Es ist schon herausfordernd

79 Die ausführliche Version der *Lebensprinzipien-Meditationen* (Literaturverzeichnis) bietet zwei geführte Reisen zu jedem Prinzip.

genug, die eigene dunkle Seite überhaupt erst einmal zu sehen. Noch anspruchsvoller ist, sie dann im zweiten Schritt anzunehmen, um sich schlussendlich mit ihr auszusöhnen. Die beiden Reisen der CD *Schattenarbeit* können dabei sehr helfen. Sie wurden für meinen erstaunlichen Seminarteilnehmer mit seiner Psychotherapie in Eigenregie zum Rückgrat des Erfolgs.

Ein noch deutlich weiter gehendes Programm bietet inzwischen das Buch *Das Schatten-Prinzip* zusammen mit der beigefügten CD, die durch spezielle Übungen führt. Im Doppelpack werden Buch und CD zu einer lohnenden Herausforderung eigener Schattenwelten und ermöglichen Schritte zur Hebung unseres größten Schatzes. Das nämlich ist der Schatten mit seiner gebundenen und im doppelten Sinn fesselnden Energie. Auf Anregung vieler Nutzer dieses Programms werde ich demnächst ein Schatten-Tagebuch dazu erstellen, um diese entscheidende Arbeit einerseits noch zu intensivieren und andererseits zu erleichtern.

Die Herausforderung, Schattenenergien aus eigenen dunklen Charaktereigenschaften zurückzugewinnen für erlöstere Ziele ist ein entscheidender Punkt für Burn-out-Patienten, vor allem, wenn eigenes Scheitern auf äußere »Schuldige« projiziert wird, die in Gedanken mit Vorwürfen und Beschuldigungen, mit Wut und Zorn verfolgt werden. Werden solche negativen Emotionen rechtzeitig, und bevor sie sich als Charakterfehler auf Dauer einnisten, durchschaut als in ihrer Essenz reine, wertfreie Aggressionsenergie, ist viel gewonnen.

Wenn es gelingt, in der inneren Seelen-Bilder-Welt wieder Zugang zu dieser Ebene der Energie herzustellen, lassen sich Mut und Entscheidungsfähigkeit, Kraft und Initiative daraus gewinnen. Die Rückverwandlung von Aggressionsenergie, die zum Schattenthema geworden ist, in konstruktive Kraft fördert die CD *Ärger und Wut*. Sie ist besonders bei Burn-out nützlich, wo diese negativen Emotionen häufig offen zutage treten. Aber auch bei Bore-out finden sie sich nicht selten unter der Oberfläche von Resignation; trotz augenfälliger Unterforderung erleben Betroffene die Aggression im Stress ihrer Blockaden und Hemmungen und beklagen den eklatanten Mangel an Lebensfreude.

Wo immer der Stress herkommt, er ist ein Energiephänomen. Wenn es Ihnen gelingt, die wertfreie Energie herauszufiltern und ins Leben zurückfließen zu lassen, sodass sie wieder zur freien Verfügung steht, ist das ein ebenso schönes wie *not*wendiges Geschenk an Sie selbst. Die CD *Vom Stress zur Lebensfreude* bietet ähnliche Möglichkeiten für Betroffene beider Extreme – von Burn-out wie Bore-out.

Schatten drückt sich auch in jedem Krankheitsbild aus, und deshalb sind alle Symptome hier mit angesprochen. Für besonders häufig mit Burn-out assoziierte Symptome wie Bluthochdruck und Tinnitus gibt es eigene Programme wie *Herz(ens)probleme*, das sich dem Druck im Leben des Hochdruckpatienten, seinen Ursachen und Auswegen widmet. Die CD *Tinnitus und Gehörschäden* macht Ihnen deutlich, was sie so alles um die Ohren haben und wie wenig Sie nach innen, auf Ihre innere Stimme gehorcht haben, die sich nun über das herausfordernde oder warnende Geräusch im Ohr Gehör verschafft.

Für weitere häufige Begleitsymptome von Burn-out und Bore-out gibt es Programme wie *Angstfrei leben*, das sich die Enge der Angst zum Ziel nimmt und ihre Umpolung in Weite fördert. Sobald es Ihnen gelingt, der Angst ins Auge zu schauen, gerät diese in die Defensive. Sie lebt tatsächlich von der Flucht der Betroffenen vor ihr. Wenn Sie den Spieß umdrehen, ist es um die Angst weitgehend geschehen. Sie müssen sie dann nur noch in den letzten Ecken der Seele aufspüren.

Hinzu kommt, dass die Angst, wenn sie eine bestimmte Zeit im Laufe des Tages eingeräumt bekommt, sich daran erstaunlicherweise hält und zu anderen Zeiten dorthin zurückgewiesen werden kann. Das Ergebnis ist ein kleiner bewusster Angstraum einmal am Tag in Gestalt einer halben Stunde Meditation, und selbst dort wird sich die Angst denjenigen, die bereit sind, sich ihr zu stellen, kaum stellen. Angst lebt von unserer Flucht vor ihr und verschwindet, wenn wir ihr mutig und mit offenem Visier entgegentreten.

Wo Sucht zum Ersatz für Suche wird, ist es wichtig, die auf Seelen-Bilder-Ebene entstehenden Probleme aus diesem Fluchtprogramm zu erleben und zu durchschauen. Da es sowohl bei Burn-out wie Bore-out entscheidend ist, die Suche nach Lebenssinn und Erfüllung wieder zum Laufen zu bringen, liegt hier eine große Chance. Die CD *Sucht und Suche* zeigt die Fallstricke der Flucht in Pseudowelten. Das zentrale Anliegen dieses Programms ist es, den Sucher in jedem von uns anzusprechen und zu animieren, aus der Sackgasse der Sucht wieder herauszukommen und zurück auf den eigenen Lebensweg zu gelangen.

Die Lichtseite stärken: Jede Psychotherapie lebt entscheidend von der Annahme des eigenen Status quo, wie unangenehm er auch sein mag. Die amerikanische Schattentherapeutin Byron Katie fasste es in die Worte »Lieben, was ist«.[80] Mit der eigenen Situation in Resonanz zu gehen und sie bis in ihre letzten Tiefen anzunehmen, um ihren Sinn und die in ihr verborgenen Aufgaben zu erkennen, ist das anspruchsvolle, aber sowohl bei Burn- wie auch Bore-out-Gefahr unverzichtbare Ziel. Das gehört sicher zu den größten und schwierigsten, aber auch lohnendsten Herausforderungen. Hilfreich dabei sind die Reisen der CD *Selbstliebe*, die obendrein die Basis legen für die christliche Nächstenliebe, die ja auf Eigenliebe aufbaut, wie meist übersehen wird.

Falls Ihnen das noch zu viel verlangt erscheint, könnten Sie auf weitere Vorarbeit setzen. Ideal ist in jedem Fall, Urvertrauen zu schaffen, das die Grundlage allen späteren Selbstvertrauens ist. Der einzig mir bekannte Weg, um nach der Zeit im Mutterleib, wo es sich in den ersten Wochen im freien Schweben in der Fruchtwasserwelt bildet, noch zu Urvertrauen zu gelangen, sind Einheitserfahrungen. Leider sind diese nicht so einfach herbeizuführen und nur im Augenblick des Hier und Jetzt zu erleben. Die beiden Reisen von *Leichtigkeit des Schwebens* führen zumindest in die jeweils erreichbare größte Nähe zur Einheit. In jedem Fall beglücken sie die so »Reisenden« mit dem Geschenk schwebender Leichtigkeit des Seins.

Heilung über die innere Stimme finden: Wenn Sie die Bedeutung des persönlichen Burn- oder Bore-out-Geschehens im eigenen Lebenszusammenhang ergründen und Antworten im Hinblick auf die sich daraus ergebenden Aufgaben aus Ihrer eigenen Seelen-Bilder-Welt auftauchen lassen, sind Sie deutlich besser beraten, als wenn Sie sich von einem äußeren Berater diesbezüglich »coachen« lassen. Über die Fähigkeit, den ersten aufsteigenden Gedanken wahr- und wichtig zu nehmen, und die Kultivierung der eigenen inneren Stimme ist das mit etwas Ausdauer erreichbar. Das Programm *Selbstheilung* hilft Ihnen, Zugang zu dieser tiefen inneren Seeleninstanz zu finden.

80 Byron Katie (mit Stephen Mitchell), *Lieben was ist. Wie vier Fragen Ihr Leben verändern können.* Goldmann, 14. Aufl. 2002.

Dadurch lässt sich die Brücke zum eigenen inneren Heiler, den Paracelsus *Archeus* oder inneren Arzt nannte, schlagen. Dieser innere Arzt kann uns mit unserer eigenen inneren Stimme ansprechen. Sie ist über augenblickliches Wahr- und Wichtignehmen des jeweils ersten aufsteigenden Gedankens am besten zu finden und als Mitarbeiterin zu gewinnen. Ist sie erst einmal zum verlässlichen inneren Helfer avanciert, können westliche Menschen in ihr genauso Unterstützung finden wie Indianer in ihrem Totemtier.

Das CD-Programm *Innerer Arzt* führt über eigene und damit individuelle Rituale der Heilung zu diesen inneren Seelenfähigkeiten und kann folglich auch bei Burn-out und Bore-out von großer Hilfe sein. Auch die Doppel-CD *Heilungs-Rituale* begleitet in eigene Rituale zur Gesundung von Körper, Geist und Seele.

Für einige von Bore-out Betroffene ist manchmal auch der direkte Draht zum Schutzengel eine gute Möglichkeit, Hilfe in sich selbst zu finden. Immerhin leben wir in einer Zeit, die die Engel als himmlische Helfer im großen Stil wieder entdeckt. Die CD *Schutzengel-Meditationen* hilft dabei.

Lebenskrisen als Chance nutzen: Genauso wie es Sinn macht, jedes energieverschlingende chronische Krankheitsbild, das noch zum Seeleninfarkt hinzukommt, im Sinne von *Krankheit als Symbol* zu durchschauen und energetisch zu lösen, gilt das auch für jede akute oder chronische, schwelende Lebenskrise. Nicht gelöste frühere Krisen können so zum Einstieg und Muster für die Bewältigung der aktuellen Burn- oder Bore-out-Krise werden. Das CD-Programm *Lebenskrisen als Entwicklungschancen* bietet die Möglichkeit, an zurückliegenden Krisen der Übergangszeiten des Lebens wie Pubertät oder Lebensmitte die Umwandlung blockierter Energie in frei fließende zu üben. Der reichliche Zufluss von Energie ist in jedem Fall ihres eklatanten Mangels, wie in der Apathie von Burn- und Bore-out, ebenso hilfreich wie begrüßenswert.

Neben der Möglichkeit, exemplarisch zu lernen, ist bei *Lebenskrisen als Entwicklungschancen* entscheidend, schließlich die Chance zu bekommen, auch die akute Krise in den Mittelpunkt zu stellen und zu bearbeiten. Auch nach Ende des vorgegebenen Programms lässt sich – nach so viel Vorübung – die Situation tiefer Entspannung nutzen, um eigenständig damit weiterzuarbeiten und auf dem Weg zu sich selbst voranzukommen.

In jeder Burn- und Bore-out-Situation ist leider die Eskalationsmöglichkeit in die Depression stets mitzubedenken. Aber was immer wir aus freien Stücken tun, muss das Schicksal nicht über Symptome erzwingen. Geben wir dem Schatten Beachtung, wird er sie nicht ertrotzen. Setzen wir uns freiwillig mit den seelischen Lernaufgaben hinter der Depression auseinander wie der Endlichkeit unseres Lebens, der (Er-)Lösung im Tod und auch der Aufgabe, im Augenblick zu leben, braucht das Krankheitsbild uns nicht dazu zu zwingen. Insofern ist das Programm *Depression – Wege aus der dunklen Nacht der Seele* eine ideale Vorbeugung im Sinne eines freiwilligen Abstiegs in jene dunklen Seelenreiche der eigenen Unterwelt.

Die eigene Lebensvision entwickeln: Für Sie ist der Schritt zum eigenen Weg nicht nur als Ausweg aus der Krise, sondern vor allem auch als Lebensweg und Vision entscheidend. Eine Vision, die dem Bedürfnis der Seele nach Sinn und Tiefe entspricht, kann die alles entscheidende Wende bringen, vor allem wenn sie im Augenblick des Hier und Jetzt gefunden wird. Genau dazu bieten Ihnen die geführten Meditationen die ideale Möglichkeit, und sie wurden auch in vielen Kulturen seit Jahrtausenden dazu verwendet.

Je besser die Vorarbeit über all die anderen inneren Reisen war, desto nachhaltiger lässt sich dieser hohe Anspruch nun umsetzen. Auch in archaischen Kulturen verlangt die Visionssuche entsprechende Schritte der Vorbereitung und Einstimmung. Sie kann nicht einfach nebenbei geschehen, sondern beansprucht die ganze Achtsamkeit und Aufmerksamkeit. Es macht deshalb weder in der von Ungeduld geprägten, gehetzten Burn-out- noch in der gelangweilten Bore-out-Situation Sinn, gleich zu Beginn auf Visionssuche zu gehen.

Selbst wenn man als Therapeut meint, den Schlusspunkt einer Therapie bereits vorauszusehen, ist es unbedingt wichtig und notwendig, den Patienten ihre Zeit zu lassen, um mit eigenen Schritten dorthin zu gelangen. Diese Erfahrung machen junge (über-)engagierte Therapeuten oft auf Kosten ihrer Patienten. Häufig neigen Anfänger im Bereich der geführten Meditationen zu ähnlichen Fehlern und lassen wichtige Schritte aus. Auch hier geht es darum, der Seele Zeit zu lassen, ihre Schritte in ihrem Rhythmus und Tempo zu bewältigen.

Erst wenn Ihnen die Entspannung spontan und leicht gelingt und der Weg in ihr Reich gut gebahnt ist, wenn die Seelen-Bilder mit jeder Erfahrung mehr Plastizität und Tiefe gewinnen und nicht nur als Symbol, sondern als eigene Wirklichkeit wahr- und wichtig genommen und gleichsam durchlebt werden, erwächst daraus die Reife für eine gültige Visionssuche. Das Programm *Visionen – den eigenen Weg finden* stellt die Weichen in diese Richtung und ermöglicht Ihnen Ausblicke auf die eigene Zukunft in jeweils ersten aufsteigenden Gedanken und symbolischen Bildern von großer Kraft. Zugleich macht es Mut, sie zu einer umfassenden Vision aus einem Guss zusammenfließen zu lassen.

Sich innere Heilbilder schaffen

Sobald Sie gelernt haben, durch das Einlassen auf geführte Meditationen dem ersten aufsteigenden Gedanken zu vertrauen und rasch tiefe Entspannungs- und mit der Zeit sogar Tranceebenen zu erreichen, können Sie aus den folgenden Anregungen selbst Meditationen zu Ihren Themen gestalten. Die für Burn- und Bore-out entscheidenden Lebensbereiche der Über- und Unterforderung werden kurz auf ihre wichtigsten Aspekte durchleuchtet und dann ebenso kurze Hinweise für sich daraus ergebende Meditationsthemen daraus abgeleitet. Idealerweise führen Sie diese Aufgaben im Anschluss an die genannten CD-Programme in der tiefen Entspannung oder Trance am Ende der vorgegebenen Reisen durch. Mithilfe moderner MP3-Spieler oder alter Mehrfach-CD-Geräte lassen sich gleich hinter die vorgegebene geführte Meditation passende Musikuntermalungen programmieren wie das spezielle dreißigminütige Musikstück *Friedensklang* auf Spur 10 der CD *Seelenhauch*.[81]

Lesen Sie sich dann direkt vor der Reise den einen für Sie besonders wichtigen Punkt durch oder höchstens noch einen zweiten dazu, durchleben Sie dann die vorgegebene Reise und im Anschluss daran Ihre persönlich gewählte. Sie werden staunen, wie rasch Ihr Unbewusstes lernt, die entscheidenden, gleichsam innerlich vorprogrammierten Themen dann zu präsentieren und für Ihre ebenso speziellen wie individuellen Bedürfnisse zu erweitern. Mit solchen Programmen können Sie sogar aus den Programmen der Burn-out-Industrie wie Kuren noch viel für sich Wesentliches herausholen.

81 Cordelia Loosen-Sarr, *Seelenhauch*, über *www.heilkundeinstitut.at*.

Bei Überforderung und Burn-out

- Im **Arbeitsbereich** könnten Sie sich die Fragen stellen: »Ist mein Tagwerk überhaupt zu schaffen? Kann ich damit fertig werden? Ist solch eine Anforderung akzeptabel?«
  Falls Sie sich überfordert fühlen, ist zu klären, wer dahintersteckt: »Bin ich es selbst oder jemand anderes? Was erlaubt sich diese andere Person, und was erlaube ich ihr?«
  Auf der inneren Bilderebene können Sie aus dem Status quo der Überlastung heraus in lebendigen Szenen jene Aufgabe oder Arbeit entwickeln, die Sie fordert und ab und zu auch an Ihre Grenzen bringt, die aber immer die Entwicklung fördert, ohne bleibende Schäden zu hinterlassen – die also eine Herausforderung darstellt, für die es lohnt, sich täglich einzusetzen und auch zu verausgaben, aber ohne sich dauerhaft zu überfordern, und mit der sich fertig werden lässt, ohne ständig fertiggemacht zu werden oder (mit den Nerven) fertig zu sein.
- Weiter sollten Sie klären, wie es mit Ihrem **Ehrgeiz** steht, dem eigenen und dem der Vorgesetzten. Entwickeln sich daraus Überforderungen bei Fort- und Weiterbildungen? Wenn Ehrgeiz Sie krank macht, ist es wenigstens der eigene? Fragen Sie sich auch: »Sind die Ziele realistisch? Oder will oder soll ich für die eigenen Bedürfnisse und Möglichkeiten viel zu hoch hinaus? Stimmt bei meinem Ehrgeiz wenigstens die grundsätzliche Richtung? Oder führt er mich auf einen Weg, der gar nicht mein eigener ist? Ist dieser Weg vielleicht nur der der Firma, für die ich arbeite, und des persönlichen Ehrgeizes meines Vorgesetzten?«
  Und bevor es zur (Schuld-)Projektion kommt, fragen Sie sich lieber: »Was habe ich damit zu tun? Wie ist mein Bezug dazu? Warum passiert mir das gerade so, gerade jetzt?«
  Lassen Sie nun vor den inneren Augen dazu Bilder auftauchen, die zeigen, wie der eigene Ehrgeiz die Führung übernimmt und den Weg bestimmt – in Ihrer eigenen individuellen Richtung. Und Fremdes, auch wenn es viel verspricht, bleibt auf der Strecke und wird durch Eigenes ersetzt, das Ihre Seele nährt und erfüllt.
- Bei **Beziehung und Partnerschaft** klären Sie, inwieweit Ihre eigenen Idealvorstellungen Sie – und vielleicht auch Ihren Partner – überfordern. Oder überfordern Sie die des Partners, der Ihnen vielleicht den Brotkorb sehr hoch hängt? Fragen Sie sich: »Sind

die im Raum stehenden Ansprüche noch gesund und (er-)tragbar? In welchem Umfang bin ich bereit, etwas für mein Ideal von Partnerschaft und Liebe zu tun und mein Leben danach auszurichten?«
Gehen Sie nun diesen Fragen in Ruhe nach und entwickeln Sie ein Szenario, das Ihnen erlaubt, sich selbst treu zu bleiben und zuerst einmal der Partnerschaft mit der eigenen Seele gerecht zu werden, ja dies überhaupt als Notwendigkeit und Voraussetzung zu erkennen. Erst anschließend kann sich daraus die Möglichkeit ergeben, sich dem Leben noch weiter und einem Partner bereitwilliger zu öffnen. Jetzt wird sich mit entsprechendem Polaritäts- und Schattenverständnis sogar die Chance ergeben, im Partner die eigene bessere Hälfte zu erkennen und diese – schon einmal in lebendigen Bildern auf dieser Seelen-Bilder-Ebene – zu integrieren. Bei diesem Thema kann Ihnen das CD-Programm *Partnerbeziehungen* als Einstieg besonders helfen.

› Gibt es auch aus dem Bereich der **Ursprungsfamilie** noch Druck und vielleicht sogar Überforderung? Fragen Sie sich: »Was erwarten meine Eltern noch von mir, oder sind ihre Erwartungen längst zu meinen eigenen geworden? Was erwarten Familie und Ahnen von mir, und was erwarte ich von ihnen an Unterstützung, an Erbe? Kann und will ich dem überhaupt gerecht werden, und will das auch meine Seele in ihrer Tiefe? Zieht oder kommt da meine Seele überhaupt noch mit?«
Auf der inneren Bilderebene können Sie nun das Ankommen bei sich zu Hause erleben, in jener (Seelen-)Heimat, die Ihnen selbst und auch der Familie, sogar der Vergangenheit und Zukunft in Gestalt der Ahnen und Kinder gerecht wird.

› Was Ihre **seelische Entwicklung und Gesundheit** angeht, ob und wo Sie beide sich mit überzogenen Erwartungen überfordern, die Ihrem Lebensweg weder gerecht werden noch zu ihm passen. Die Seelen-Bilder-Welt kann nun zu jener Vision Ihrer Seele verhelfen, die Ihrem Leben mit seinen Chancen und Möglichkeiten gerecht wird und die Sie ruhig und gelassen leben lässt.

› Bezüglich Ihres **Körpers und seiner Gesundheit** ist zu klären, inwieweit Ihre eigenen Ansprüche zu ihm und seiner Lebensphase und -wirklichkeit passen: »Sind die vertretenen Ideale mit meinen mitgebrachten Anlagen, mit meiner Konstitution vereinbar? Wo

bestimmen fremde Vorstellungen, die sich vor meine Wirklichkeit drängen, mein Lebensgefühl und überfordern meine Psyche?«
Auf der inneren Bilderebene bietet sich die Chance, Ihrem Körper für all das bisher Erfahrene und Vermittelte zu danken und dieses Körperhaus jetzt gedanklich, das heißt in inneren Bildern, in jenes Ideal umzuwandeln, das Ihnen selbst entspricht und sich als wundervoller Spielplatz für die Seele genießen lässt.

› Im Hinblick auf **Besitz und Geld** fragen Sie sich: »Inwieweit muss ich mehr Geld verdienen, als mir leichtfällt? Welche Zwänge treiben mich, und wer steckt dahinter? Lässt sich etwas aus dem eigenen Besitz und Vermögen machen, oder machen beide im Gegenteil Druck, der mich überfordert? Muss die Seele hinter Materiellem zurückstehen? Macht mir ein überzogener Anspruch an mich selbst und die eigenen Möglichkeiten oder ein überfordernder Lebensstandard oder ein (zu) anspruchsvoller Partner mehr Druck, als mir guttut?«
Auf der inneren Seelen-Bilder-Ebene lässt sich jetzt betrachten, wo gut vertretbare Abstriche möglich sind, die das Leben nicht hindern, sondern sogar fördern und voranbringen: »Wozu ruft mein eigenes Vermögen – sowohl im Sinne meiner Fähigkeiten als auch meiner Finanzen – mich auf?«
Bei der Erfolgsbilanz ist abzuklären, inwieweit Sie mehr leisten, als Ihnen entspricht und gut bekommt, und Sie nur um des Erfolges willen über Grenzen gehen, die sinnvoller zu respektieren wären: »Wo überfordere ich Körper, Seele und Geist für eine Anerkennung, die mich gar nicht nährt und befriedigt? Was opfere ich an Leben und Lebensqualität für Erfolg? Wie hoch ist unter dem Strich mein Preis dafür?«
Aus Ihrer inneren Bilderebene tauchen Erkenntnisse und Antworten auf, und es entwickelt sich ein Szenario, das zeigt, wo Sie leisten, was Ihnen leichtfällt, Ihnen geradezu bereitwillig zufällt, und was zu Ihrer Seele passt. Daraus ergibt sich spontan Er*folg*, der Ihnen einfach so zufällt, weil Sie dem eigenen Weg folgen. All das ergibt eine befriedigende und erfüllende Anerkennung, die noch in dem Maß zunimmt, wie die eigene Leistung mit Ihren wachsenden Fähigkeiten wächst.

› Auch im Reich der **Spiritualität** und bei der **Sinnfindung** kann Überforderung zum Problem werden. Fragen Sie sich: »Was er-

warte ich alles von mir? Inwieweit habe ich mir zu ehrgeizig zu viel vorgenommen und auf die Schultern gepackt?«
Spiritueller Ehrgeiz und Ungeduld im Hinblick auf transzendente Lebensziele gehören zu den größten Hindernissen auf dem spirituellen Weg. Doch Ihre inneren Seelenbilder erlauben nun, sich selbst mit Mitgefühl und Nachsicht zu begegnen, sich für die anstehenden Schritte Zeit zu schenken und auch für kleine Fortschritte dankbar zu sein.

› Im Hinblick auf **Glück** könnten Sie sich ebenso fragen, ob Sie mit überhöhten Ansprüchen und himmelhohen Erwartungen nicht Unzufriedenheit und Unglück programmieren. Fragen Sie stattdessen: »Was bin ich bereit, für das eigene Lebensglück zu unternehmen?«
Die Ebene der Seelenbilder erlaubt nun, schon Erreichtes, Vorhandenes und Gegebenes als jene Geschenke schätzen zu lernen, die sie immer waren, und sie in Dankbarkeit anzunehmen und letztes Glück der Erleuchtung als Ziel des spirituellen Weges zu erkennen, den Weg, aber auch als Ziel wahr- und wichtig zu nehmen.

Bei Unterforderung und Bore-out

Wieder können grundlegende Fragen für Aufklärung im eigenen (Lebensbe-)Reich sorgen und sind am besten in tiefer Entspannung zu beantworten:

› »Wo wird die Unterforderung bei der **Arbeit oder Beschäftigung** bereits zur Beleidigung für meine Psyche? Was an dieser Arbeit ist mir noch am liebsten, was am unangenehmsten? Wie viel Zeit verbringe ich mit dem Unangenehmsten, wie viel mit dem mir Angenehmsten? Welche Vision habe ich früher einmal mit dieser Arbeit verbunden? Ist es Angst vor Überforderung, die dazu führt, mich lieber so zu langweilen? In welcher Hinsicht würde es mich herausfordern, mir innere Bilder als Motiv und Vorlagen für mein eigenes Erleben zu suchen und so Motivation zu gewinnen? Kann ich auf lange Sicht der Gefahr begegnen, mein eigenes Leben(sziel) aus den Augen zu verlieren und mich zu Tode zu langweilen?« Die Antworten finden sich wieder auf der Ebene der inneren Vorstellungen und Bilder im jeweils aufsteigenden ersten Gedanke, der wie immer von besonderem Wert ist.

Stellen Sie sich nun vor, wie Sie sich bei Ihrer täglichen Arbeit zusehen und dabei erleben, wie Sie sich voll ins Zeug legen und fertig werden wollen, und zwar sich selbst zuliebe. Und erleben Sie anschließend, wie Sie dafür Anerkennung und Dank ernten. Spüren Sie, wie es sich anfühlt, gebraucht zu werden und darauf mit Leistung zu reagieren und den Anforderungen der Arbeit (und des Lebens) zu entsprechen und ihnen gerecht zu werden. Wie fühlt es sich an, sich nützlich zu machen – sich selbst und anderen zuliebe? Vielleicht war der Beruf ursprünglich erfüllend und ausfüllend, ist jetzt aber durch Routine und Unterforderung langweilig geworden.

- Dann ist die Frage zu stellen, was bei der **Fort- und Weiterbildung** offen und unverwirklicht bleibt oder ob es überhaupt genug Weiterbildung gibt. Klären Sie, warum Sie nicht von sich aus weitergehen und sich mehr zutrauen, falls die Firma oder der Arbeitgeber zu wenig oder nur Unpassendes anbietet.
  Auf der inneren Seelen-Bilder-Ebene entwickeln sich nun Erkenntnisse, die Ihnen weiterhelfen und Sie erkennen lassen, wie sehr Weiterbildung Sie fördern kann. Lassen Sie auch gleich das richtige Veranstaltungsangebot, den geeigneten Kurs mit dem ersten aufsteigenden Gedanken auftauchen … Und erleben Sie, wie Fortbildung Sie fort vom Gewohnten, Alten bringt und mit neuen, herausfordernden Aufgaben konfrontiert. Vor Ihrem inneren Auge eröffnen sich Auswege aus Stagnation und daraus folgender Resignation. Ziele tauchen auf und entwickeln sich zu Visionen weiter. Sie erleben, wie Ihr Zutrauen wächst, sich aufzumachen, weiterzugehen und sich weiterzuentwickeln, und was sich in Ihnen an Herausforderung regt und welcher Ruf vernehmbar wird. Sie lernen, eigene Fortschritte mit Genugtuung und Lebensfreude zu erleben, sodass Sie schlussendlich zu Ihrer Berufung geführt werden und jenen Beruf finden, der sich mit der Vision vereint.
- Im Bereich von **Leistung und Erfolg** ist die Frage zu klären, wo Sie sich zu geringe Ziele setzen und sich zu wenig zutrauen. Wer seine Ziele ständig erreicht, könnte sich einmal fragen, ob sie nicht einfach zu bescheiden gewählt sind: »Leiste ich überhaupt, was ich könnte, oder bescheide ich mich viel zu früh? Gebe ich dem Erfolg überhaupt eine Chance, mir zu folgen?«

Die Ebene der Seelenbilder lässt erkennen, erleben und genießen, wie sich aus Leistungsbereitschaft große Erfolge und entsprechende Zufriedenheit entwickeln. Und Sie fangen an, dem nachzuleben und zu erkennen, dass Sie materiell umso weniger brauchen, je mehr Sie (sich) seelisch leisten und je mehr Sie für sich und andere tun. Auf diese Weise erleben Sie, wie Erfolg alles andere als Zufall ist, sondern Ihnen geradezu gesetzmäßig zufällt und (Ihrer Leistung) folgt.

- Im Feld von **Partnerschaft, Beziehung und Liebe** ist Unterforderung unser Hauptproblem und der Totengräber der Liebe, der Bezogenheit und der Partnerschaft. Wegen gegenseitigen chronischen Unterforderns halten Beziehungen nicht über Jahrzehnte, sondern werden schlicht und einfach langweilig. Auch entsprechende Außen- und Ausweichaktivitäten führen dann zu nichts, obwohl sie anfangs Besserung der unbefriedigenden Situation versprachen. Sich aufdrängende Fragen sind: »Warum traue und mute ich meiner Partnerschaft und mir selbst nicht von Anfang an mehr zu? Warum verlasse ich mich zu wenig auf das Resonanzgesetz und die Kraft der Liebe, zu öffnen, anzunehmen und zu integrieren? Wo nehme ich meinem Partner und mir selbst Wachstumschancen und Entwicklungsmöglichkeiten durch zu viel Vor- und Rücksicht?«

  Die innere Bilderebene gibt Ihnen nun die Chance, schon einmal in Gedanken und Fantasien offener und herausfordernder, vertrauensvoller und mutiger zu l(i)eben und die Grenzen der Partnerschaft zu erweitern und hinauszuschieben in Neuland, um mit dem Partner über sich hinauszuwachsen und eins zu werden mit ihm und sich und Gott und der Welt.
- Auch im (Be-)Reich der **Familie** herrscht in der Regel aus lauter Vor- und Rücksicht und einem teuflischen Tabudenken chronische Unterforderung. Deshalb werden Familientreffen oft zur Zumutung, und Ausreden haben Hochkonjunktur. Die Haltung, an manche Dinge lieber nicht mehr zu rühren, lässt Beziehungen auch in diesem Bereich vertrocknen, und tödliche Langweile kriecht ins System. Schon Kinder spüren und äußern dieses Gefühl, in einer sterbenslangweiligen Situation zu stecken. Hier drängt sich die Frage auf, warum Sie der Familie nicht mehr zutrauen. Warum nicht dafür sorgen, die gemeinsamen Grenzen,

egal wie eng sie schon sind, wieder zu spüren, um sich miteinander und aneinander zu entwickeln und nicht ständig die gleichen Fehler der Familientradition zu wiederholen?
Wenn Sie sich daheim nicht heimisch fühlen können, sind Sie in die Ver*antwort*ung gerufen, Antworten und Lösungen zu finden, und dafür ist die innere Bilderwelt ideal geeignet. Sie erlaubt, im Vertrauen auf die Kraft des Systems die andere Seite zu erleben und zu erkennen, wie es auch anders gehen kann und Bewegung in verkrustete Strukturen kommt. Sie wagen es dann, Tabus zu berühren, und stellen staunend und wohlwollend fest, wie die anderen Familienmitglieder den Herausforderungen durchaus gewachsen sind und sich weniger wehren, als erwartet, sondern im Gegenteil mitfließen, um so gemeinsam neue Ufer zu erreichen, wo Familie und Zuhause sich ganz anders und lebendig anfühlen.

› Hinsichtlich **Gesundheit und Wachstumsmöglichkeiten der Psyche** ist die Unterforderung weniger sichtbar, aber oft noch krasser ausgeprägt und deutlich spürbar. Fragen Sie sich: »Warum gebe ich meiner Seele nicht mehr Zeit und Raum und mir damit Chancen, in mein wahres Potenzial hineinzuwachsen und mich dem Leben mit all seinen Möglichkeiten zu öffnen?« Und: »Warum mache ich den Körper zur Bühne für seelisch verweigerte Themen? Warum lasse ich dies geschehen, obwohl ich um die Gefahr von Stagnation und späterer Krankheit weiß, wenn ich mich seelisch wichtigen Themen verschließe und sich das Bewusstsein aus den entsprechenden Organen zurückzieht?«
Erleben Sie im Reich Ihrer inneren Bilder, wie Sie Ihr Körperland und die Gefilde der Seele gleichermaßen mit Bewusstsein füllen und sich allen anfallenden Themen und Lebensprinzipien gegenüber öffnen, auf dass Sie Erfüllung in Fülle finden und sich in einem ausgefüllten Leben mit all seinen und Ihren Möglichkeiten wiederfinden.

› Auch in Bezug auf **körperliche Gesundheit** ist Unterforderung häufig anzutreffen, etwa bei all jenen, die im Grunde wissen, was ihr Körper braucht, und es ihm doch nicht geben. Fragen Sie sich also, warum Sie Ihren Körper nicht mehr fordern und fördern im Hinblick auf seine Sinne und Sinnlichkeit, seine Muskulatur und Kraft, auf die Verdauung der Nahrung, in Bezug auf die Figur und das eigene Oberstübchen.

Erlauben Sie nun bei einem Ausflug in die innere Bilderwelt Ihrem Körper, sich in die Idealfigur hineinzuentwickeln, die zu Ihrem Typ passt, und machen Sie Erfahrungen in dieser eigenen Traumfigur. Bewegen Sie sich, und tanzen Sie vielleicht; genießen Sie es, so auszusehen, wie Sie es immer wollten. Und betrachten Sie sich, wie Sie gekräftigt und trotzdem geschmeidig fließend, weil optimal gedehnt, mit wundervoller Ausstrahlung und beeindruckender Vitalität Ihren eigenen Weg durchs Leben finden.[82]

- Sogar in Bezug auf **Besitz, Geld und Vermögen** ist Unterforderung möglich. Be*sitz* kommt von darauf sitzen, *Gel*d von gelten, aber Ver*mögen* schließt ein Mögen ein und meint auch die Fähigkeit, etwas zu leisten, etwas zu können, es eben zu vermögen. Und dazu will Vermögen dienen. Hier tauchen Fragen auf wie: »Worauf warte ich?« Geld kommt nicht von allein herein; Sie müssen es sich schon holen, wenn Sie es brauchen oder besitzen wollen. Und da es kein herrenloses Geld gibt, müssen Sie es von jemandem nehmen. Sind Sie dazu überhaupt bereit?
  Und fragen Sie sich: »Besitze ich mein Geld wirklich, oder bin ich besessen davon und von der Idee, es zu besitzen? Nutze ich mein Geld für Entwicklung, Wachstum und Lebendigkeit? Darf es mir (Lebens-)Freude und -lust bereiten?« Und wenn Sie viel Geld haben: »Traue ich mich, etwas damit zu machen? Nutze ich es, um meine Träume zu verwirklichen?«
  Die innere Bilderebene ermöglicht Ihnen nun, Ihr wahres Vermögen zu erkennen und es zum Ausdruck zu bringen, sodass Geld für Sie Mittel zum (guten) Zweck wird und dieser sich mit der Zeit zu einem Ziel und einer Vision verdichtet. Und Sie werden reif für die große Frage: »Dient mein Geld mir, oder muss ich ihm (immer noch) dienen?« Zum Schluss erleben Sie, wie Sie Ihr Geld nutzen, um es in Träume fließen zu lassen, und wie diese Träume wahr werden und Ihre Seele aufleben lassen.
- Sich im Reich von **Spiritualität und Sinnfindung** zu unterfordern wird einer Bore-out-Situation Vorschub leisten. Denn nur die Seele kann Sinn finden, und nur daraus ergibt sich eine lohnende Lebensperspektive. Lebenssinn zielt auf Spiritualität; diese allein

82 Siehe dazu die CD zu dem Buch *Mein Programm für mehr Gesundheit* (Literaturverzeichnis).

verweist auf das letzte Ziel: die Einheit. Deshalb ist die spirituelle Unterforderung, die sich die Mehrheit in der modernen Gesellschaft zumutet, eine so große Gefahr, die bis in den Seeleninfarkt führen kann.

Erleben Sie jetzt in der Seelen-Bilder-Welt, wie Sie sich auf das Bewusstsein der Einheit mit all Ihrer Energie als letztem höchstem Ziel ausrichten und anschließend Schritt für Schritt voranschreiten bis zu letzter Verwirklichung und völliger Freiheit. Gehen Sie einfach schon einmal hinein in diese Vorstellung, obwohl es ein wenig anmaßend erscheinen mag.

› Obwohl praktisch alle **Glück** zum Ziel haben, unterfordern sich doch viele bei seiner Verwirklichung. Daher die Fragen: »Wie aktiv, bewusst und mutig suche ich mein Glück, und traue ich mich, es wirklich zu finden? Inwieweit bin ich bereit, alles zu wollen, was ich bekomme, um sogleich glücklich zu sein?« Denn wie lange wollen Sie Ihr Glück noch hinausschieben, indem Sie darauf warten, alles zu bekommen, was Sie wollen?

Nehmen Sie jetzt auf der Bilderreise schon einmal in Gedanken vorweg, wie Sie alles annehmen und lieben können, was ist, einfach weil es ist und auf Sie zukommt. Und erleben Sie jetzt gleich, was sich daraus an Glück ergibt, das Sie nur noch willkommen zu heißen und anzunehmen brauchen.

So bildet sich Achtsamkeit für den Augenblick als die große Chance heraus, sich aus der Bore-out-Falle zu befreien. Auch ganz bewusste Freundlichkeit und Rücksichtnahme sowie die vorsätzliche Entwicklung von Empathie und emotionaler Intelligenz können helfen, sich von diesem Abstellgleis des Lebens wieder zu lösen.

AUS DER GLÜCKSFORSCHUNG LERNEN

Der Fluss als Lebensmuster

Die gegensätzliche Situation von Burn- und Bore-out ist heute sogar wissenschaftlich durch die Glücksforschung untermauert. Sie wurde von Abraham Maslow, dem Vater der humanistischen Psychologie, initiiert und ist inzwischen untrennbar mit dem Namen des US-Glücksforschers ungarischer Abstammung Mihaly Csikszentmihalyi und dem von ihm beschriebenen Flow (Fließen oder Fluss) verbunden. Dieser Energiefluss hat weit über die Glücksforschung hinaus Bedeutung und kann uns das Dilemma der modernen Gesellschaft im Hinblick auf Burn- und Bore-out noch einmal deutlich vor Augen führen.

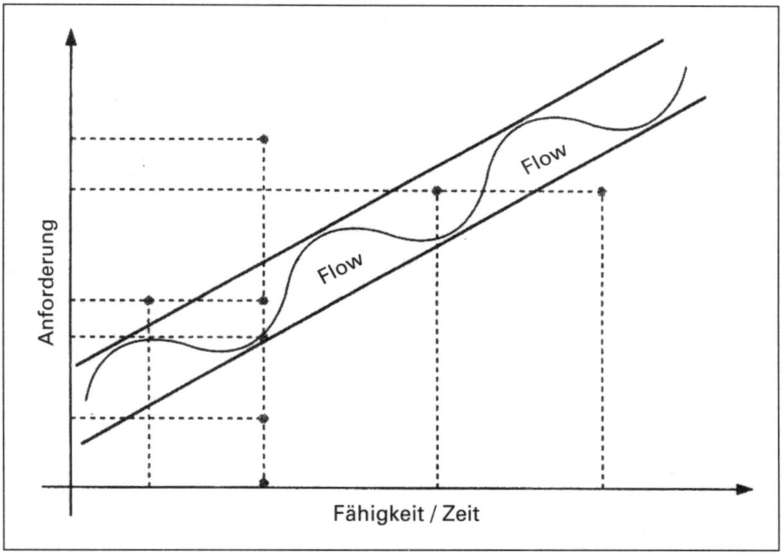

In der Grafik sind auf der senkrechten oder vertikalen X-Achse die Anforderungen aufgetragen, auf der horizontalen Y-Achse die Fähigkeiten. Der besondere Trick dabei ist, die dritte Dimension in Gestalt der Zeit einzubeziehen. Sie ist als *t* (von lateinisch *tempus* = Zeit) ebenfalls auf der horizontalen Y-Achse aufgetragen.

Csikszentmihalyi und seine Mitarbeiter fanden nun heraus, dass sich Menschen nur dann glücklich fühlen, wenn sich bei ihnen Anforderungen und Fähigkeiten in einem Gleichgewicht befinden. Diesen ausbalancierten Zustand nannten sie den Flow-Bereich. Hier fühlt man sich im Fluss, weil die Fähigkeiten den Anforderungen entsprechen und weder Über- noch Unterforderung das Leben belasten. Wo das nicht der Fall ist, am Ufer des Flusses, ergeben sich Gefühle vom Gegenpol des Glücklichseins: Oberhalb des Flusses stellt sich Überforderung ein und darunter Unterforderung, was jeweils die Gefahren von Burn-out und Bore-out symbolisiert.

Das Bild des Lebens als Fluss findet sich in vielen Urbildern und Mythen der Völker. Interessant an diesem Bild und in diesem Zusammenhang ist die Tatsache, dass die Gefahren ausgerechnet dort lauern, wo es sich Menschen an Flüssen immer bequem zu machen suchen: in den Uferbereichen. Auch beim Flow der Glücksforschung ist das so, und es spricht deshalb vieles dafür, dass die Forschung hier auf einen Archetyp, ein weit über dieses konkrete Bild hinausweisendes Grundmuster, gestoßen ist.

Rutscht jemand auf Dauer in den Überforderungsbereich, gerät er in Burn-out-Gefahr, dauerhaft unterfordert, droht ihm in die Bore-out-Falle. Das Verständnis dieser Grafik kann vieles erklären und manche neue Weichenstellung initiieren. Dazu ein Beispiel: Ein Medizinstudent ist durch den enormen Theorieüberhang während seines Studiums unterfordert, weil er all sein Wissen nicht einbringen kann. Nach dem Examen, während des ersten Nachtdiensts in der Klinik, ist er aber wegen mangelnder Praxis schlagartig überfordert. Würde er vor Schreck aufgeben, bliebe er in der Unterforderung, wie ich es einmal mit einem jungen Kollegen erlebte, der sich lieber als eine Art »Pfleger« im sicheren Bereich verschanzte. Dieser sympathische Verweigerer wollte sich aus angeblichem Verantwortungsgefühl, in Wirklichkeit wohl aus Angst, der ärztlichen Praxis nicht stellen. Als theoretisch über- und praktisch unterqualifizierter »Pfleger« lief er Gefahr, in das Bore-out zu rutschen. Durch sein theoretisches Fachwissen war er deutlich überqualifiziert. So wusste er alles besser und entwickelte sich zu einem unbeliebten, arrogant-altklugen »Ersatz-Arzt« und »Oberpfleger«. Da er die Ärztekollegen sehr kritisierte, wurde er von diesen nicht gemocht, und wegen mangelnder Geschicklichkeit wurde er auch vom Pflegepersonal nicht geschätzt; er rutschte dadurch seelisch immer mehr ins Unglück. Als er sich nach intensiver Beratung schließlich in einer anderen Klinik seinem Arztsein stellte und zu seinem Studium stand, musste er zuerst durch eine anstrengende Zeit der Überforderung hindurch, die er aber mit der als »Pfleger« erworbenen Praxis überstand. Erst als er den Anforderungen des Arztseins gerecht wurde, weil Theorie und Praxis ins Gleichgewicht kamen, fühlte er sich wieder wohl und wurde ein guter Arzt.

Ich selbst erlebte das ähnlich in meiner Entwicklung als Seminarleiter. Als zweiter Mann hinter Thorwald Dethlefsen fühlte ich mich zwar völlig sicher, aber in der Unterforderung weniger glücklich, als ich es mir eingestand. Dann zwang das Schicksal mich durch plötzlichen krankheitsbedingten Ausfall von Dethlefsen in die Leitungsposition und damit in die Überforderung. Erst als ich diese Position durch den Gewinn an Sicherheit und Erfahrung besser ausfüllte, machte sie mir wirklich Freude. Sie über Jahrzehnte zu erhalten gelang durch ständiges Weiterlernen und Überarbeiten alter und Integrieren neuer Themen und der Entwicklung herausfordernder Seminare.

Es gibt also für die auftretenden Probleme, einschließlich Burn-out und Bore-out, jeweils zwei Auswege: Man kann die Anforderungen reduzieren oder die Fähigkeiten erhöhen. Beides ist grundsätzlich möglich und oft auch sinnvoll zu kombinieren. Letzteres führt – wie die Beispiele zeigten – eher in eine Win-win-Situation. Wobei das nicht zwingend so ist, wie die folgenden Beispiele illustrieren.

Als gehemmter, wenig attraktiver Mann fiel ein junger, leidenschaftlicher Ingenieur seinen Vorgesetzten in der großen Firma kaum auf. Da er das Thema Partnerschaft praktisch abgeschrieben hatte, blieb umso mehr Zeit für die Arbeit, die ihm gleichermaßen Beruf und Hobby war. Seinem Chef blieb dieses außergewöhnliche Engagement schließlich doch nicht verborgen; hinzu kam, dass er eine verblüffende Erfindung machte. So stieg er bald zum Abteilungsleiter auf und setzte »seine« Leute gezielt und mit Hingabe bei den ihn selbst faszinierenden technischen Projekten ein. Seine eigene Begeisterung färbte ab, und er qualifizierte sich rasch für höhere Aufgaben. Dadurch aber driftete er aus dem eigentlichen Ingenieurbereich hinaus und übernahm mehr und mehr Tätigkeiten im Management. Diese überforderten ihn, vor allem sobald er es mit Frauen zu tun bekam, die er anzuleiten hatte. Seine Schüchternheit und Unsicherheit ließen sich jetzt kaum mehr durch technisches Know-how kompensieren, und er fühlte sich so unwohl, dass er im Sinne von Burn-out erkrankte. Aus dem Gleichgewicht zwischen Anforderungen und Fähigkeiten in die Überforderung gerutscht, hing er deutlich über dem Flow-Bereich in dünner Luft, die ihm den Atem nahm. Schon die erste Beratung machte klar, dass fast alles in ihm in den reinen Ingenieurbereich zurückkehren und nur weniges in die neue Aufgabenstellung hineinwachsen wollte.

Da eine Zurückstufung in Firmen offenbar schwierig ist, selbst wenn sie vom Betroffenen ausgeht, musste er in einen ganz anderen Firmenbereich wechseln, was einen Karriereknick mit sich brachte. Die wieder technische neue Arbeit machte ihn nicht mehr so glücklich, wie er es auf dieser Ebene ursprünglich gewesen war. Als er sich das zwei Jahre später bewusst machte, kam er neuerlich zur Beratung und entschloss sich zur Psychotherapie. Dabei musste er sich unter anderem sowohl auf seine Partnerschaftsproblematik und Menschenscheu einlassen als auch auf seine Ängste, was ihm nicht leichtfiel. Das Ergebnis der Therapie aber war, dass er wenig später eine Partnerin fand, die ihn nach einer intensiven Beziehungszeit und anlässlich einer eigenen Beförderung animierte, den zuvor abgebrochenen Karrieresprung neuerlich zu wagen. Er schaffte ihn nun unerwartet leicht, was ihn glücklich und auch stolz machte. Als ich ihn viel später in einem Seminar wiedersah, hatten sich seine Körperhaltung und seine Ausstrahlung spürbar verändert. Aufrechter und selbstbewusster wirkte er sogar deutlich attraktiver. Ganz klar war die Rückkehr auf die frühere Ebene damals eine Flucht zurück gewesen und hatte zur Unterforderung geführt. Da er diese Arbeit gleichsam blind beherrschte, war rasch Routine entstanden – ein deutliches Zeichen von Unterforderung –, und dies hatte ihn in die Gefahrenzone des Bore-outs gebracht.

Neben solchen Erfolgsgeschichten kann die Grafik leider noch häufiger ein Scheitern erklären. Dazu folgendes Beispiel: Ein mir sehr vertrauter begnadeter Chirurg war stolz darauf, seine Zeit im Wesentlichen am OP-Tisch zu verbringen. Urlaub bedeutete für ihn, in einer anderen Klinik im Ausland zu operieren. Probleme hatte er eigentlich nur, wenn die Menschen seiner Umgebung nicht, wie aus dem Operationssaal gewohnt, in Narkose lagen. Dort konnte er durch die knappe Anweisung an die Anästhesisten: »Bitte nachspritzen«, angemessen problemlösend reagieren. Das war jedoch auf seine Familie nicht übertragbar und machte vieles schwierig. Der Bruch in seiner Karriere und seinem Leben war die Ernennung zum Chefarzt. Den Anforderungen im Management- und Politikbereich wollte er eigentlich nicht gerecht werden; der einzige ihn befriedigende Lebensraum war »sein« OP. Aus der Chefarztposition gab es aber keinen Ausweg, und daran ging er letztlich zugrunde. Er verwandelte sich vom Chefarzt zum Patienten und blieb so bis zu seinem frühen Ende der praktischen Seite der Medizin, sogar in »seiner« Klinik, treu.

Die Grafik kann also klarmachen, wie wir in jeder Lebensphase darauf achten sollten, Anforderungen und Fähigkeiten in Harmonie zu halten. Das bedeutet – wenn wir den stetig ansteigenden Verlauf des Flow-Bereichs betrachten – ständiges Wachstum im Sinne innerer Entwicklung gemäß unserer Lebensaufgabe. Auf diese Weise bleiben wir glücklich und im Fluss und damit sicher vor Burn- und Bore-out.

Ob diese Grafik auch für Menschen archaischer Völker gilt, ist zu bezweifeln. Für uns Mitglieder der modernen Leistungsgesellschaft jedenfalls hat sie sich sehr bewährt. Wir brauchen – individuell verschieden stark – im Laufe unseres Lebens wachsende Anforderungen, um glücklich und eben im Fluss zu bleiben.

Die Gefahrenzonen kennen und meiden

Die Lösungen zur Bannung der Bore-out-Gefahr im Beschäftigungsbereich liegen offensichtlich in der schon beschriebenen Entwicklung **vom Job zum Beruf**. Jobs tendieren in seelischer Hinsicht in der Regel zu Unterforderungen. Trotzdem können sie etwa im Akkordbereich mit extremer zeitlicher Überforderung verbunden sein. Das macht die Bedrohung noch komplizierter und gefährlicher.

Ist der Job in einen Beruf verwandelt, liegen die weiteren Chancen in zusätzlichen Aus- und Fortbildungen: Eine neue Ausbildung führt aus dem Alten heraus; die Fortbildung bringt fort vom Status quo und die Weiterbildung weiter und idealerweise voran im Fluss.

Im Bore-out-Bereich unter der Flusszone bleibt als einzige Möglichkeit, die Anforderungen zu erhöhen, um in den Flow zurückzugelangen. Wir verlernen bereits erworbene Fähigkeiten nicht so rasch, und selbst wenn das mit der Zeit geschieht, liegt darin keine befriedigende Lösung. Das heißt, Ihrem Können sollten Sie auch gerecht werden, sonst wird daraus leicht ein Problem. Hier ist das Hauptproblem in der Unterforderung zu erkennen: wie schädlich und sogar gefährlich sie auf Dauer wirkt.

Lösungen für den Burn-out-Bereich liegen in der Beachtung eigener Grenzen und Schallmauern, aber auch in der Auslotung des eigenen Wachstumspotenzials. Selten bewährt es sich, die Anforderungen zurückzufahren, häufiger, die Fähigkeiten auszubauen.

In allen Fällen kann das Bild vom Fluss weiterhelfen. Im Überforderungsbereich gibt es beide Möglichkeiten: Anforderungen reduzieren oder Fähigkeiten erhöhen. Da der Flow dem Lebensfluss nachempfunden ist und diesem folgend mit der Zeit ansteigt, hat die Zunahme an Fähigkeiten die grundsätzlich bessere Perspektive. Aber wie die Geschichte des Ingenieurs zeigt, ist beides möglich und unter Umständen in verschiedenen Lebensabschnitten auch sinnvoll. Im geschilderten Fall des Chirurgen bin ich sicher, dass eine lebenslange Oberarztstelle mit vollen Operationsmöglichkeiten die lebensrettende Lösung gewesen wäre oder die eines operierenden, von allen organisatorischen und politischen Aufgaben freigestellten Chefarztes.

Natürlich gilt das zum Thema Flow Dargestellte nicht nur für den Arbeits-, sondern genauso für den **Partnerschaftsbereich**. Auch hier sind immer Bewegung und Fortschreiten angesagt. Sobald *man* oder *frau* sich mit dem Erreichten zufriedengibt, droht auch hier Routine und damit Gefahr von der Bore-out-Seite. Falls sich beide oder einer dem anderen dagegen zu viel zumutet, herrscht Burn-out-Alarm. Überforderung wird in der Partnerschaft besonders dann gefährlich, wenn einer von beiden den Sinn einer neuen Anforderung oder Entwicklung nicht einsehen kann oder will. Wenn allerdings einer dem Fluss (des Lebens) folgen will und der andere sich (dem) verweigert, muss der noch Lebenswillige auch manchmal allein weitergehen.

Doch nicht nur Zweierbeziehungen wollen sich in diesem Sinne weiterentwickeln, sondern ganze Familien. Hier muss ebenfalls Bewegung im Spiel bleiben, damit weder Stagnation mit der Gefahr der Unterforderung noch Überforderung eintreten. So sind Abschiede wie beim Auszug der Kinder zwingend notwendig, sonst würden diese unterfordert sein und als Couch-Potatos der Null-Bock-Generation einer frühen Bore-out-Gefahr erliegen, und die Eltern wären überfordert, wie es der französische Film *Tangui* meisterhaft darstellt. Auch wenn sich (Groß-)Eltern verabschieden, will der Abschied mit Würde und Verständnis[83] bewältigt werden. Aber sogar das Heimat- und Zusammengehörigkeitsgefühl müssen sich weiterentwickeln, schon weil sich der eigene Geschmack und das Lebensgefühl im Laufe der Zeit verändern.

Im Feld der Materie, wo es um **Geld und Vermögen** geht, sind ebenfalls Bewegung und Fließen gefordert. Geldbeträge relativieren

83 Siehe Dahlke, *Von der großen Verwandlung. Wir sterben und werden weiterleben* (Literaturverzeichnis).

sich nicht nur im Laufe des Lebens; die damit verbundenen Chancen verändern sich entsprechend und müssen das auch. Ein Schuldenbetrag der zu Beginn der Karriere ruinös gewesen wäre, ist in der zweiten Lebenshälfte hoffentlich etwas, mit dem man problemlos umgehen kann. Mit zunehmendem Alter und entsprechender Reife will nicht nur das Verantwortungsgefühl wachsen, sondern auch Großzügigkeit und die Fähigkeit, Geld anders und an anderer Stelle in der Hierarchie der Prioritäten einzuordnen, sollten sich immer mehr zeigen.

Im Bereich von **Leistung und Erfolg, Anerkennung und gesellschaftlicher Akzeptanz** verändern sich ebenfalls die Maßstäbe im Laufe des Lebens und sollen das auch entsprechend der Grafik des Flows. Aus zunehmendem Wissen und wachsender Erfahrung könnte sich Weisheit entwickeln. Die Leistung darf ebenfalls mit Wissen und Erfahrung wachsen, woraus zunehmender Erfolg resultiert.

Was die **Gesundheit** angeht, so ist Entwicklung genauso wichtig. Die Polarität von Unter- und Überforderung wird hier überdeutlich. Sowohl unter- als auch überforderte Muskeln sind nicht zu gebrauchen. Erstere verfallen, Letztere schmerzen und können nichts leisten, schlimmstenfalls reißen sie sogar. Überforderte Knochen brechen, unterforderte lösen sich auf im Sinne von Osteoporose. Ein unterfordertes Gehirn verfällt in Demenz, ein überfordertes frustriert seinen Besitzer. Also ist auch hier ein ganzes Leben lang die Einhaltung des Gleichgewichts zu beachten.

Liegt zu Beginn das Augenmerk mehr auf körperlicher Entwicklung und Gesundheit, sollte es sich im Laufe des Lebens mehr zu seelischer Entwicklung und geistiger Vollkommenheit verlagern. Während der Körper in der zweiten Lebenshälfte eher konsolidiert und erhalten werden will und nach Anstrengungen längere Regenerationszeiten braucht, können und wollen Geist und Seele weiterwachsen und sich im Sinne der Grafik im Fluss weiterentwickeln. Diese Entwicklung ist zwingend, und falls sie verweigert wird, ob mutwillig oder unbewusst, entsteht eine gefährliche Situation. Wer sein eigenes Leben mit allen Herausforderungen verweigert und sich nur anpasst und versucht, im Mainstream unbehelligt durchzukommen, der befindet sich im falschen Strom. Denn nicht auf den Mainstream kommt es an, sondern auf den eigenen Fluss mit eigenen Stromschnellen und individuellen Chancen. Er gerät nicht nur in die Burn- oder Bore-out-Falle, sondern über die sogenannte Normopathie, die Erkrankung an zu viel Normalität und Anpassung, in Krebsgefahr.[84]

Entsprechendes gilt im Hinblick auf die spirituelle Entwicklung im Sinne der Selbstfindung und Verwirklichung. Auch hier wollen und sollen die Anforderungen und Fähigkeiten im Laufe des Lebens parallel wachsen. Allerdings übernimmt das Schicksal hier die Rolle des Lehrmeisters und legt, wann immer notwendig, von sich aus die Messlatte mit der Zeit höher.

Lebensglück als das eigentliche Thema der Glücksforschung ergibt sich aus all diesen Bereichen zusammen. Am deutlichsten und intensivsten wird das Glück bei denjenigen, die in allen Lebensbereichen im Fluss sind und immer wieder in ihn und damit in den Augenblick des Hier und Jetzt eintauchen. Das ist aus Sicht östlicher und westlicher Religionen der tiefste Sinn des Lebens und – wie wir gesehen haben – auch die erste und beste Chance, sich bezüglich gegen Seeleninfarkte zu wappnen.

Lebensglück finden

Nur wenn man im Fluss bleibt, lässt sich Glück verwirklichen. Im Laufe der Zeit wachsende Anforderungen, die den eigenen Entwicklungsmöglichkeiten entsprechen, fordern, fördern und lassen uns allmählich wachsen. Sie sind daher Vermittler von Glück und Verhinderer von Routine mit ihrer Gefahr des Bore-outs. Falls sie uns auf Dauer zu sehr überfordern, droht Burn-out, vor allem wenn das Geschehen nicht unserem Lebensfluss entspricht. Wenn wir in einem Strom schwimmen, der gar nicht unserem Leben und seinem Sinn entspricht, ist es nur logisch, dass wir rascher hinaus und ans Ufer streben. Dort erleiden wir in dieser misslichen Situation umso schneller Burn- oder Bore-out, was in solchen Fällen natürlich auch richtig ist, kann es doch zur Suche nach dem eigenen Fluss animieren. Ob uns der Fluss nun über- oder unterfordert, wir landen unweigerlich in den Uferzonen des Unglücks, und zwar umso schlimmer, je mehr wir uns vom Fluss entfernen. Fließendes Glück gibt es nur in der Mitte, im Strom.

---

84 Siehe Dahlke, *Krankheit als Sprache der Seele* (Literaturverzeichnis).

Die Welle im Flow-Bereich der Grafik symbolisiert, dass es auch nicht darum geht, sich auf einer geraden Linie fortzubewegen. Wir haben auch hier dem Auf und Ab des Wellenmusters zu folgen, allerdings in einem überschaubaren Bereich, der durch unsere Möglichkeiten vorgegeben und natürlich durch entsprechende Entwicklung auch zu erweitern ist.

Darüber hinaus symbolisiert die Welle die ständige Bewegung und das Fehlen jeden Stillstandes im Lauf der Zeit. Sie ist aber auch – im wahrsten Sinne des Wortes – Ausdruck des Spielraums, den wir im Leben haben. Wir können es uns im unteren Flow-Bereich phasenweise bequemer machen oder uns im oberen Bereich herausfordern lassen. Auch da wären ein Wechsel und entsprechender Rhythmus zwischen Wellenberg und -tal von Vorteil für unsere Gesundheit ebenso wie für unser Glücksempfinden. Es ist auch *natür*lich, nach Lebensphasen mit hohen, an der Obergrenze liegenden Anforderungen im Wellental Entspannung zu suchen. Wichtig ist nur, darauf zu achten, nicht für längere Zeit aus dem Fluss und damit dem fließenden Lebensgefühl herauszufallen.

Die jeweilige Standortbestimmung ist einfach. Solange wir in (unserem Lebens-)Fluss sind, wird es uns Freude machen, und wir können Energie und Kraft spüren und eine bezaubernde Leichtigkeit und Lust am Leben. Wenn wir unseren Spielraum innerhalb des Wellenmusters nutzen, erleben wir dies umso deutlicher. Je mehr wir in dieser Weise schwingen, desto mehr Schwung spüren wir.

Wenn wir uns andererseits kraftlos fühlen, zu stagnieren scheinen und alles nur noch auf Überleben statt auf Leben ausgerichtet ist, sind wir sehr wahrscheinlich gestrandet und sitzen fest. Wenn wie im Fall von Burn- oder Bore-out weder Kraft noch Schwung die Lebensstimmung prägen und stattdessen Abgeschlagenheit, Müdigkeit und Frustration wie auch Hoffnungs- und Perspektivlosigkeit herrschen, sind wir fern des Flows. Schon wenn Pflichtgefühl die Freude ersetzt, sollten die Alarmglocken Sturm läuten.

Chronisch Überforderte sind energetisch erschöpft. Im ausgelaugten Zustand können sie natürlich keine frei strömende Energie mehr spüren. Chronisch Unterforderte wiederum finden keinen Zugang zu ihren Energien und können sie so natürlich auch nicht erleben. Aus diesem Grund lässt ein Leben ohne energetische Höhen und ohne Lebendigkeit bereits den Verdacht zu, sich nicht mehr in

Fluss zu befinden und also im Hinblick auf Burn- und Bore-out gefährdet zu sein. Im Sinne von Vorbeugung ist es wichtig, schon bei solchen Erfahrungen von Mangel alles Mögliche zu unternehmen, um den Weg zurück in den Fluss zu finden.

Der stetig fließende Fluss des Lebens entspricht letztlich sogar dem modernen Ideal immerwährenden Fortschritts und ständigen Wachstums als Lösung aller Probleme. Wir müssten uns nur mehr und intensiver überlegen, auf welchen Ebenen Wachstum und Fortschritt Sinn machen. Nicht umsonst ist also der Flow zum Zauberwort der modernen Glücksforschung geworden. Er kann uns auch im Hinblick auf Burn- und Bore-out entscheidend weiterhelfen und das Terrain für Therapie und Vorbeugung bestimmen.

Im Fluss und in Bewegung lebend, besteht keine Gefahr; am Ufer und in der Stagnation etwa der Routine wird es dagegen rasch bedrohlich. Je besser wir also den Fluss und sein Leben kennenlernen, desto leichter können wir uns ihm anvertrauen und uns so gegen Burn- und Bore-out sichern.

Die Grafik des Flusses enthüllt eine weitere tiefere Ebene des Lebenswegs, der nicht umsonst oft mit einem Strom verglichen wird. Sowohl mit dem Wandel der Zeiten im großen als auch im kleinen menschlichen Rhythmus verändern sich ständig die Anforderungen. Wir sind folglich permanent aufgerufen, uns auf neue Zeitqualitäten einzustellen, das heißt, in Bewegung zu bleiben. Von Kindheit und Jugend bis zur Lebensmitte werden die äußeren Anforderungen steigen, um danach allmählich wieder zu sinken – in dem Maß, wie wir unseren Heimweg im Lebensmuster des Mandalas antreten.[85]

Auf dem Hinweg der ersten Lebenshälfte sollten bei steigenden Anforderungen auch die Fähigkeiten durch Ausbildung und Erfahrung wachsen. Ab der Lebensmitte, in der zweiten Lebenshälfte, lassen die äußeren Anforderungen im Idealfall nach, während die inneren weiterwachsen und nun in den Mittelpunkt treten. Mit wachsenden Lebenserfahrungen und der Zeit, die einem nun idealerweise bleibt durch Nachlassen des äußeren Drucks, sollte es gelingen, gemachte Erfahrungen zu verarbeiten.

Hier wird aber schon ein weiterer typischer Stolperstein unserer Zeit deutlich: Wenn der äußere Druck und die Anforderungen in der

85 Mehr dazu in: Dahlke, *Mandalas der Welt* (Literaturverzeichnis).

zweiten Lebenshälfte nicht nachlassen, können wir dem alten archetypischen Muster des Lebensstroms, der nun eher Rückzug vorsieht, nicht folgen und geraten viel rascher in die Gefahr der Überforderung. So ist im modernen Wirtschaftsleben durchaus nicht vorgesehen, in der Zeit der Menopause und Midlife-Crisis – biologisch um das 51. Lebensjahr herum – kürzer- oder gar zurückzutreten. Wird aber das äußere Fahrwasser im Hinblick auf berufliche und partnerschaftliche Anforderungen nicht ruhiger, fehlt dem reiferen Menschen jenseits der Lebensmitte der beschriebene Überfluss an Zeit und Energie. Vom Lebensmuster her sollten aber Zeit und Energie nun in die spirituelle Entwicklung fließen.

Im Idealfall würde bei weiter zunehmenden Fähigkeiten vor allem geistig-seelischer Art die Einflussnahme auf das äußere Geschehen immer mehr zurückgehen. Gegen Ende seines Lebens würde der Mensch auf dem spirituellen Weg bei höchsten eigenen Seelenfähigkeiten nur noch minimalen Anforderungen der äußeren Welt ausgesetzt sein und sich zunehmend aus ihr zurückziehen. Alles zöge sich nun nach innen und auf die Ebene der Möglichkeiten zurück, fast wie zu Beginn des Lebens, als im befruchteten Ei auch schon alles in der Potenz vorhanden war.

Wird dieser Weg durch moderne gegenläufige Tendenzen durchkreuzt, besteht die Gefahr, aus dem vom Muster des Lebens vorgegebenen Fahrwasser des Lebensflusses heraus an den Rand und damit in die Problemzonen zu geraten – einerseits in solche der Überforderung im Sinne von Burn-out, wenn der Druck und die Anforderungen des Lebens mit der Lebensmitte nicht nachlassen; andererseits aber auch solche der Unterforderung im Sinne von Bore-out, wenn gar kein Wissen von diesem Lebensmuster besteht und daher die notwendigen Schritte ausbleiben.[86]

---

86 Siehe die entsprechenden Kapitel zur zweiten Lebenshälfte in: Dahlke, *Lebenskrisen als Entwicklungschancen* (Literaturverzeichnis).

VOM ÜBERLEBEN ZUM LEBEN

Nach Betrachtung aller Maßnahmen zur Erhöhung der Toleranzschwelle, zur Verbesserung der Regenerationsfähigkeit, zur Erhöhung der Energiereserven und zur Verbesserung von Ernährung und Atem, Schlaf und Körperchemie ist festzustellen, dass sie alle zusammengenommen den Mangel an Sinn und Augenblickserfahrungen nicht ausgleichen können. Umgekehrt begehen von ihrer Aufgabe oder gar Sendung Überzeugte oder gar Begeisterte oft in diesem Bereich Fehler, ohne im Seeleninfarkt zu enden oder auch nur Anwärter darauf zu sein. Entscheidend bleiben die Sinnfindung und das Eintauchen in den Augenblick. Diese grundlegenden Themen machen deshalb auch den ersten Buchteil aus. Falls beides sichergestellt ist, können die Maßnahmen des zweiten Buchteils im Hinblick auf die Seeleninfarktgefahr lockerer genommen werden.

Für Seeleninfarktanwärter, ob in Richtung Burn- und Bore-out oder Depression, sind Sinnfindung und das Hier uns Jetzt die elementaren Aufgaben und Herausforderungen. Das heißt, letztlich bleibt uns nichts anderes übrig, als uns unseren zentralen Lebensfragen zu stellen. *Worum geht es für mich in diesem Leben? Mit wem? Und zu welchem Ziel?*

Um bei der Vermeidung des Seeleninfarkts wirklich sicherzugehen, müssen wir uns in der Beantwortung dieser Fragen für das Leben entscheiden und dürfen nicht länger auf Überleben setzen. Natürlich halten wir eine sinnlose Beschäftigung einige Zeit lang aus, aber nicht auf Dauer. Und natürlich können wir existieren, ohne immer wieder in den Moment einzutauchen, aber nicht auf ewig.

So werden die Zumutung und Herausforderung, sich den großen Themen des Lebens stellen zu müssen, auch zur großen Chance. Leben kann so viel mehr sein als Überleben, deshalb ist alles, was diesen Unterschied deutlich macht, für die Seeleninfarktanwärter wichtig: vom Ausblick auf das letzte Ziel in einem Moment völliger Entspannung beim verbundenen Atem, in einem Augenblick der Berührtheit in einer geführten Meditation, der Erfahrung schwebender Leichtigkeit durch die passende Ernährung oder die Entdeckung des eigenen Lebenssinns und -themas in welchem Moment auch immer.

BEWUSST IN EINER WELT AUS SCHWINGUNGEN UND FELDERN LEBEN

Heute weiß die moderne Physik, dass alles Schwingung und Resonanz ist, und sogar die Medizin erkennt es allmählich an. Alles in unserem Organismus schwingt in Resonanz miteinander, etwa die Zellen eines Muskels mit allen anderen. Der ganze Muskel wiederum ist in gegenläufiger Resonanz zu seinem Antagonisten, und die beiden schwingen als Team mit praktisch allen anderen Muskeln. In jedem Organ schwingen alle Zellen miteinander und die Organe untereinander. Aus diesem schwingenden Feld ergibt sich im Idealfall das Gefühl von Gesundheit. Gehen Zellen komplett aus der Resonanz, kommt es zu Krankheit. Am krassesten wird das beim Krebsgeschehen deutlich, bei dem eine Zelle und ihre Nachfahren sich gleichsam lossagen vom Resonanzfeld des Restes und ihren Egotrip auf Kosten des Großen und Ganzen durchziehen.

Unbestritten ist, dass Menschen Auswirkungen auf Menschen haben, Phänomene wie Liebe und Hass belegen es. *Du machst mich ganz nervös*, ist ein typischer Ausdruck. Dahinter steht Resonanz oder ihr Gegenteil, die Verweigerung des Mitschwingens. Genauso kann man sich in der Nähe geliebter oder verehrter Menschen leicht und beschwingt fühlen. Wie Individuen untereinander in Resonanz gehen, ist ausführlich in *Die Schicksalsgesetze* dargestellt. Wir verfügen über Millionen sogenannter Spiegelneuronen im Gehirn, deren Aufgabe diese Herstellung von Resonanz ist.

Resonanz ist ein Phänomen, das von der Liebe und damit der Entstehung des Menschen bis zu seinen schönsten Erlebnissen und schrecklichsten Erfahrungen reicht. Der Moment einer Einheitserfahrung ist ein Augenblick von Resonanz mit allem. Das Elend von

Krieg ist nur möglich, weil über Resonanz Menschen sich in ein entsprechendes Feld verwickeln lassen.

Wir leben immer in Feldern. Sie entstehen durch Resonanz, und das ist uns oft nicht genügend bewusst. So haben wir in unserer Zeit auch das Feld geschäftiger Hektik geschaffen, das sich über die Hyperaktivität von Leistungsträgern bis zu der ihrer Kinder ausdrückt. In ihm werden Actionfilme der primitivsten Art wie am Fließband produziert, und Werte wie Rhythmus und Ruhe oder gar Stille geraten in Vergessenheit. Stattdessen bringt es über den typischen Ansteckungseffekt der Resonanz immer mehr hektische und hyperaktive Menschen hervor, die ihre Energie vorzeitig erschöpfen und ausbrennen.

Wer sich aus ländlicher Ruhe in das Feld der Flughäfen und Bahnhöfe, der Autobahnknotenpunkte oder der Medienwelt begibt, spürt diesen Unterschied fast körperlich. Ein Monat in Aktivitätszentren wie Berlin oder New York an jenen Knotenpunkten, um die sich angeblich alles dreht, macht auch an sich ruhige Menschen nervös und manche schon hektisch. An diesen Brenn-Punkten, wo heute *die Musik spielt* und *die Post abgeht*, entsteht das Feld, das Verbrennen fördert und Burn-out hervorbringt. Menschen, an denen dieses schnelle, hektische Leben komplett vorbeigeht, die sich gar nicht mehr von diesem rasanten Strom ansprechen lassen, aber auch keine Alternative sehen, kann Bore-out drohen.

Selbstverständlich haben verschiedene Situationen unterschiedliche körperliche Auswirkungen auf uns. Angst- und Glücksmomente zeigen sich durch entsprechende Hormonausschüttungen auf der Ebene der Blutchemie. Drucksituationen lassen sich mit der Blutdruckmanschette im Hinblick auf die Lebensenergie nachvollziehen. In diesem Sinn sind Apathie und Lethargie im Vollbild von Burn- und Bore-out Ausdruck einer Fluchttendenz, die am Körper deutlich wird, die aber in der Seele beginnt. Sie lässt einen Menschen keine Lust, keine Motivation und in der Spätfolge der Depression dann gar nichts mehr spüren.

Der Bore-out-Patient hat sich unter Umständen von Anfang an gar nicht auf die Hektik der modernen Gesellschaft und ihrer Forderungen eingelassen und ist gleich in die vermeintliche Sicherheit chronischer Unterforderung und Verweigerung geflohen. Burn-out-Betroffene kommen dem sozusagen später nach, nachdem sie nach besten Kräften zur Hektik beigetragen haben und schließlich in der Hitze der Schlacht um Anteile und Märkte, Prozente und Profite ausgebrannt sind.

So können – ohne irgendeine Schuld oder auch nur Verantwortung projizieren zu wollen – Menschen mit Burn-out als typische Spiegel der modernen Gesellschaft gelten, an Bore-out Leidende als ihr Gegenpol. Sie sind eine Art Widerstandsgruppe, die sich aber nicht als solche deklariert, weil dazu die Bewusstheit fehlt. Erstere waren überengagiert und enden schließlich ausgebrannt. Letztere wirken genauso energielos, verbraucht und fertig; sie haben ihre Energie aber meist nie ausprobiert.

Letztlich geht es darum, die berühmte goldene Mitte zwischen beiden Extremen zu finden. Das heißt aber, die bei uns allmählich als normal geltende Situation dieser unheimlichen Leistungsbereitschaft schon als den einen Pol einer ungesunden Entwicklung zu erkennen, an dem vorbeugende Therapie bezüglich Burn-out ansetzen muss. Wenn ein Mensch Geld für fünf Inkarnationen zusammenrafft, aber nur an eine glaubt, ist das eigentlich schon ein *deut*liches Zeichen. Würde ein Indianer statt für einen Winter für fünf Holz sammeln, würde bereits der Medizinmann gerufen.

Moderne Medizinmänner sind heute aber gefragt und aufgerufen, solche »Wahn*sinnig*en« und offenbar – im Vergleich zu den Erfordernissen ihres Lebens – »Ver*rückten*« in ihrem unsinnigen Verhalten so zu stabilisieren, dass sie dieses möglichst lange durchhalten. Die Forderungen des deutschen Gesundheitsministeriums werden in diesem Licht noch deutlicher, werden doch Methoden verlangt, die Gefahr früh zu erkennen, und Techniken, damit umzugehen. Aber die Gefahr liegt im System, und was für eine Technik könnte das sein, die uns erlaubt, in einem Feld wahnsinniger Hektik und Überforderung nicht zu erkranken, sondern durchzuhalten. Ärzte können sich dem eigentlich nur entziehen und zum Aus- und Umstieg in ein anderes, menschlichen Bedürfnissen besser entsprechendes Feld raten. Mediziner machen dagegen gute Miene zu diesem Spiel und therapieren die Symptome, um das Elend nicht so deutlich werden zu lassen. Damit bauen sie aber mit an einem an sich verrückten und krank machenden Feld.

Im Sinne echter Vorbeugung müssten wir uns insgesamt als Gemeinschaft des von uns eingeschlagenen Weges in eine lebensfeindliche Richtung bewusst werden, zur Umkehr blasen und stattdessen Felder schaffen, die Gesundheit fördern, und ein den eigenen Lebensbedürfnissen angemessenes Verhalten wählen. Diesbezügliche Forderungen von wirklichen Ärzten an die Gesellschaft, Politik oder Wirtschaft werden aber bei uns in aller Regel überhört oder jedenfalls übergangen. Bisher machen Unternehmen noch keine Anstalten, Errungenschaften der Firmenrationalisierung zur Förderung des Shareholder-Value rückgängig zu machen. Da unterscheiden sie sich wenig von den Individuen, die mehrheitlich noch kaum Initiative ergreifen, einen über Beruf und Partnerschaft hinausgehenden Sinn in ihr Leben zu bringen und den Augenblick zu ihrem täglichen Ziel zu machen. Andererseits steht dieser letzte individuelle Ausstieg jedem jederzeit offen und wird immer deutlicher zur einzigen großen Chance für die Einzelnen und ihre Gemeinschaft. Mir erscheint es wundervoll, dass der einzige wirkliche Ausweg aus der Burn- und Bore-out-Falle genau dem spirituellen Weg entspricht, so wie ihn die großen Religionen und Traditionen an ihrem Ursprung propagierten. Diese Zeit, die es weit getrieben und vieles übertrieben hat, könnte gerade dadurch die Katastrophe, den Umkehrpunkt, schaffen und zu einem sinnerfüllten spirituellen Leben im Hier und Jetzt finden – was für eine große, ja einzigartige Chance!

ANHANG

VERÖFFENTLICHUNGEN VON RUEDIGER DAHLKE

Neuerscheinungen

Burn-out? – Schnelltest und Erste Hilfe (Kartenset). Integral 2012.

Die Lebensprinzipien (Set mit 12 CDs). *Übungen und Meditationen zu Selbsterkenntnis, Vorbeugung und Heilung* (mit Margit Dahlke). Goldmann-Arkana-Audio 2012.

Leben ist Resonanz. Crotona 2012.

Weisheitsworte der Seele. Crotona 2012.

Grundlagen

Die Schicksalsgesetze – Spielregeln fürs Leben. Goldmann 2009.

Das Schatten-Prinzip. Die Aussöhnung mit unserer verborgenen Seite (mit Margit Dahlke). Mit Übungs-CD, Goldmann 2010.

Die Lebensprinzipien. Wege zu Selbsterkenntnis, Vorbeugung und Heilung. Goldmann 2011.

Die Kraft der vier Elemente. Erde – Feuer – Wasser – Luft (mit Bruno Blum). Crotona 2011.

Das senkrechte Weltbild. Symbolisches Denken in astrologischen Urprinzipien (mit Nicolaus Klein). Ullstein TB 2005.

Krankheitsbilder-Deutung

Krankheit als Symbol. Ein Handbuch der Psychosomatik. Symptome, Be-Deutung, Einlösung. C. Bertelsmann, neu bearb. 2007.

Krankheit als Sprache der Seele. Be-Deutung und Chance der Krankheitsbilder. Goldmann TB 2008.

Krankheit als Weg. Deutung und Be-Deutung der Krankheitsbilder (mit Thorwald Dethlefsen). Goldmann TB 2008.

Frauen-Heil-Kunde. Be-Deutung und Chance weiblicher Krankheitsbilder (mit Margit Dahlke, Volker Zahn). Goldmann TB 2003.

Aggression als Chance. Be-Deutung und Aufgabe von Krankheitsbildern wie Infektion, Allergie, Rheuma, Schmerzen und Hyperaktivität. Goldmann TB 2006.

Depression. Wege aus der dunklen Nacht der Seele. Goldmann TB 2010.

Der Weg ins Leben. Schwangerschaft und Geburt aus ganzheitlicher Sicht (mit Margit Dahlke, Volker Zahn). Goldmann TB 2004.

Krankheit als Sprache der Kinderseele. Be-Deutung kindlicher Krankheitsbilder und ihre ganzheitliche Behandlung (mit V. Kaesemann). Goldmann TB 2010.

Herz(ens)probleme. Be-Deutung und Chance von Herz- und Kreislaufproblemen. Goldmann TB, überarb. Aufl. 2011.

Das Raucherbuch. Psychologie und Be-Deutung des blauen Dunstes (mit Margit Dahlke). Goldmann TB, überarb. Aufl. 2011.

Verdauungsprobleme. Be-Deutung und Chance von Magen- und Darmsymptomen (mit Robert Hößl). Knaur TB 1990.

Gesundheit

Peace-Food. Wie der Verzicht auf Fleisch und Milch Körper und Seele heilt. GU 2011.

Richtig essen. Weltbild, überarb. Aufl. 2012, (www.heilkundeinstitut.at).

Mein Programm für mehr Gesundheit. Aller guten Dinge sind drei – Bewegung – Ernährung – Entspannung. Südwest 2009.

Essens-Glück. Ernährung von der körperlichen bis zur spirituellen Dimension (mit Dorothea Neumayr). Schirner 2010.

Von Mittagsschlaf bis Powernapping. Verdreifachen Sie Ihre Lebenskraft. Nymphenburger 2011.

Die Notfallapotheke für die Seele. Heilende Übungen und Meditationen. Goldmann TB 2009.

Das große Buch der ganzheitlichen Therapien. Integral 2007.

Schlaf – die bessere Hälfte des Lebens. Sleeping Wellness für moderne Menschen. Heyne TB 2008.

Meine besten Gesundheitstipps. Heyne TB 2008.

Ganzheitliche Wege zu ansteckender Gesundheit. CO'MED 2011.
Wege der Reinigung. Entgiften – Entschlacken – Loslassen (mit Doris Ehrenberger). www.heilkundeinstitut.at.
Die wunderbare Heilkraft des Atmens. Der Weg zur Harmonie von Körper, Geist und Seele (mit Andreas Neumann). Heyne TB 2009.

Weitere Deutungsbücher
Die Spuren der Seele. Was Hand und Fuß über uns verraten (mit Rita Fasel). GU 2010.
Der Körper als Spiegel der Seele. Mosaik TB 2009.
Woran krankt die Welt? Moderne Mythen gefährden unsere Zukunft. Goldmann TB 2003.
Die Psychologie des Geldes. Erfolgreicher und glücklicher mithilfe der Lebensgesetze. Goldmann TB 2011.

Lebenskrisen
Lebenskrisen als Entwicklungschancen. Zeiten des Umbruchs und ihre Krankheitsbilder. Goldmann TB 2002.
Von der großen Verwandlung. Wir sterben und werden weiterleben. Crotona 2011.

Fasten
Das große Buch vom Fasten. Goldmann TB 2009.
Sinnlich fasten – nach den sieben Archetypen der Wochentage (mit Dorothea Neumayr). Nymphenburger 2010.
Fasten Sie sich gesund. Das ganzheitliche Fastenprogramm. Irisiana TB 2004.
Fasten. Das 7-Tage-Programm. Südwest 2011.
Das kleine Buch vom Fasten. Mein persönliches Fasten-Tagebuch. Südwest 2011.

Meditation
Reisen nach Innen. Geführte Meditationen auf dem Weg zu sich selbst. Ullstein TB 2004.
Meditationsführer. Wege nach innen (mit Margit Dahlke). Schirner TB 2005.

Schwebend die Leichtigkeit des Seins erleben. Urvertrauen gewinnen durch Losgelöstheit und Aufgehen im Augenblick. Schirner TB 2012.

Mandalas

Mandalas der Welt. Goldmann TB 2013 (Erstveröffentlichung: 1985).

Arbeitsbuch zur Mandala-Therapie. Schirner TB 2010.

Mandala-Malblock. Neptun Music 1985.

Aphorismen, Roman

Weisheitsworte der Seele. Crotona 2012.

Worte der Dankbarkeit und des Vertrauens. Schirner 2011.

Worte der Heilung. Schirner 2005.

Wage dein Leben jetzt! www.heilkundeinstitut.at.

Habakuck und Hibbelig. Eine Reise zum Selbst. Ullstein TB 2004.

Sonstiges

Ruediger Dahlkes Ganzheitlicher Kalender. Südwest 2013.

GEFÜHRTE MEDITATIONEN AUF CD

bei Goldmann-Arkana-Audio

Text und Sprache: Ruediger Dahlke, Musik: Claudia Fried und Bruce Werber

› *Grundlagen*: CDs zum Buch *Die Schicksalsgesetze – Spielregeln fürs Leben*: Das Gesetz der Anziehung, Das Gesetz der Polarität, Das Bewusstseinsfeld, Schattenarbeit.
› *Die Lebensprinzipien* (Set mit 12 CDs) – Übungen und Meditationen zu Selbsterkenntnis, Vorbeugung und Heilung
› *Selbsthilfe-Programme* (CD und Taschenbuch) zu den Themen: Mein Idealgewicht (3 CDs), Rauchen, Tinnitus und Gehörschäden.
› Reihe *Heil-Meditationen* zu Krankheitsbildern: Selbstheilung (für alle Krankheitsbilder geeignet), Allergien, Angstfrei leben, Ärger und Wut, Depression – Wege aus der

dunklen Nacht der Seele, Frauenprobleme, Hautprobleme (2 CDs), Heilungsrituale (2 CDs), Herzensprobleme, Kopfschmerzen, Krebs, Lebenskrisen als Entwicklungschance, Leberprobleme, Mein Idealgewicht, Niedriger Blutdruck, Partnerbeziehung, Rauchen, Rückenprobleme, Schattenarbeit, Schlafprobleme, Sucht und Suche, Tinnitus und Gehörschäden, Verdauungsprobleme, Vom Stress zur Lebensfreude.

› *Meditationen zu weiteren Gesundheitsthemen*:
  Der innere Arzt (2 CDs), Die 4 Elemente, Elemente Rituale (2 CDs), Energie-Arbeit, Entgiften – Entschlacken – Loslassen, Bewusst fasten, Den Tag beginnen, Mandalas, Naturmeditation, Tiefenentspannung, Ganz entspannt, Traumreisen, Selbstliebe, Visionen, Schwangerschaft und Geburt.

bei Integral

› 7 Morgenmeditationen, Die Leichtigkeit des Schwebens, Schlaf – die bessere Hälfte des Lebens, Erquickendes Abschalten mittags und abends, Schutzengel-Meditationen, Die Heilkraft des Verzeihens.

CDs mit Übungen (als Ergänzung zum Buch)

Die Psychologie des Geldes (Nymphenburger), Die Notfallapotheke für die Seele (LangenMüller).

Hörbücher auf CD

Der Körper als Spiegel der Seele (Hoffmann und Campe), Krankheit als Weg (Goldmann).

Kindermeditation

Märchenland (www.heilkundeinstitut.at), Ich bin mein Lieblingstier (Schirner).

Vorträge auf CD

(www.heilkundeinstitut.at)
Die Schicksalsgesetze – Spielregeln fürs Leben, Das Schattenprinzip, Lebensprinzipien, Peace-Food, Krankheit als Symbol, Der Körper als Spiegel der Seele, Die Spuren der Seele – was Hand und Fuß

über uns verraten, Lebenskrisen als Entwicklungschancen, Depression – Wege aus der dunklen Nacht der Seele, Moderne Reinkarnations-Therapie, Die Psychologie des Geldes, Notfallapotheke für die Seele, Aller guten Dinge sind drei, Krankheit als Sprache der Seele, Der innere Arzt, Gesetze des Lebens, Seelische Verletzungen, Visionen.

Vorträge auf DVD
(www.heilkundeinstitut.at)

Tagesseminare auf CD, Video und DVD
Auditorium Netzwerk, D-79379 Müllheim, Hebelstraße 47
Telefon: +49-(0)7631-938690
Mail: info@auditorium-netzwerk.de
www.auditorium-netzwerk.de

Viele der Bücher sind auch als E-Book erhältlich.

Bezugsquellen
Bücher, CDs, Fastenutensilien, Take me (plus) im Webshop: www.heilkundeinstitut.at.

ADRESSEN

Info zu Ruediger Dahlke
www.dahlke.at
www.mymedworld.cc
www.peacefood.de

Seminare, Vorträge, Reisen
Heil-Kunde-Institut Graz, A-8151 Hitzendorf, Oberberg 92
Telefon: +43-316-719888-5, Fax: +43-316-719888-6
Mail: info@dahlke.at

Psychotherapien
Heil-Kunde-Zentrum Johanniskirchen
D-84381 Johanniskirchen, Schornbach 22
Telefon: +49-(0)8564-819, Fax: +49-(0)8564-1429
www.dahlke-heilkundezentrum.de

Seminar-Zentrum TamanGa: Seminare, Ausbildungen von Ruediger Dahlke und anderen
A-8462 Gamlitz, Labitschberg 4
Telefon: +43-3453-33600
www.taman-ga.at

REGISTER